일상의 심리교양강좌

속담, 심리학과 만나다

손영화 저

학지사

이 저서는 2014년 정부(교육부)의 재원으로 한국연구재단의 지원을 받아
수행된 연구임(NRF−2014S1A6A4027011).

저자 서문

이 책을 집필하게 된 계기는 심리학개론 수업 시간에 심리학의 이론이나 원리를 설명할 때 학생들이 이해하기 어려운 내용을 속담과 연결해서 설명하니 쉽게 이해하는 것을 보았기 때문이다. 속담을 심리학과 연결해서 하나씩 정리를 하다 보니 책으로 출판까지 하게 되었다. 필자는 심리학을 전공하고 직장에서 마케팅과 광고 분야의 일을 15여 년 동안 해 오다가 2005년부터 심리학자로 학생들을 가르치는 교수로서의 길을 걷게 되었다.

필자가 심리학 학부과정을 공부할 당시만 해도 심리학 교재는 대부분 영어 원서였고, 일부 교재만이 번역판으로 출판되어 있었다. 영어를 번역해서 내용을 파악하기만도 바빴던 상황이라 낯선 심리학의 이론과 용어들의 의미를 정확하게 이해한다는 것이 그리 쉬운 일은 아니었다. 그래도 강의를 따라가기 위해 열심히 노력했던 기억이 희미하게나마 남아 있다. 하지만 지금은 심리학 과목도 그 당시보다 많아졌고, 심리학개론 강좌도 심리학 전공자뿐 아니라 거의 모든 분야의 단과대학에서 교양과목으로 개설되고 평생교육원에서 일반인들을 위한 심리학이 개설될 정도도 내중색인 상의가 되었다. 그에 따라 심리학개론 강의를 위한 개론서들도 번역판과 저서를 막론하여 셀 수 없을 정도로 많다고 할 수 있다. 필자

도 심리학개론 강의를 한 지 10년이 넘었지만 아직도 어떤 교재로
강의해야 할지 망설여진다. 심리학을 전공하는 학생들은 지속적으
로 공부를 하게 되니까 한 번 듣고 이해가 가지 않더라도 별 문제가
되지 않겠지만, 비전공자나 일반인들은 강의를 들으면서 이론이나
용어에 대한 이해가 되지 않아도 그 강의를 다시 접할 기회가 많지
않기에 모르는 상태에서 그냥 지나칠 수밖에 없기 때문이다.

  사실 심리학은 우리 인간을 대상으로 한 연구 분야이기 때문에
모든 사람에게 공통적으로 적용될 수 있는 내용을 다루고 있어서
누구나 쉽게 이해할 수 있다고 생각하지만, 필자가 학교에서 비전
공 학생들을 대상으로 강의하거나 외부의 기업이나 일반인들을 대
상으로 강의를 해 보면 이해하기 어렵다는 말을 자주 듣는다. 특히,
심리학을 처음 접하는 학생들이나 일반인들이 심리학의 이론과 원
리를 배우는 과정에 어려움을 많이 겪는 것을 보아 왔는데, 심리학
이론의 개념을 설명할 때 우리나라의 전통적인 속담을 인용하여
설명하면 쉽게 이해한다는 것을 발견하게 되었다. 이는 심리학을
강의하는 교수들이나 강사들이 이론이나 원리들에 대한 내용 설명
에만 초점을 맞추고 있기 때문인데, 일상생활 속에서의 다양한 사
례나 비유를 들어 설명할 수 있다면 훨씬 쉽게 이해가 될 수 있다는
것을 경험을 통해 알게 되었다.

  그동안 강의를 통해 부분적으로 인용하거나 사용했던 속담들은
일반인들이면 누구나 잘 알고 있는 것들이었는데, 매우 제한적인
것들로 한정되어 있었던 것이 사실이다. 필자는 우리나라에서 전
해 내려오는 속담들을 심리학적인 이론과 원리에 따라 체계적으로
분류하고 정리한다면 심리학을 이해하는 데 도움이 될 것이라 생

각하게 되었다. 이 책은 심리학을 전공하지 않는 타 전공 학생, 일반인, 중·고등학생들이 심리학이란 학문 분야를 쉽게 이해할 수 있게 하기 위해 생활 속에서 우리가 자주 경험하게 되는 주제를 중심으로 정리한 심리학개론의 일부 내용과, 심리학개론의 내용은 아니지만 심리학적으로 설명이 되는 경제 관련 내용으로 구성하였다.

이 책의 미흡한 점이 여러 곳에서 발견될 것으로 생각한다. 필자는 이 책을 통해 새로운 내용들을 담아내기보다는 기존의 내용들을 비전공자와 일반인들이 이해하기 쉽게 구성하는 데 주안점을 두었다. 따라서 심리학자나 전공자들이 볼 때는 오히려 전문적이지 못하고 미숙한 표현이 보일 수도 있다. 또한 속담을 심리학의 이론이나 개념과 연결하는 데 나름대로 많은 노력을 기울였지만, 매끄럽지 못하고 미흡한 부분도 많이 있을 것으로 생각된다. 많은 선후배, 동료 학자께서 기탄없는 지적과 아낌없는 충고를 해 주시기를 부탁드린다.

이 책에 대한 집필을 생각하고 준비하여 나오기까지 3년여 동안 많은 분이 직간접적으로 도움을 주셨다. 우선 연구재단의 연구비를 지원받아 충분한 자료 조사와 정리를 할 수 있었던 점을 감사하게 생각한다. 이 책이 나오기까지 오랜 시간 책 쓴다고 밤늦게까지 작업하는 필자에게 늘 격려와 지원을 해 준 아내에게 감사의 마음을 전한다. 마지막으로 짧은 일정 속에 흔쾌히 출판을 진행해 주신 학지사의 김진환 사장님과 박용호 전무님께도 감사드린다.

2017년 6월 계명동산에서
손영화

이 책의 소개

요즈음 국내의 사회 각 분야에서 많은 관심을 불러일으키고 있는 분야가 바로 심리학이라 할 수 있다. 특히, 국가적으로나 사회적으로 좋지 않은 일들이 발생하고, 사건 사고도 끊이지 않고 일어나고 있으며, 경기 침체와 국내외 경제 상황의 어려움으로 사람들의 마음은 더욱 무거워져만 가고 있다. 뉴스 보도를 통해 매일 사건 사고가 쏟아지는 가운데 자살 건수가 증가할 뿐만 아니라 잔인한 성폭력 범죄와 대형 사고들이 끊이지 않고 있다. 또한 일반 대중도 여러 가지 이슈, 특히 실업 및 취업 문제로 인해 많은 스트레스를 받고 있으며, 우울증 문제도 더 이상 일부 특정인들만의 문제가 아닌 상황이다. 따라서 많은 사람에게서 인간의 심리와 행동에 대해 알고자 하는 욕구가 증가하면서 심리학에 대한 대중의 관심이 점점 더 커지고 있는 상황이다.

요즘 서점에 가 보면 베스트셀러 코너에 심리 또는 심리학과 관련된 책이 빠지지 않고 등장하고 있는데, 심리학자가 쓴 책은 거의 볼 수가 없다. 물론 심리학자가 저술하지 않았다고 해서 심리나 심리학과 관련된 책이 아니라고 할 수는 없다. 심리학사가 아닌 타 분야의 전공자가 번역했든, 저술했든 상관없이 제목과 내용이 심리나 심리학과 관련이 있으면 일반 대중은 즐겨 읽고 있는 것이다. 그

렇다면 이제 심리학은 더 이상 심리학자들만의 전유물이 아닌 것
이다. 과학적 심리학에서 인간 심리에 대한 일반인의 이해와 지식
은 적어도 외형적으로는 명백히 거부되어 왔다. 설령 과학적 심리
학에서의 가설이나 이론이 일반 상식인의 이해 또는 지식과 일치
한다 해도 일반인의 지식은 거의 언급되지 않거나 언급되어도 자
신들의 연구 결과나 이론을 주장하는 과정에서 간단히 언급해 버
리는 정도이다. 그러나 과학자도 일반인의 세계와 부단히 접촉하
고 동시에 과학자 아닌 일반인의 생활을 영위한다. 마찬가지로 심
리학자도 일반인 수준의 상식적 심리학에 부단히 접하고 있으며,
심리학자의 삶의 현장도 실험실이 아닌 일반인의 세상인 이상 일
반인의 심리학을 터득하고 적용하지 않을 수 없는 것이 사실이다
(최상진, 1997).

그런데 필자가 방학이 되면 대중이 많이 읽는 인기 있는 심리학
서적들을 읽어 보곤 하는데, 번역서든, 저서든 심리학자인 필자가
봐도 이해하기 어려운 말들이 또는 심리학 교과서에 등장하는 이
론이나 용어가 심심치 않게 눈에 띈다. 학자인 내가 봐도 무슨 말인
지 이해가 안 가는데 일반인들은 과연 무슨 말인지 알면서 읽고 있
을까 하는 생각이 들었다. 그렇다고 일반인들이 심리학을 스스로
공부하면서 책을 읽지는 않을 텐데, 또한 일반인들이 심리학 강의
를 접할 기회도 거의 없을 텐데 어떻게 이해할 수 있을지 궁금해지
곤 했다. 이뿐만 아니라 대학 내에서 심리학 강의를 하면서도 이와
비슷한 문제에 부딪히게 되었다. 심리학 비전공자인 학생들에게
개설된 교양 강좌로서의 심리학개론을 강의하며 심리학 이론과 개
념들을 설명하면서 학생들이 쉽게 이해하지 못하고 매우 어려워한

다는 것이었다. 필자가 쉽게 설명하지 못해서인지 모르겠으나 이론과 용어에 대한 개념을 설명할 때 대부분의 심리학개론서에 등장하는 사례나 설명은 거의 미국이나 외국의 사례였고, 우리 한국인의 이야기는 매우 드물어 학생들이 이해를 잘 못한다는 반응을 보이곤 했다. 그때마다 필자는 문득 떠오르는 속담을 가지고 설명을 했을 때 학생들이 비로소 무슨 뜻인지 알겠다는 반응을 보이는 것을 경험하곤 했다. 이러한 경험이 이 책을 쓰게 된 계기가 된 것이다.

　이를 위해 필자는 속담으로 심리학의 다양한 영역에 관련된 이론이나 원리들을 연결하여 심리학에 입문하거나 심리학을 처음 접하는 사람들이 쉽게 이해할 수 있는 속담을 통한 심리학의 이해에 초점을 맞추어 이 책을 집필하였다. 이 책은 심리학개론서에서 다루고 있는 심리학 전반을 다루고 있지만 생활 속에서 우리가 타인들과 함께 경험하는 일들과 밀접하게 관련된 영역, 즉 학습, 기억, 사고와 문제해결, 발달, 동기와 정서, 성격, 사랑과 성 심리, 대인관계에서의 심리와 행동, 태도와 태도 변화, 집단에서의 인간 행동, 스트레스와 건강 분야를 다루었으며, 마지막으로 일상생활에서의 심리학 응용 분야를 포함하였다.

　인간은 심리학이라는 학문이 생겨나기 이전부터, 그리고 학문으로서의 심리학과는 별도로, 인간 심리에 대한 상식적인 수준의 지혜와 지식을 지속적으로 쌓아 왔으며, 그러한 지혜와 지식은 언어를 포함한 인간의 문화생활 전반에 내재되어 일반인의 사회심리학적 과정과 행동과정에 직접적인 영향을 미쳐 왔다고 할 수 있다. 인간이 사회-문화적 존재로 발전할 수 있게 된 데는 여러 가지 요인이 있겠으나 무엇보다 중요한 것은 인간이 상징 체계와 언어 체계를 통한 정신세계의 구성과 이를 공유할 수 있는 이성과 도구, 즉 언어를 가졌기 때문이다. 바로 이러한 인간의 사회성과 문화성은 물리적 세계를 사회-문화적 세계로 재구성시켰으며, 그것은 인간에게 역사와 문화적 산물을 부여했다(최상진, 1997).

속담은 민중이 만든 민중의 철학이요, 문학이요, 역사이며, 우리 조상으로부터 물려받은 정신적 유산이다. 속담 속에는 도덕적 · 종교적 · 철학적 진리가 들어 있어, 마치 짤막한 비수로 장부의 심장을 찌르는 듯한 날카로운 힘이 화려하게 치장된 장문의 미사여구에 비할 바가 아니라고 할 수 있다. 그러나 아무리 훌륭한 말이나 훌륭한 사람에 의해 생성되었다 하더라도 생성 그 자체만으로 속담으로서의 생명력을 갖게 되는 것은 아니다. 어떤 상황이나 어떤 사람에 의해 속담이 생성된 이후 대중의 공감대가 형성되고, 여러 사람이 인용하면서 공간적으로는 물론 시간적으로 전파되고 전승되어야 비로소 속담으로서의 생명력을 얻게 되는 것이다. 이렇게 속담은 어느 개인에 의해 움돋아 자라났다고 하더라도 대중의 지지를 바탕으로 해야 한다는 기본 전제가 필요하기 때문에, 속담에는 대중, 나아가서는 민족의 보편적 심리가 내재해 있다고 볼 수 있다. 대중의 공감으로 형성되는 속담은 그 민족의 정신적 유산으로 여러 의미를 반영하고 있다.

심리학의 이론과 원리는 우리 민족의 삶 속에서 대대로 전해 내려온 속담 속에 그대로 반영되어 나타나고 있다. 몇 가지 예를 살펴보면 다음과 같다. 학습심리학에 고전적 조건형성과 조작적 조건형성의 두 가지 중요한 학습 원리가 있는데, 여기서 자극 일반화라는 현상이 있다. 우리 속담 중에 "자라 보고 놀란 가슴 솥뚜껑 보

고 놀란다."라는 속담이 있는데, 이는 바로 자극 일반화라는 심리
학적 원리의 해석과 일치하는 속담이다. 즉, 학습에서 처음에 학습
이 이루어진 원 자극과 유사한 자극에도 동일한 학습 효과가 나타
난다는 것을 의미한다. 또 사람들 입에 자주 오르내리는 속담 중에
"잘 되면 내 탓, 못 되면 조상 탓."이라는 말이 있는데, 이는 사회심
리학의 귀인이론의 명제와 정확히 일치하는 속담이다. 귀인이론은
사람들의 일상생활 속에서 자신의 성공은 내적 귀인시키고 자신의
실패는 외적 귀인시킨다는 것을 발견한 하이더(Heider)의 상식심리
학에서 출발하여 와이너(Weiner)가 집대성한 이론으로 40년 이상
많은 분야에서 활용되어 온 이론이다.

　속담이란 "오랜 세월 동안 민중의 생활 속에서 발생하고 구전되
어 오면서 그 나라 국민의 특성과 정신이 담겨져 있는 것"이다(송재
선, 1983). 또한 속담에는 신화나 전설, 동화와 같은 무의식적 사고
로서 유아적 욕구와 이에 대한 해결책과 자아방어 의식이 제시되
어 있다(Brenner, 1973; 박영숙, 1993 재인용). 따라서 한 민족의 정신
세계를 가장 빠르고 정확하게 인식할 수 있는 방법은 속담을 이해
하는 것이다. 국내에서 지금까지 속담과 관련된 연구들은 주로 민
속학, 언어학, 교육학 분야에서 주로 다루어져 왔으며, 최근 들어
새로운 분야(김문수, 2005; 김시월, 2005; 남상선, 2000; 방운규, 2003;
심영, 2006)에서의 연구 시도가 이루어지고 있는 실정이다.

　심리학 분야에서는 최상진(1997)이 「속담을 통해 본 한국인의 사
회표상」이라는 논문을 통해 심리학과 속담의 접목을 시도한 것이
대표적인 연구라 할 수 있다. 최상진(1997)은 연구에서 속담 속에
잠입된 인간 심성과 심리에 대한 분석을 통해 한국인의 인간 심성

과 심리에 대한 사회적 표상을 추출하였다. 전반적으로 한국인은 인간의 심성을 부정적이며 비합리적인 측면에서 표상화하고 있으며, 그 결과 언어를 조심하고 상대의 감정적 비위를 맞추고 행동을 조심해야 한다는 사회적 표상을 강하게 지니고 있는 것으로 나타났다. 반면, 인간의 심리과정 원리에 대한 표상은 매우 발달해 있을 뿐 아니라 그 내용 면에서도 현대적 의미의 과학심리학적 이론 명제들과 매우 유사한 표상 내용을 나타내 보였다. 이러한 결과를 통해 속담에 대한 분석은 특정한 역사와 문화권에서 살고 있는 사회 구성원들 속에서 실체로서 작용하는 인간관을 밝히는 데 기여한다는 것을 알 수 있다. 또한 박영숙(1993)은 한국인의 자아방어기제 가설이 한국인의 자아개념, 대상관계, 갈등해결 방식에 대한 다각적인 시사점을 제공해 주고 있다는 사실을 밝혔으며, 남상선(2000)은 정서와 관련된 속담을 고찰하여 우리 민족성을 추론한 연구를 수행하였다. 유지연(1994)도 한국의 속담에서 정신분석학적 비평을 차용하여 심리학의 방어기제를 분류하고 분석한 연구를 수행하였다.

최근에 수행된 연구들을 살펴보면, 방운규는 돈 관련 속담에 나타난 한국인의 의식구조(2003)와 여성 관련 속담에 나타난 한국인의 의식구조(2004)를 연구하였다. 김문수(2005)는 한국인의 전통적인 커뮤니케이션 가치관을 발견하기 위해 속담을 분석하고 커뮤니케이션 행위 차원과 가치 판단 차원으로 분류하여, 말하기에 있어서 절제, 진실한 내용, 책임 있는 언행이 중시되고 듣기에 있어서는 타인의 말을 겸손히 듣고 분별력 있게 수용하는 것이 강조됨을 발견하였다. 김시월(2005)은 우리 민족의 역사와 생활 풍습, 신앙과 관습을 통해 획득된 우리 민족 고유의 소비자 가치관을 속담에

서 찾아 현 사회에서 그것이 어떻게 공감되고 있는지를 밝히고자
수행한 연구에서 세대별, 소비 가치 유형별 관련 속담의 공감도에
서 어느 정도 차이를 발견하였고, 소비문화 정착을 위해 생활 속에
서 속담을 활용한 적극적인 소비 가치와 관련된 소비자 교육에 활
용되어야 할 필요성도 인식할 수 있었다. 심영(2006)은 질적 내용
분석으로 속담에 내포된 한국인의 전통 소비 가치를 파악하고 이
를 통해 전통 소비문화를 파악하고자 하였고, 계량적 실증분석으
로 이러한 전통 소비문화를 형성하는 전통 소비 가치 중 오늘날 소
비자에게도 공감되며 실제 소비생활에 적용되는 소비 가치가 무엇
인가를 파악하고자 하였다.

　이 책은 총 4부 9장으로 구성되어 있다. 제1부는 속담 속의 일상심
리학과 관련된 내용으로, 제1장은 생로병사와 관련된 속담, 제2장
은 인간 욕구와 관련된 속담, 제3장은 인간 정서와 관련된 속담 속
의 심리학으로 구성되어 있다. 제2부는 사회심리학과 관련된 내용
으로, 제4장은 인간관계와 관련된 속담, 제5장은 처세와 관련된 속
담 속의 심리학으로 구성되어 있다. 제3부는 성격심리학과 관련된
내용으로, 제6장은 성격 발달과 인성과 관련된 속담, 제7장은 방어
기제와 관련된 속담 속의 심리학으로 구성되어 있다. 그리고 마지
막 제4부는 경제심리학과 관련된 내용으로, 제8장은 경제학 일반
과 관련된 속담, 제9장은 돈과 소비생활과 관련된 속담 속의 심리
학으로 구성되어 있다.

　이 책에 정리된 심리학 이론과 개념에 의미적으로 연결된 속담들
은 정량적인 분석방법이나 통계적 검증을 통해 제시된 것이 아니라
질적 분석방법을 중심으로 필자의 주관적 판단에 따라 정리한 것이

므로 독자들이 보기에 해석이 잘못되어 연결이 맞지 않다고 생각되
는 것도 있을 수 있고, 의미적 해석을 다른 관점에서 할 수 있는 속
담들도 다수 있을 수 있다는 것을 미리 밝혀 두고자 한다.

　이 책은 심리학의 이론이나 원리에 대한 학습을 하는 데 있어서
이해하기 어려운 내용들을 속담을 통해 쉽게 이해하고 친숙하게
하는 데 필요한 기초 자료들을 수집하고 정리하여 일반인들에게
심리학을 좀 더 쉽게 전달하고자 하는 데 그 목적이 있다. 이 책을
집필한 목적은 심리학을 전공하지 않는 비전공자나 일반인들이 심
리학을 쉽게 이해할 수 있도록 설명하고 기술하는 것이지만, 필자
가 심리학자의 길을 걷게 된 지 10여 년밖에 안 되었다. 심리학을
전공하고 관련 분야에서 실무를 한 지 20여 년 정도 되어 30년을 심
리학과 함께 걸어온 사람이라 일반인 입장에서 쉽게 이해할 수 있
도록 정리가 되었는지 모르겠다. 이 책에서 초점을 맞춘 것은 기존
에 출판된 심리학개론서의 내용을 재구성하고 친근한 우리 속담과
의 의미적 연결을 통해 심리학 이론과 개념을 쉽게 이해할 수 있도
록 정리하는 것이다. 또한 이 책을 시작으로 하여 향후에 기회가 되
면, 비록 심리학 이론들이 한국의 심리학자들이 정립한 이론은 아
니지만 이론의 개념에 맞는 실증적 연구 사례는 우리 한국인의 이
야기로 심리학개론서의 내용을 채우고자 한다. 이를 위해 국내에
서 수행된 연구 결과를 지속적으로 수집하고 정리하여, 전해 내려
온 속담과 현재의 한국인들의 행동과 심리로 심리학 이론과 개념
을 설명하여 심리학을 알고 싶어 하는 모든 이가 좀 더 쉽고 친근하
게 접할 수 있는 책이 나오도록 관심 있는 연구자들과 함께 작업할
수 있게 되기를 희망한다.

숙담, 심리학과 만나다

차례

제1부 속담, 일상심리학과 만나다

제4부 속담, 경제심리학과 만나다

제1부

속담에는 우리 선조들의 삶의 모습과 지혜가 고스란히 담겨져 있다고 할 수 있다. 이러한 속담들로 현대의 심리학 이론이나 원리들의 설명이 가능하고, 대다수 속담이 심리학의 용어들이나 이론들과 연결되어 있다는 것을 발견할 수 있다. 물론 모든 속담이 다 심리학과 연관되어 설명이 가능한 것은 아니지만, 이 책에서 다룬 내용들은 많은 부분이 연결되어 있어서 심리학적 설명이 가능한 것들을 중심으로 정리한 것이다.

속담,
일상심리학과
만나다

　제1부에서는 인간이 태어나서 죽을 때까지 살면서 겪게 되는 가장 기본적인 생로병사와 관련된 일상생활 속 인간의 모습을 나타낸 속담을 심리학적으로 설명해 보았다. 인간의 가장 개인적인 일상들은 생로병사와 밀접하게 관련되어 있으며, 인간의 욕구와 정서는 일상생활을 하는 데 가장 기본적인 것들이라고 할 수 있다. 따라서 제1부에서는 생로병사, 인간 욕구, 인간 정서로 장을 나누어 관련된 속담들을 살펴보고 심리학적인 용어나 이론으로 설명하였다.

상담·심리학과 만나다

제1장

속담 속 심리학
생로병사

인간은 세상에 태어나는 순간부터 죽을 때까지 많은 경험을 하면서 살아간다. 출생, 양육, 발달, 학습, 일과 직업, 결혼, 질병과 죽음 등 살면서 겪게 되는 여러 가지 인간의 삶, 즉 생로병사와 관련이 있는 인간의 생각과 행동을 반영한 속담들을 중심으로 심리학적인 원리나 이론으로 설명해 보고자 한다. 이 장에서는 인간의 출생, 양육 및 발달, 학습과 교육, 일과 직업, 결혼과 이혼 그리고 스트레스, 질병 및 죽음으로 나누어 정리한다.

1. 출생, 양육 및 발달

인간은 태어나면서부터 심리학의 주된 연구 대상이 되어 왔다고 할 수 있는데, 인간이 심리학의 주된 연구 대상이 되어 온 것은 속담에서도 잘 표현되어 왔다. 우선, 심리학에서는 인간이 태어나서 이미 부모에게 물려받은 유전자에 의해 어느 정도 결정된 삶을 살게 되는지, 아니면 태어나서 자란 환경이 어떠하냐에 따라 다르게 성장을 하는지에 대한 논란이 있어 왔다. 심리학에서 유전과 환경의 영향력에 대한 학자들의 주장에 차이가 있듯이, 속담에서도 이 양측 주장과 관련된 속담들이 많이 있다.

우선 유전론과 관련된 속담에는 어떤 것들이 살펴보자.

- 콩 심은 데 콩 나고, 팥 심은 데 팥 난다.
- 사람 될 것은 아이 적에 안다.
- 될성부른 나무는 떡잎부터 알아본다.
- 용 될 고기는 새끼 적부터 안다.
- 동네 송아지는 이웃집 황소를 닮고, 자식은 아비를 닮는다.
- 개가죽 나무가 아무리 밋밋하게 자랐어도 집 재목으로 쓸 수 없고, 느티나무는 굽게 컸어도 쓸모가 있다.

이 속담들은 태어날 때부터 부모에게 물려받은 유전자에 의해 자신의 삶이 결정된다는 것을 보여 주는 것들이다. 심리학에서도 유전의 영향력을 믿는 학자들은 사람의 특질들이 부모로부터 유전된다는 것을 주장하고 있다.

반면, 출생 후에 양육되는 환경에 따라 많은 것이 달라질 수 있다고 믿는 환경론자들의 주장을 나타낸 속담도 있다.

- 사람과 곡식은 가꾸기에 달렸다.
- 고기도 큰물에서 노는 놈이 크다.
- 개가 되어도 부잣집 개가 되랬다.
- 독서당 개가 맹자 왈 한다.
- 먹 곁에 가면 먹 묻기 쉽다.
- 서당 개 삼 년에 풍월을 읊는다.
- 참대 밭에 사는 사람, 마음도 참대같이 곧다.
- 강물에서 깐 연어도 바다에서 자라면 연어가 되고, 강에서 자라면 열목어가 된다.

이 속담들은 출생이 어떠하든지에 상관없이 어디서 자랐는지가 더 중요하다는 것을 잘 보여 주는 속담들이라 할 수 있다.

발달연구에서 뜨거운 논쟁이 되어 온 주제는 유전과 환경의 역할에 관한 것이다. 오랜 시간 동안 유전과 환경 중 어느 것이 발달 과정에 더 중요한 영향을 미치는지가 논의되어 왔다. 심리학자들은 유전과 환경이 모든 행동 변화의 측면에서 중요한 역할을 한다는 것을 인정한다. 연구자들의 문제는 우리가 아이에게서, 그리고 나중에 어른에게서 보게 되는 행동을 나타내는 데 있어 유전과 환경이 어떻게 상호작용하는지를 보는 데 있다. 다른 어떤 요인들보다 이 두 요인은 아이가 성장하는 데 중요한 역할을 하며, 각각의 발달이론은 유전과 환경의 영향을 어떻게 보는가에 따라 각기 다른 위치를 차지하고 있다(손영화, 2010).

유아기 때 나타나는 발달적 특징으로 애착(attachment)을 들 수 있는데, 이는 심리학에서 매우 중요한 의미를 지니고 있다. '아이는 냄새 맡고 자란다.'는 속담은, 아이는 부모 곁에서 정으로 큰다는 뜻으로 애착을 잘 나타내는 속담이라 할 수 있다. 이 외에도 '어머니 품은 비단 속' '아이는 귀여워하는 대로 따른다.' 또는 '개와 아이는 사랑하는 대로 따른다.'와 같은 속담들도 애착을 나타내는 속담이라고 할 수 있다. 인간이 태어나면서부터 보이는 생득적이고 강한 정서적 연결 현상으로 신체적 접촉과 애착 행동이 있다. 애착이란 출생 후에 돌보아 주는 사람과의 사이에서 발전하는 긍정적인 정서적 유대를 말한다. 애착은 아동기와 이후 시기의 사회적 관계에까지 중요한 영향을 미치는 가장 중요한 사회적 발달 요인이다. 유아는 자신을 돌보는 사람에게 애착 또는 사회적 유대를 형성하게 되는데, 우리 사회에서 대부분의 경우 이러한 사람은 엄마이다. 이와 같이 애착은 사회성 발달의 시작이다. 생후 7개월경에는 더욱 깊은 애착을 형성하여 낯선 이와의 접촉을 피하려 하는 낯가림 현상을 보인다. 애착과 유사한 현상이기는 하지만 동물에게서 나타나는 것을 각인(imprinting)이라고 하는데, 이는 짧은 기간에 새끼들이 처음으로 접촉하게 되는 움직이는 대상에 대해 강한 유대를 형성하는 것이다. 예를 들면, 기러기나 오리와 같은 하등동물들은 태어나서 처음 본 움직이는 대상을 졸졸 따라다니는 현상을 보인다. 하등동물에게 각인 현상이 나타나는 이유는 먹이 공급 때문일 것이다.

출생과 관련해서, 옛날에는 양반과 상놈의 구별이 엄격한 신분
사회여서 태어날 때부터 아이의 신분이 결정되는 것과 관련된 속
담들이 꽤 많이 있다. 지금 이 시대도 신분사회는 아니지만 권력과
재산의 많고 적음에 따라 신분이 달라지는 금수저, 흙수저 논란이
일고 있는데, 이는 사람들 마음속 깊은 곳에 양반과 상놈이라는 차
별적 인식이 아직도 살아 있는 것이라고 볼 수 있다. 옛날에는 양반
과 상놈에 대한 인식이 매우 극단적이었는데, 이것은 속담 속에 잘
나타나 있다.

- 상놈은 발 덕, 양반은 글 덕.
- 양반은 글로 살고, 상놈은 발로 산다.
- 양반은 가는 데마다 상이요, 상놈은 가는 데마다 일이라.
- 양반은 먹는 것으로 세월을 보내고, 상놈은 일하는 것으로 세월을 보낸다.

또한 양반은 탐욕과 허세의 상징으로 표현되곤 했으며, 아주 비
생산적인 계층으로 인식되었다고 할 수 있다.

- 양반 도둑이 호랑이보다 무섭다.
- 양반 돈은 상놈 주머니에 들었다.
- 양반 자식은 배고픈 호랑이도 더럽다고 안 잡아먹는다.

이와 같은 속담에 잘 나타나 있듯이 양반은 아주 탐욕스러운 존
재로 표현되었다(정종진, 2007).

현재 우리 사회에서도 돈 가진 자와 돈 없는 자가 극단적으로 양

분되고 돈 없는 자가 차별받는 양상을 보이고 있는데, 예전에도 상
놈은 항상 피해 계층이었다. 그들은 죽도록 일을 하고도 정당한 대
가를 받지 못하고 억눌려 살았다. '상놈의 살림은 양반의 양식이
라.' '상놈의 눈은 양반의 티눈보다 못하다.'와 같은 속담은 상놈이
양반에 비해 얼마나 하찮은 존재인지를 잘 나타내 주고 있다. 하지
만 그러한 상놈 계층 때문에 우리 사회가 유지되고 발전할 수 있었
고, 지금도 마찬가지이다. 우리나라가 이룬 경제 성장은 열심히 땀
흘려 일한 근로자들의 노력 덕분이고, 이 사회를 유지 · 발전시키
는 데 없어서는 안 될 주체가 바로 평범한 서민들인 것이다. 이제는
누구나 제 능력에 따라 대접을 받고 대가를 받아야 하는 시대로, 타
고난 신분이나 집안 때문에 열등감이나 우월감을 가져서는 안 되
는 것이다. 그런데도 우리 사회에서 금수저, 흙수저 논란이 끊이지
않고 일어나는 것은 가슴 아픈 이 시대의 현실이 아닐 수 없다.

　예나 지금이나 자녀 양육 문제는 부모의 최대 관심사였다는 것
을 잘 알 수 있다. 양육의 중요성은 모든 부모가 인정하는 것으로
자녀를 어려서부터 어떻게 양육해야 하는가는 가장 신경을 많이
쓰는 부분이며, 우리나라의 젊은 맞벌이 부부들이 매우 힘들어하
는 부분이기도 하다. 특히, 직업을 가진 엄마들이 어려움을 가장 많
이 호소하는데, 이는 예나 지금이나 다를 바 없다.

- 제 귀염 제 등에 지고 다닌다.
- 아이는 앓으면서 자란다.
- 애 하나 기르자면 똥가루 서 말은 먹어야 한다.
- 아이들은 한눈파는 사이에 죽순 크듯 한다.

- 어미 모르는 병 열두 가지를 앓는다.
- 어미 손이 약손이고, 아비 손은 범손이다.
- 아이는 일곱 번 죽을 고비를 넘겨야 한다.

이와 같이 자녀 양육에 많은 노력이 들고 어려움이 있다는 것을 보여 주는 속담들이 있다. 또한 자녀가 어릴 때부터 부모가 보이는 양육에 대한 열의가 지금 부모의 것만큼 크다는 것을 잘 보여 주는 속담으로는 다음과 같은 것들이 있다.

- 어려서 배우지 않으면 커서 눈 뜬 봉사 된다.
- 구슬이 서 말이라도 꿰매야 보배다.
- 구슬도 깎고 다듬어야 구슬 노릇을 한다.

이처럼 옛날의 부모도 자녀를 유아기 때부터 교육시키고자 하는 열정이 매우 컸음을 알 수 있다.

2. 학습과 교육

우리 속담에 '서당 개 삼 년에 풍월을 읊는다.'라는 말이 있다. 동물인 개도 어떠한 환경을 오래도록 접하면 거기서 볼 수 있는 것들을 습득하게 된다는 것으로, 아무리 무식한 사람도 유식한 사람과 오랜 시간 같이 있게 되면 어느 정도 그의 유식을 익힐 수 있다는 뜻을 담고 있다. 심리학에서 학습(learning)은 공부를 의미하는 것

이 아니고 경험의 결과로 생긴 행동의 비교적 지속적인 변화를 말
한다. 옛날에도 학습과 관련된 속담들이 꽤 많았는데 그만큼 배움
과 가르침이 중요한 것이었음을 알 수 있다.

- 황금 천 냥이 자식 교육만 못하다.
- 사람은 배워야 길을 안다.
- 아는 놈 당하지 못한다.
- 사람은 아는 만큼 본다.
- 사람은 가르쳐야 사람값을 제대로 한다.
- 똥개도 가르치면 사냥개 된다.

　이와 같은 속담은 학습의 중요성을 강조하고 있으며, 특히 일찍
부터 배워야 한다는 것을 강조한 '먼 데서 흘러오는 냇물은 가뭄을
타지 않는다.'라는 속담도 있다.
　심리학에서 학습은 매우 중요하게 다루어 온 기초 영역이다. 우
리 인간은 태어나면서 죽을 때까지 생존하기 위해 혹은 어떤 환경
에 적응하기 위해 스스로나 외부 자극과 자극에 의한 연합에 의해
서, 또는 내가 한 반응과 그 이후에 따라오는 어떤 자극에 의한 연
합에 의해서 학습이 끊임없이 이루어지면서 살아간다. 학습심리학
에서 가장 기본적인 학습 원리로 파블로프(Pavlov)의 고전적 조건
형성이 있는데, 이 고전적 조건형성의 실험 예와 딱 맞는 속담이 있
다. 파블로프의 실험에서 조건자극인 종소리에 조건형성이 된 개
가 고기가 나오지 않은 상태에서 종소리만 듣고도 침을 흘리는 것
과 같은 현상을 나타내는 '떡방아 소리 듣고 김칫국 찾는다.'라는

속담이 그것이다. 이 속담은 떡방아 찧는 소리를 듣고 떡을 먹는다는 생각에 김칫국을 찾게 된다는 뜻으로, 파블로프의 실험에서 종소리에 해당되는 떡방아 찧는 소리가 조건자극이고, 조건형성이 된 상태에서 떡은 없지만 떡방아 소리만 듣고도 김칫국 찾는 행동을 하는 것이 조건반응이라 할 수 있다.

또한 고전적 조건형성 중 나타나는 현상으로 자발적 회복이라는 것이 있는데, 자발적 회복 현상은 우리 속담에도 잘 나타나 있다. 중독과 같은 것처럼 잘못된 버릇이나 습관도 자발적 회복 현상으로 볼 수 있다. 자발적 회복 현상을 버릇 관련 속담을 통해 살펴보자.

- 제 버릇 개 줄까.
- 배운 게 도둑질이고, 개 버릇 남 못 준다.

이 속담들에는 한번 젖어 버린 버릇은 좀처럼 고치기 어렵다는 의미가 담겨 있다. 즉, 추가적인 훈련 없이 어느 정도의 휴식 후에 소거되었던 반응이 다시 나타나는 현상을 보여 준다. 학습된 반응이 소거에 의해 무효화 또는 폐지되는 것이 아니라 일시적으로 차단되는 것임을 보여 주므로 자발적 회복을 나타내는 속담이라고 볼 수 있다.

고전적 조건형성 과정에서 나타나는 또 다른 현상으로 자극 일반화라는 것이 있다. 자극 일반화 현상을 나타내는 속담은 여러 가지가 있는데, 우리가 잘 알고 있는 속담 중에서 '자라 보고 놀란 가슴 솥뚜껑 보고도 놀란다.'는 속담이 있다. 이 속담의 원 뜻은 어떤 대상에 놀란 사람은 그와 비슷한 대상만 보아도 겁을 낸다는 것이다. 이와 유사한 속담을 더 살펴보면 다음과 같다.

- 불에 덴 강아지 반딧불에도 끙끙 한다.
- 불에 놀란 놈이 부지깽이만 보아도 놀란다.
- 불에 놀란 놈 화젓가락 보고 놀란다.
- 더위 먹은 소 달만 보아도 허덕인다.
- 뱀에 물린 사람은 새끼줄에도 놀란다.

　또한 학습 원리 중 조작적 조건형성에서 효과의 법칙과 관련된 것으로 '고운 일 하면 고운 밥 먹는다.'라는 속담이 있다. 이 속담은 고양이가 문제상자 안에서 올바른 행동을 하면 갑갑하고 통제된 환경에서 자유와 먹이라는 보상을 받게 되고, 부적절한 반응을 보이면 보상을 받지 못하게 되는 효과의 법칙을 보여 준다고 할 수 있다.

고전적 조건형성에서 자극과 자극 간의 연합에 의해 학습이 일어난다면, 스키너(Skinner)의 조작적 조건형성에서는 반응과 자극 간의 연합에 의해 학습이 일어난다. 즉, 조작적 조건형성에서는 내가 보인 반응 이후에 어떤 자극이 나타나는지에 따라 학습이 이루어진다. 조작적 조건형성에서 핵심적인 역할을 하는 것은 강화와 처벌이다. 바람직한 행동을 증가시키기 위해서도, 바람직하지 않은 행동을 감소시키기 위해서도 강화와 처벌이 모두 사용된다. 강화는 학습이 이루어질 때도 영향을 미치고, 소거가 될 때에도 영향을 미친다. 조작적 조건형성은 강화에 따른 결과라 할 수 있다. 강화물은 다양한 특성을 가진다. 좋아하는 것을 제공할 수도 있고, 제거할 수도 있으며, 직접적으로 영향을 미칠 수도 있고, 이차적으로 영향을 미칠 수도 있다. 강화를 주는 방법은, 현실적으로 연속강화는 불가능하므로 부분강화가 대부분이다. 이러한 부분강화는 강화를 제시하는 방법과 그에 따른 반응 유형에 따라 구분된다. 조작적 조건형성, 강화와 강화물과 관련된 속담들을 살펴보자.

우선, 강화 효과를 단적으로 보여 주는 속담을 보자.

- 고운 일 하면 고운 밥 먹는다.
- 우는 아이 젖 준다.

반면에, 처벌 효과를 보여 주는 속담을 보자.

- 매 끝에 정든다.
- 미친개에게는 몽둥이가 제격

- 매 끝에 효자 난다.
- 귀한 자식 매 한 대 더 때린다.
- 서당 아이들은 초달(楚撻)에 매여 산다.
- 젊은이 망령은 몽둥이로 고친다.

일반적으로 강화 효과는 보상의 의미로 볼 수 있으며, 처벌 효과는 말 그대로 체벌의 의미를 보여 주고 있다. 강화에는 1차 강화물과 2차 강화물이 있는데, 2차 강화물은 1차 강화물처럼 그 자극이 직접적인 강화 효과를 지니는 것이 아니고 그것을 통해 보상을 얻게 되는 것을 말한다. 2차 강화물과 관련된 속담으로는 다음과 같은 것들이 있다.

- 돈이 힘이다.
- 칭찬은 고래도 춤추게 한다.
- 돈이 효자다.
- 돈이 있으면 없는 힘도 난다.
- 돈이 있으면 만사가 해결된다.
- 돈만 있으면 개도 풍헌질을 한다.
- 똥 마다는 개 없고, 돈 마다는 사람 없다.
- 돈만 있으면 뛰는 호랑이 눈썹도 뽑는다.
- 돈만 있으면 죽은 사람도 살릴 수 있다.
- 돈만 있으면 귀신도 연자매를 돌리게 한다.

이와 같이 돈과 관련된 것들이 대부분인데, 돈은 예나 지금이나 우리에게 매우 중요한 강화물이다. 돈과 관련된 속담은 강화의 효과와 같이 긍정적인 측면만 있는 것은 아니다. 돈은 우리가 살아가는 데 있어서 없어서는 안 될 귀중한 생활 수단이지만, 돈을 목적으로 생각하게 되면 사람의 마음은 매우 복잡해진다. 돈의 부정적 측면과 관련된 속담도 많은데, 이 책의 뒷부분에 돈 관련 속담 부분에서 다룰 예정이므로 여기서는 생략한다.

조작적 조건형성에서는 강화가 절대적인 역할을 하는데, 강화를 주는 시점과 강화를 어떤 주기로 주느냐에 따라 그 효과가 달라진다. 고정간격계획은 일정한 간격으로 정해진 시간에 강화를 주는 것으로 이를 나타내는 속담을 살펴보자.

- 게으른 놈은 저녁때가 바쁘다.
- 가뭄에 콩 나듯.

이 속담들은 강화를 받은 직후에는 반응을 보이지 않고 쉬다가 강화 제시 시간이 다가오면 열심히 반응을 보이는, 즉 지속적인 노력을 하지 않음을 빗댄 것들이다. 변동간격계획에서는 정해진 기간마다 강화를 주는 것이 아니라 언제 강화를 주는지를 알 수 없게 한다. 변동간격계획을 나타내는 속담은 '가뭄에 도랑 친다.'가 있는데, 이는 가뭄 때 도랑을 쳐 두면 장마 때 걱정이 없다는 뜻으로, 언제 강화를 받게 될지 모르기 때문에 항상 준비하고 노력해야 하는 변동간격계획 개념과 연결된다고 할 수 있다.

조작적 조건형성은 인간에게 바람직한 행동을 하게 하기 위해서 효과적으로 단계별 학습을 시킬 수 있다. 즉, 어떤 바람직한 행동

을 하게 하기 위해서 전체를 이루는 행동 가운데 최종적으로 원하
는 행동에 근접한 행동을 할 때마다 강화를 주어, 바라는 행동을 한
번에 습득시키지 않고 단계별로 조금씩 행동을 만들어 가는 방법
이다. 이를 조성(shape)이라고 하는데, 이것은 인간뿐 아니라 동물
들을 훈련시키는 데 활용되는 방법이기도 하다. 예를 들어, 이 방법
은 방범용이나 보안용 혹은 안내견 등으로 활용하기 위해 진돗개
나 세퍼트와 같은 개들을 훈련시킬 때 사용하기도 하고, 돌고래 쇼
나 물개 쇼를 하는 동물원에서도 훈련시킬 때 사용한다. 이와 관련
된 속담은 다음과 같다.

- 천 리 길도 한 걸음부터.
- 무쇠도 갈면 바늘 된다.
- 소 뒷걸음질 치다 쥐 잡기
- 까마귀 날자 배 떨어진다.

가정교육과 학교교육의 중요성을 강조하는 속담도 있다.

- 어려서 굽은 나무는 커도 굽는다.
- 금강석도 갈아야 광이 난다.
- 어려서 배우지 않으면 커서 눈 뜬 봉사 된다.
- 낙랑장송 큰 나무도 깎아야 동량 된다.

이처럼 배우는 데 있어 부모와 스승의 역할이 중요함을 알 수 있
다. 그런데 학습이라는 것이 꼭 학교에 가야 가능한 것은 아니고,

사회생활을 통해서 배우고 깨우치는 것이 더 많다는 것을 보여 주는 속담도 있다.

- 팔도강산을 무른 메주 밟듯 한다.

이 속담은 온갖 여러 곳을 다니며 주워들은 상식이 훨씬 유용할 수 있다는 뜻이다. 책으로만 배운 지식보다 돌아다니면서 몸으로 익힌 지혜가 삶에 더욱 유용할 수 있다는 것을 보여 주는 속담도 있다.

- 돌아먹은 무식이 앉은 유식을 이긴다.
- 뒹굴린 달걀은 병아리 되고, 뒹굴린 사람은 쓸모가 있다.
- 뒹굴린 아이는 쓸모가 생기고, 모시는 아이는 바보가 된다.

심리학에서는 내가 직접 학습하지 않아도 타인을 관찰하거나 타인을 따라 하는 것으로 학습이 이루어질 수 있다고 하였다. 이는 대표적인 사회학습이론가인 밴듀라(A. Bandura)가 처음 주장한 것으로, 인간의 학습이 주로 타인들과 함께 있을 때 일어나고, 사람들은 타인들의 경험을 통해서도 학습할 수 있다는 것을 강조하였다. 사회학습은 관찰학습(observational learning) 또는 대리학습(vicarious learning)이라고도 하는데, 이는 타인의 행동을 관찰함으로써 하는 학습을 말한다. 많은 학습이 조건형성에 의해서도 이루어지지만, 다른 사람에게 일어나고 있는 것을 보거나 그에 대한 이야기를 듣고도 충분히 학습할 수 있다는 것이다.

인간과 다른 고등동물들은 모든 것을 반응과 보상의 직접적인 경험을 통해 배울 필요는 없다. 그들은 모델의 행동을 관찰함으로써 학습할 수 있다. 전형적인 실험 예를 살펴보자. 아이들은 TV를 통해 한 모델이 어떤 행동을 하는 것을 지켜보았다. 모델은 방에 있는 보보 인형에게 공격적인 행동과 언행을 하였다. 일부는 보상을 받거나 처벌을 받았고, 나머지는 아무런 보상이나 처벌을 받지 않았다. 아이들의 행동을 관찰한 결과, 보상을 받은 모델을 본 아이들은 그렇지 않은 아이들보다 공격 행동을 더 많이 보였다. 이러한 차이는 아이들의 공격적인 행동에 보상을 줄 때 사라졌다. 즉, 공격적인 행동에 대한 학습의 차이는 있었으나, 실제로 행동을 할 때 보상을 주면 그들 간의 차이는 사라진다는 것이다. 이러한 원리는 직접적인 행동에 의한 학습을 주장한 조건형성론자와 달리 대리적 강화와 대리적 학습이 가능함을 보여 주었다.

사회학습이론은 간접적 학습 또는 관찰학습을 강조한다. 즉, 다른 모델이 하는 것을 봄으로써 복잡한 자극-반응-강화의 상호작용을 학습하는 능력을 강조한다. 그런데 사람들이 관찰하는 모든 사람의 행동을 모두 모방하는 것은 아니다.

학습이 이루어지기 위해서는 다음과 같은 조건들이 충족되어야 한다. 첫째, 주의과정으로서 모델에 주의집중을 해야 한다. 모델이 유명하거나 매력적일 때, 또는 전문성이 있을 때 주의가 더 끌리고 모방도 더 잘 일어난다. 둘째, 파지과정으로서 모델의 행동을 기억해야 한다. 모델의 행동을 따라 하기 위해서는 관찰한 모델의 행동을 기억해야 한다. 셋째, 재생과정으로서 학습한 것을 행위로 전환시켜야 한다. 모방 행동이 나타나려면 인지적 표상이 신체적 운동으로 전환되어야 하는데, 학습이 되었다 하더라도 행동으로 전환시킬 신체적 능력을 갖추고 있지 못하면 모방 행동은 나타나지 않는다. 넷째, 동기화과정으로서 학습한 행동을 드러내야 한다. 사람들은 모델 관찰을 통해 학습을 했다고 하더라도 행동을 드러낼 필요가 없을 때는 굳이 드러내지 않는다.

모방 행동의 유발 가능성은 실제적 또는 상상적 보상에 의해 결정된다. 사회학습이론에서는 학습과 수행을 뚜렷이 구분하며 행동상의 변화가 전혀 없더라도 학습이 이루어질 수 있음을 강조한다. 이와 같은 관찰학습과 관련된 속담이 있다.

- 서당 개 삼 년에 풍월을 읊는다.
- 들은 풍월 얻은 문자.
- 부모가 온 효자 되어야 자식이 반 효자.
- 애들 앞에서는 냉수도 못 마신다.
- 아이는 어른한테 배우고, 어른은 아이한테 배운다.

대리학습과 관련된 속담도 있다.

- 뒷집 며느리 시집살이 잘(못)하는 바람에 앞집 며느리도 절로 한다.
- 앞 달구지 넘어진 데서 뒤 달구지 넘어지지 않는다.
- 윗물이 맑아야 아랫물이 맑다.
- 그 아버지에 그 아들.

모방학습 또는 모델링과 관련된 속담도 있다.

• 처가살이 십 년이면 아이들도 외탁한다.

3. 일과 직업

　프로이트(Freud)는 사랑과 더불어 일이 인생에서 가장 중요하다고 하였다. 그만큼 우리는 전 생애에 걸쳐 가장 많은 시간을 일을 하면서 보내야 한다. 청소년기를 지나 청년기에 접어들어 대학에 진학하고 나면, 숨 돌릴 틈 없이 바로 취업 준비를 해야 하는 상황이 닥친다. 요즘 대학생들의 현실을 말해 주고 있는 것으로 그만큼 직업을 구하는 것은 중요하다고 할 수 있다. 옛날에도 일에 대해서는 노동은 신성한 것이라고 생각하여 '일이 보배라.' '일이 황금' 및 '일이 사랑'이라는 속담들이 있다. 이는 일을 얼마나 중요하게 생각했는지를 잘 보여 주는 속담이라 할 수 있으며, 일을 잘해야 사람들로부터 사랑을 받는다는 것을 의미하는 것이다. 또한 '사람은 일을 해야 입맛이 난다.' '사람이 고운 게 아니라 일이 곱다.' '저 하고 싶은 일은 힘든 줄 모른다.'와 같이 직업 선택의 중요함을 의미하는 속담도 있다.

　'사람은 일을 해야 입맛이 난다.'든지 '사람이 고운 게 아니라 일이 곱다.'는 것은 당연한 말일 것이다. 직업에는 매우 많은 종류가 있다는 것을 나타내는 속담으로 '사람 밥 빌어먹는 구멍은 삼천 몇 가지'라는 말이 있다. 많고 많은 직업 중에 누구나 한 가지 이상의 직업을 선택해야 하는데, 직업의 귀천을 의식하지 않을 수 없다. 직업의 귀천은 누구나 자신의 일에 자부심을 가질 때 없어지기 마련

인데, '죽자니 청춘이요, 살자니 고생이라.'라고 생각하는 사람들
이 노동의 신성함을 느낄 수 있겠는가? 이왕 일을 할 바에는 열심
히 하는 것이 아름다운 것으로, '집안에 항상 일만 있으면 굶어 죽
지 않는다.'는 속담도 있다. '일을 하려면 어처구니 독 바르듯 하고,
삼동서 김 한 장 쳐부수듯, 메로 새알 부수듯 하라.'는 속담이 있는
데, 어처구니란 엄청나게 큰 사람이나 물건으로서 어떤 일을 아주
적극적으로 덤벼들어 하라는 의미이다. 즉, 일을 하려면 물불 안 가
리고 대들어야 할 정도로 열심히 해야 한다는 것이다.

　일은 제대로 하지 않으면서 먹을 것만 탐하는 사람을 비꼬는 속
담도 많다.

- 일은 아이의 일, 먹성은 황소.
- 일은 병신, 밥 먹기는 장수.
- 일은 송곳으로 매운 재 긁어내듯 하고, 먹기는 돼지 소 먹듯 한다.
- 일은 반 몫도 않고, 말썽은 열 몫을 한다.
- 일에는 굼벵이고, 먹는 데는 귀신이라.
- 먹는 데는 걸신이고, 노는 데는 귀신이며, 일하는 데는 등신.
- 먹는 데는 앞장서고, 일하는 데는 뒷장선다.
- 먹는 데 빠져 본 일 없고, 일하는 데 참견해 본 일이 없다.

　일은 만들어 할 탓이라고 했는데, '일 없는 샌님 명주구리 감았다
풀었다 한다.'거나 '일 싫은 놈 해 판다.'고 하듯이 일하기가 싫어 해
찰을 부리면 세상에 도움이 되는 사람이라고 보지는 않을 것이다.
'하기 싫은 일은 오뉴월에도 손이 시리다.'고 하는데, 제 일도 못하

는 사람에게 남의 일을 잘하기 바란다는 것은 그야말로 '곤소금에 곰팡이 피기를 기다리는' 것과 마찬가지다. '일하는 데는 병든 주인이 아흔아홉 몫이라.'는 말도 이와 유사한 속담이라고 할 수 있다. 반면에, '구렁이가 개구리 녹이듯 한다.'거나 '두부에 송곳 박기'처럼 일을 해치우면 보기에도 시원할 정도라는 의미의 속담도 있다.

누구든지 직업의식이 뚜렷해야 한다. 자기 직업에 자긍심을 가지고 이득을 얻을 수 있는지까지 철저한 직업의식을 가지고 있어야 한다.

- 무당은 병이 생기라고 빌고, 관 짜는 목수는 사람 죽기만 기다린다.
- 금난 체 장수는 말 꼬리부터 만져 본다.
- 고약 장수는 헌 데 난 놈만 찾고, 관쟁이는 사람 죽기나 기다린다.

이와 같은 속담은 비난받을 수도 있겠지만 분명 직업의식을 보여 주는 것이라고 할 수 있다.

'일에는 소가 할 일이 있고, 말이 할 일이 있다.'와 '일 다 하고 죽은 귀신 없다.'는 속담이 있다. 이는 누구나 살아 있는 동안 자신이 선택한 일을 할 수 있을 만큼 성실히 하면 된다는 것을 의미한다.

전통적으로 세상의 많은 직업은 사농공상의 범주 속에 속하는 것들이었다. 현대의 직업들은 최근에 생긴 직업일지라도 모두 사농공상의 직업이 다양하게 변형된 것일 뿐이다. 옛날에는 농업이 인간의 삶에서 하늘이자 땅이라는 것을 모두가 인정하였고, 지금도 여전히 그러한 생각이 존재하고 있다고 할 수 있다. '농사가 잘되면 나라에 걱정이 없다.'와 '사철 바다를 비우지 말랬다.'라는 속담은 농사가 천하의 근본이라는 의미로, 먹는 것을 책임지고 있는 농업과 어업을 업신여길 수 없다는 것을 보여 준다. 또한 '사람의 눈은 속여도 땅은 속이지 못한다.'와 '사람은 속일 수 있어도 농사는 못 속인다.'는 속담은 결코 그른 점이 없다고 할 수 있고, 농부는 정직과 근면, 정성이 밑천임을 보여 주는 말이라 하겠다.

어업은 농업에 비해 먹을거리나 돈 벌 거리를 수월하게 얻을 수 있는 편이다. 있는 것을 거두어들인다는 점에서 그렇다고 볼 수 있다. 그 대신 어부는 목숨을 걸고 먹을 것을 거두어들여야 한다. 이와 관련된 속담을 살펴보자.

- 뱃놈의 계집은 씨 다른 자식이 셋이다.
- 고기 뱃속에 장사 지내는 신세라.
- 치 오 푼 뱃바닥 밑이 저승이라.
- 어부 삼대면 조상을 물에 눕힌다.
- 어부가 살았다는 것은 배가 돌아와 봐야 안다.
- 뱃놈의 계집은 잘못하면 세 번 과부 된다.

어부에게 가장 힘든 일은 날씨를 잘 알아 험한 바닷길에 휘말려 들지 않는 일이다. 이와 같은 어부의 날씨 예측 능력과 관련된 속담을 살펴보자.

- 어부는 사흘 일기는 볼 줄 알아야 한다.
- 뱃놈은 하루 천기는 봐야 한다.
- 바다 고운 것 하고, 여자 얼굴 고운 것 하고는 믿지 말라.

• 바다 물결 고운 것 하고, 계집 눈매 고운 것 믿지 마라.
• 바닷물 고운 것과 계집 고운 것은 탈나기 쉽다.

이와 같이 어부에게 날씨를 예측하는 능력을 요구하는 속담 외에, 어부라는 직업이 얼마나 고통스럽고 힘든 직업인지를 잘 보여주는 속담으로 '어부는 배에서 내린 뒤에야 마음을 놓는다.'라는 것이 있다.

농부와 어부가 사람들에게 먹고 살 것을 생산해 준다면, 솜씨장이들은 사람들이 편리하거나 즐겁게 살 수 있는 집이나 도구를 만들어 준다. 이런 솜씨장이들과 관련된 속담으로 '솜씨 좋은 사람치고 팔자 드세지 않은 사람 없다.'가 있다.

누구나 남보다 나은 솜씨를 가지고 있다는 의미로는 다음과 같은 말이 있다.

• 굼벵이는 뒹구는 재주가 있고, 두꺼비는 혓바닥으로 파리 잡아먹는 기술이 있다.
• 굴 파는 데는 토끼가 선생이고, 뒹구는 데는 굼벵이가 선생

솜씨 단련에 힘쓰지 않는 사람이 하는 일이란 언제나 어설프다. 그러다 보면 남의 탓을 하는 것이 보통인데, 다음은 이와 관련된 속담이다.

• 석수장이는 눈짐작부터 배운다.
• 석수장이는 눈 깜박부터 배운다.

- 서투른 석공 깜짝이부터 배운다.

　그리고 '솜씨 없는 마누라가 도마 소리만 요란하다.'라는 속담은 서투른 사람들이 괜한 짓을 한다는 의미로 볼 수 있다. 또한 서투른 사람들이 자기 실력보다는 다른 것을 탓한다는 것을 비꼬는 속담 으로는 다음과 같은 것들이 있다.

- 서투른 어부가 용왕 탓만 한다.
- 서투른 의원이 생사람 잡는다.
- 서투른 머슴이 연장 탓만 한다.
- 서투른 무당이 장구만 나무란다.

　현대는 상업이 지배적인 업종이라고 할 수 있는데, 서비스업 시 대라고 할 정도이다. 예전에는 장사치라고 그토록 업신여기던 사 람들을 요즘은 자신도 모르게 닮아가는 경향이 있을 정도로 세상 이 온통 장삿속으로 돌아간다고 할 수 있다. '장사 해먹으려면 속 창자를 다 빼놔야 한다.'는 속담이 있듯이, 장사를 하려면 자괴감이 없이 거짓말도 하고 능청도 떨어야 한다. 장사꾼들은 거짓말을 잘 하면 이익이 많이 남기 때문에 그럴 수밖에 없는데, 이와 관련된 속 담을 살펴보자.

- 거짓말하는 데 참기름 쳤다.
- 가랑잎으로 눈 가리고 아웅 한다.
- 벼락 치는 하늘도 속일 때가 있다.

더불어 '거짓말은 참말보다 더 잘해야 한다.'와 같은 속담도 있다. 이는 장사를 하는 사람이라면 거짓말에 도통한 경지에 이르러야 한다는 것을 보여 주는 속담이다.

4. 결혼과 이혼

요즘 젊은 세대들은 결혼을 하지 않고 혼자 사는 사람들이 늘어나고 있어서 사회적인 문제가 되고 있으며, 결혼을 하더라도 늦은 나이에 하는 사람들이 많다. 이는 우리나라의 예전 결혼 풍습과는 너무나 대조적인 양상이라고 할 수 있다. 조혼을 하던 시대에 나타난 속담으로 '여자는 키를 머리에 씌워서 땅에 안 끌리면 시집 가도 된다.'와 '여자는 첫아이 낳을 때까지는 큰다.'가 있다. 이러한 이유로 그 시대의 부모들은 딸이 소녀티를 벗기도 전에 혼인시킬 걱정을 해야 했다. 요즘 연애결혼이 주류를 이루고 있다고는 하지만 여전히 중매결혼도 많이 하고 있다. 중매와 흥정은 붙이라는 말과 함께 중매를 잘 서면 복 받을 것이라는 의미의 속담들이 꽤 있다.

- 중매 셋만 잘하면 죽어서 좋은 곳 간다.
- 중매 열만 하면 지옥 갈 사람도 극락 간다.
- 혼사 중매 열 번 하면 백 가지 지은 죄가 없어진다.

결혼은 옛부터 인륜지대사라고 해서 매우 중요한 일이었고, 물론 지금도 인생에서 중요한 일 중의 하나로 생각하고 있다. 이를 잘

보여 주는 속담으로 '결혼은 만대의 시초'이며 '결혼은 만복의 근원'
이라는 것이 있다.

　가족 내에서의 인간관계에서 가장 핵심적이고 기본이 되어야 하
는 것은 부부간의 관계이다. 한 가정의 신뢰를 바탕으로 건강한 부
부관계를 세우는 것은 부부 개인의 만족감 차원에서뿐만 아니라
전체 가족 구성원은 물론 사회 전반에 영향을 미친다. 친밀감이 형
성된 서로를 배려하는 부부가 중심이 되어 가정을 이끌어 갈 때, 가
족 구성원의 심리적 안정과 신체적 건강 그리고 올바른 자녀교육
이 이루어질 수 있다. 이는 청소년 비행이나 학교폭력과 같은 공격
행동, 우울 및 자살과 같은 사회적 병리 현상을 예방하는 기초가 될
수 있다. 반사회적인 문제 행동의 기저에는 병들고 건강하지 못한
가정환경이 자리하고 있는 경우가 많기 때문이다. 따라서 원만하
지 못한 부부관계로 가정이 병들면 그 나라의 미래가 없다고 해도
과언이 아닐 것이다.

　부부관계는 가깝고도 먼 관계라고 볼 수 있는데, 이는 옛날 속담
속에 잘 나타나 있다. '부부도 처음에는 남이라.' '부부는 정으로 산
다.'와 같이 남이 아닌 남으로 생각되었던 것이다. 그래서 '부부는
무촌'이 되는 것이고 '부부는 닮는다.'는 속담이 있으며, '부부는 형
제보다 가깝다.'와 '부부는 원래 같은 숲속에 사는 새와 같다.'는 속
담도 있다.

　부부가 가정을 이루고 살다가 어떤 이유로든 헤어져야 할 상황
이 발생할 수 있다. 즉, 부부 사이에 갈등이 생길 수 있다는 것이다.
부부 갈등의 원인에 대해 권석만(2003)은 다음과 같은 몇 가지 이유
로 갈등이 발생할 수 있다고 하였다. 우선 성격 차이다. 성격 차이

란 부부간의 다양한 심리적 갈등과 마찰을 의미한다. 부부는 각자
다른 성장 배경을 가지고 있기 때문에 성격 특성 역시 다를 수 밖에
없다. 이러한 성격 차이로 인해 생활 속의 여러 영역, 즉 생활 습관,
감정 표현 방식, 자녀 양육 문제, 재정 관리 및 소비 양식, 의사결정
방식, 성 욕구 및 성생활 등에서 서로 의견 대립이 있을 수 있다. 이
러한 문제로 인해 부부는 함께 사는 동안 곳곳에서 서로 다른 모습
을 보게 되고 갈등이 생길 수 있는 것이다. 다음은 이혼과 사별의
고통을 나타낸 속담이다.

- 죽은 이별보다 생이별이 더 서럽다.
- 불쌍타 해도 과부 신세만큼 불쌍한 신세 없다.
- 과부 사정은 과부가 알고, 홀아비 사정은 홀아비가 안다.

5. 스트레스, 질병 및 죽음

1) 스트레스의 정의와 대처방법

건강은 동서고금, 남녀노소를 막론하고 누구나 소망하는 가치
다. 최근 연구에서는 현대인의 건강을 위협하는 가장 최대의 적이
스트레스인 것으로 나타났다. 예컨대, 과거에는 전염성 질병이 주
요 사망 원인이었으나, 최근에는 비전염성 질병 또는 성인병이 주
요 사망 원인으로 나타나고 있다. 그리고 이러한 성인병은 주로 스
트레스와 불건전한 생활 방식에 기초하고 있다. 한국인들은 의존

적이고, 친화적이고, 지배적인 인간관계로 상당한 스트레스를 경험한다. 스스로 노력하지 않고 무조건 의지하려 할 때, 친하다고 고려해 달라고 할 때, 상사가 능력보다 아첨을 요구하거나 불합리한 요구를 할 때, 자신의 능력이 떨어진다는 사실을 알 때, 책임이 전가될 때, 윗사람의 눈 밖에 날 때, 자신을 잘못 평가했을 때 사람들은 스트레스를 겪는다. 결국 대부분의 사람은 경제적 이유, 직장 그리고 인간관계로 인해 엄청난 스트레스를 경험하게 된다.

스트레스는 두 가지 관점에서 볼 수 있다. 즉, 스트레스를 다룰 수 있는 개인의 역량에 도전해서 내적 또는 외적 요구에 따르도록 하는 사건으로 보기도 하고(자극중심), 생리적인 흥분 상태, 불안이나 두려움과 같은 정동적인 부담 그리고 인지 또는 행동적 반응을 포함하는 것으로 보기도 한다(반응중심). 이런 면에서 스트레스는 통제 욕구와 밀접한 관련이 있다. 환경의 위협이나 도전을 통제할 수 있으면 스트레스를 덜 느끼지만, 통제할 수 없으면 스트레스를 많이 겪는다. 스트레스란 개인의 안정을 위협하거나 또는 위협하는 것으로 지각되어 대응 능력을 요구하는 상황이라고 볼 수 있으며, 따라서 개인의 신체 건강과 안전, 자존감, 명성, 심리적 안정 등을 위협하는 사건일 수 있다.

스트레스(stress)는 라틴어 'strictus' 또는 'stringere'에서 유래되었다. strictus라는 말은 '팽팽한(tight)' '좁은(narrow)' 등의 의미를 가지고 있으며, stringere라는 말은 '팽팽하다(tighten)' 등의 의미를 가지고 있다. 이러한 스트레스의 어원은 개인이 스트레스를 경험할 때 느끼는 마음과 몸의 긴장, 즉 답답한 느낌이나 근육의 긴장 상태 등을 반영하고 있다. 그 후 스트레스란 말은 환경에서 오는 어려움,

경제적 곤란 등의 의미로 사용되었으며, 17세기에 이르러서 비로소 물리학과 공학에서 현대적인 의미로 사용되기 시작하였다. 이때는 물체에 가해지는 외부적인 부하(load)와 이러한 외적인 부하가 한 단위 면적에서 측정되는 힘인 스트레스(stress) 그리고 스트레스에 의해 구조물이 변형된 것인 스트레인(strain)으로 구분하였다. 20세기에 이르러 한스 셀리에(Hans Selye)가 이와 같은 물리학과 공학적인 개념을 의학적인 개념으로 사용하면서 보다 많은 사람이 스트레스라는 단어를 사용하게 되었다.

스트레스라는 용어가 일상적으로 사용되고 있기는 하지만 그 정의는 통일되지 않고 다양하게 사용되고 있다. 스트레스에 대한 몇몇 학자의 정의를 보면 다음과 같다. 셀리에(Selye , 1956)는 스트레스를 어떤 요구에 의해서도 신체에 부과되어서 나타나는 비특이적 반응으로 보았고, 라자러스와 포크먼(Lazarus & Folkman, 1984)은 스트레스를 개인과 환경 간의 특별한 관계로서 자신의 자원에 부담이 되거나 초과되고 자신의 안녕을 위협하는 것으로 평가되는 관계성이라고 하였다. 맥그래스(McGrath, 1970)는 스트레스를 지각된 요구에 대하여 적절하게 반응할 수 없다는 예견, 그리고 부적절한 반응에 대한 부정적인 결과의 예견을 수반하는 반응으로 보았다. 스트레스에 대해 학자들마다 다양한 정의를 내려 왔지만, 최근 연구자들의 합의된 정의는 자극도 아니며, 반응도 아니고, 개인이 위협감을 느끼거나 상실이나 위해를 경험하는 자극과 반응의 거래작용이다(Carver, 2007; McEwen, 2000).

스트레스의 정의는 어떤 관점에서 보느냐에 따라 달라진다. 우선, 스트레스를 자극으로 보는 관점에서는 내 앞에 닥친 여러 가지 걱정거리, 즉 며칠 남지 않은 중요한 시험이나 갚아야 할 은행 대출금, 회사의 사활이 걸린 중요한 계약 입찰건, 최근 자주 발생하는 지진이나 쓰나미와 같은 자연재해 등의 외적 자극을 스트레스로 본다. 두 번째로, 스트레스를 반응으로 보는 관점에서는 중요한 일을 앞두고 머리가 아프거나, 심장이 뛰고, 혈압이 올라가는 것과 같은 생리적 반응을 스트레스로 본다. 세 번째로, 스트레스를 개인과 환경 간의 부적합한 관계에 따른 것으로 보는 관점에서는 자신의 복지나 안녕을 위협하는 것으로 평가되고, 자신이 가진 자원에 부담이 되거나, 자원을 초과하는 것으로 평가되는 상황과 개인 사이의 부적합한 관계를 스트레스로 본다.

스트레스는 이미 오래전부터 피할 수 없는 것이었던 것 같다. 우리 속담에도 걱정과 근심거리들로 가득 찬 삶의 모습들이 많이 나타나고 있다. 스트레스, 즉 걱정과 근심과 관련된 속담들을 살펴보고 학자들의 이론에 연관된 속담도 살펴보자. 걱정 및 근심과 관련된 속담들은 예나 지금이나 걱정이나 근심을 하는 사람들의 모습을 다양하게 묘사하고 있다.

- 곰의 발바닥에 티눈 뽑을 걱정을 한다.
- 물오리가 물에 빠져 죽을까 걱정한다.
- 거위한테 부리가 없을까 걱정한다.
- 걱정할 일 없으면 누운 개 발 밟으랬다.
- 많이 들으면 걱정거리도 많아진다.

스트레스의 개념 및 본질과 관련된 속담으로는 '개구리 소리도

들을 탓'이 있다. 이는 시끄럽게 우는 개구리 소리도 듣기에 따라 좋게도 들리고 나쁘게도 들린다는 뜻으로, 동일한 자극이라도 스트레스가 될 수도 있고 안 될 수도 있다는 것을 말해 준다고 할 수 있다. 통제 가능한 문제 상황에서는 스트레스 문제 자체에 대한 대처로서 심리학자 라자러스가 제안한 문제중심 대처가 더 효과적이라 할 수 있다. 문제 자체에 대해 직접적으로 대처하는 것과 관련된 속담으로는 다음과 같다.

- 거미도 줄을 쳐야 벌레를 잡는다.
- 부뚜막의 소금도 넣어야 짜다.
- 구슬이 서 말이라도 꿰어야 보배다.
- 눈에는 눈 이에는 이.
- 범에 물려 가도 정신 차리면 산다.
- 얕은 내도 깊게 건너라.
- 아는 길도 물어 가라.
- 떡으로 치면 떡으로 치고 돌로 치면 돌로 친다.

라자러스가 제안한 정서중심 대처는 문제 상황 자체보다는 문제 상황과 관련해서 일어나는 정서 상태를 조절함으로써 대처하는 것을 정서중심 대처라 하는데, 이는 통제 불가능한 상황에서 효과적이라 할 수 있다. 이와 관련된 속담은 다음과 같다.

- 물에 물 탄 듯 술에 술 탄 듯.
- 바람 부는 대로 물결치는 대로.

- 귀에 걸면 귀걸이, 코에 걸면 코걸이.
- 쓰면 뱉고 달면 삼킨다.
- 굿이나 보고 떡이나 먹지.
- 한 번 실수는 병가 상사.
- 눈 가리고 아웅 하기.

스트레스는 어찌 보면 자신감이 부족할 때 많이 받게 된다. 다시 말해, 스트레스는 열등감에서 비롯된다고 할 수 있다. 예로부터 이와 같은 의미를 나타내는 속담이 많은데, 대표적인 것이 '걱정이 태산과 같다.'이다. 이와 같은 속담을 살펴보자.

- 걸레는 빨아도 걸레라.
- 돌은 갈아도 옥이 되지 않는다.
- 돌배가 무르익은들 얼마나 무르익을까.
- 노새에 금안장 얹었다고 천 리 준마가 되랴.
- 강아지는 방에서 키워도 개가 된다.
- 금으로 꾸민 말안장 얹어 놓아도, 당나귀는 역시 당나귀라.

이러한 열등감은 세상을 살아가는 데 전혀 도움이 되지 못하므로 근본적인 것에 너무 집착을 하게 되면 이득이 될 것이 없다.

우리는 일상생활에서 크고 작은 여러 가지 사건으로 인해 스트레스를 받게 된다. 외부적인 지극에 의해 스트레스를 받기도 하고, 나 자신의 문제로 인해 스트레스를 받기도 한다. 예전의 우리 선조들은 어떤 상황에서 어떤 스트레스를 받았는지 살펴보자.

- 호미로 막을 것을 가래로 막는다.
- 가지 많은 나무 바람 잘 날 없다.
- 긁어서 부스럼.
- 갈수록 태산이다.
- 설상가상.
- 노루를 피하니 범이 온다.
- 산 너머 산.
- 눈 깜짝할 사이에 코 베어 갈 세상.
- 다 된 밥에 재 뿌리기.
- 발 등에 불이 떨어졌다.
- 벌집을 건드렸다.
- 물이 맑으면 고기가 안 모인다.

이와 같은 속담은 주로 사건이나 상황과 관련된 스트레스 원인을 나타낸다. 반면에, 스트레스 원인인 통제감의 상실이나 책임감의 회피와 관련된 속담은 다음과 같다.

- 야윈 말이 짐 탓한다.
- 못난 목수 연장 나무란다.
- 쟁기질 못하는 농부 소 탓한다.
- 잘되면 제 탓, 못되면 조상 탓.
- 가마솥이 노구솥을 더럽다 한다.
- 뒷간 기둥이 방앗간 기둥을 더럽다고 한다.
- 가랑잎이 솔잎 보고 바스락거린다고 한다.

• 재 묻은 개가 똥 묻은 개 나무란다.

스트레스는 우리가 피할 수 없는 사건이다. '피할 수 없으면 즐기
라.'고 했듯이 스트레스를 피한다는 것은 거의 불가능하다고 보고,
어떻게 하면 그것에 잘 대처하느냐가 중요하다고 할 수 있다. 스트
레스 상황을 다룰 때 개인이 쓸 수 있는 경제적 · 시간적 · 심리적
자원이 제한되어 있으므로 그에 대한 욕구를 관리해야 한다. 스트
레스에 잘 대처한다는 것은 우리가 살아가는 동안 우리를 둘러싸
고 있는 다양한 환경과 사회생활 속 인간관계에서의 사건들로 인
한 스트레스에 어떻게 잘 적응하느냐라고 할 수 있다. 심리학자들
은 무엇이 잘 적응된 개인이 되게 하는지에 관해 상이한 의견을 가
지고 있다. 어떤 심리학자들은 효과적인 적응이 사회적 규준에 동
조하는 능력, 자신의 추동을 통제하는 능력, 사회가 인정하는 목표
를 위해 노력하는 능력에 달려 있다고 믿는다. 어떤 심리학자들은
사람들이 융통성, 자발성 및 창의성으로 인생의 어려움과 애매함
에 직면할 수 있을 때 잘 적응되었다고 생각한다. 다른 심리학자들
은 잘 적응하는 개인이 동조와 비동조, 자기통제와 자발성 간에 균
형을 이룰 수 있다고 생각한다. 또 다른 심리학자들은 그러한 적응
이 문제를 실제로 얼마나 잘 해결하며, 개인적인 욕구와 다른 사람
들의 욕구 모두를 얼마나 잘 만족시켜 주는가와 같은 특정한 준거
에 따라 개인의 적응을 평가한다.

스트레스를 피한다는 것은 쉽지 않다. 자신의 사원을 바탕으로
극복하려는 노력, 즉 대처를 해야 한다. 맞서 싸우거나 받아들이거
나, 자신의 내적 상태를 바꾸거나 간절히 바라거나, 지원을 요청하

거나, 다른 대안을 찾거나 해야 한다. 예나 지금이나 스트레스 대처 전략은 크게 다르지 않다는 것을 알 수 있다. 다음은 능력이나 경험으로 스트레스에 대처하는 경우를 나타내는 속담이다.

- 산전수전 다 겪었다.
- 늙은 개는 함부로 짖지 않는다.
- 경험은 바보라도 똑똑하게 만든다.
- 물은 건너 보아야 알고, 사람은 사귀어 보아야 안다.
- 뱁새가 황새 따라 가려면 가랑이 찢어진다.

다음은 소망적인 사고로 스트레스에 대처하는 경우를 나타내는 속담이다.

- 고생 끝에 낙이 온다.
- 어릴 적 고생은 사서도 한다.
- 지성이면 감천이라.
- 마음이 즐거우면 발도 가볍다.
- 정성이 지극하면 돌 위에 풀이 난다.
- 하늘이 무너져도 솟아날 구멍이 있다.
- 태산을 넘으면 평지가 있다.

다음은 사회적 지원으로 스트레스에 대처하는 경우를 나타내는 속담이다.

- 백지장도 맞들면 낫다.
- 가재는 게 편이다.
- 소도 언덕이 있어야 비빈다.
- 과부 설움은 홀아비가 잘 안다.
- 중이 제 머리 못 깎는다.
- 도끼가 제 자루 못 깎는다.
- 종이도 네 귀를 들어야 찢어지지 않는다.

2) 건강과 심리학

건강하고 싶어 하는 마음은 사람이라면 누구나 다 지니고 있을
것이다. 새해 덕담으로 가장 많이 주고받는 것도 '올해도 건강하세
요!'라는 말이다. 또한 살면서 바라는 소원이 무엇이냐고 물어보면
사람들은 보통 아프지 않고 건강하게 그리고 행복하게 사는 것이
라고 답한다. 즉, 우리 인간은 신체적·심리적 및 사회적으로 안정
된 상태를 추구하려고 동기화된 존재인 것이다. 건강 및 질병과 스
트레스는 아주 관련이 많으며, 모든 인간이 추구하는 동기와도 깊
이 관련되어 있다. 이렇듯 건강은 우리의 행복을 보장하는 데 필수
적인 기초라고 할 수 있다. 그럼 건강한 상태는 어떤 상태인가? 병
이 없으면 건강한 것인지, 신체적으로 활력이 넘치고 군살 없는 근
육질의 몸 상태라면 건강한 것인지 분명하게 답하기가 어렵다.

지난 수십 년간의 연구를 통해 건강은 생물학적인 요인뿐 아니
라 사회적 그리고 심리학적 요인들에 영향을 받는다는 것이 분명
하게 밝혀지고 있다. 그중에서도 특히 심리적 요인들이 신체 건강

에 영향을 준다는 인식이 증가하면서 심리학 내에 건강심리학이라
는 새로운 전문 분야가 발달하게 되었다. 건강심리학은 심리사회
적 요인들이 건강의 향상과 유지에 어떻게 관련되어 있는지와 질병
의 발생, 예방 및 치료에 관심이 있다. 이 분야는 국내에서 1990년
대 후반에 본격적인 연구 활동이 시작되었고, 지금도 연구자들의
관심과 참여가 계속 증가하고 있다.

   건강심리학은 건강의 증진과 유지, 질병의 예방과 치료, 건강, 질
병 및 이와 관련된 기능장애에 대한 병인론적 · 진단적 정립 그리
고 건강관리 체계와 건강정책의 개선을 도모하기 위하여 교육적 ·
과학적 · 전문적 공헌을 하는 심리학 분야의 집합체이다. 즉, 신체
적 건강과, 신체적 건강과 질병에 영향을 미치는 심리적 또는 행동
적 요인들에 관해 연구하는 분야라고 할 수 있다.

   건강심리학의 특징을 살펴보면 다음과 같다. 첫째, 건강심리학
은 임상심리학이 정신병리에 주로 관심을 가지는 것과 달리 신체
병리에 일차적인 관심을 가진다. 둘째, 건강의 회복, 유지 또는 증
진 그리고 질병의 예방을 강조한다. 셋째, 행동의학에서보다는 덜
강조되지만 학제 간 협력과 인간의 전인적 측면을 강조한다. 참고
로 행동의학이란 건강과 질병에 관하여 행동과학과 생물의학에서
축적된 지식과 기법을 발전시키고 통합하려는 다학문 영역으로서,
이러한 지식과 기법을 적용해서 예방, 진단, 치료 및 재활에 활용하
려는 학문이다(Schwartz & Weiss, 1978). 건강심리학을 연구하는 건
강심리학자들의 역할은 체중 조절, 금연과 같은 개인의 행동 수정,
정서 조절 및 스트레스 관리 등과 관련한 전문적 지식과 기법이 요
구하는 것에 부응하는 것이다.

　예전과 달라지고 있는 건강관의 변화는 사망 원인의 변화에서 엿볼 수 있다. 과거에는 전염성 질병이 주요 사망 원인이었으나, 최근에는 비전염성 질병 또는 성인병이 주요 사망 원인으로 나타나고 있다. 다시 말해, 예전에는 선천적 요인과 생물학적 요인이 주된 사망 원인이었다면, 최근에는 심리·행동적 요인이 현대인의 중요한 사망 원인으로 부각되고 있다는 것이다. 대부분의 성인병은 주로 개인의 심리적·행동적 요인, 즉 불건전한 행동이나 생활방식, 부정적 정서 경험이나 심리적 스트레스 등에 기인한다고 할 수 있다.

　한덕웅(1997, 2000, 2001)은 질병관이 시대와 문화에 따라서 달라진다고 주장하였다. 히포크라테스로부터 19세기에 이르기까지는 체액설(humoral theory)과 독기설(miasma theory)이 우세한 질병관이었지만, 19세기 후반에 들어서면서부터는 질병관이 독기설과 체액설에서 세균설(germ theory)로 바뀌었다. 세균설은 각 질병을 세균에 의해 감염된 결과로 보며, 서구에서 가장 영향력 있는 질병관이 되었다. 한편, 최근에는 세균설의 한계에 대한 비판이 나오면서 새로운 관점이 대두되고 있다. 즉, 특정한 병원균과 단일한 원인론에 의하여 질병을 이해하고 치료하고자 하는 전통적인 생물의학적 관점에 대하여 많은 행동과학자와 심지어 의학자들까지도 비판을 하게 되었다(Engel, 1977). 예컨대, 현대인의 주요 사망 원인인 고혈압, 심장병, 뇌졸중, 당뇨, 암 등의 경우에는 특별한 병원균이 없으며, 단일한 원인으로 이해하기가 매우 어렵다. 따라서 엔겔(Engel, 1977)은 현대인의 건강과 질병에 대한 이해, 예방 및 치료를 위해서는 전통적인 생물의학적 모형(biomedical model)이 필요하다고 주장한 바 있다.

예나 지금이나 우리는 건강에 대해서는 매우 민감하다. 현재를 살아가는 사람들에게도 가장 바라는 것을 이야기하라고 하면 대부분 건강하게 사는 것이라고 한다. 인생에서 그 무엇보다 중요한 것은 건강이라는 것이 예나 지금이나 다르지 않다는 것은 속담에도 잘 나타나 있다. 또한 건강하다는 것이 어떤 상태인지, 어떻게 하면 건강하게 살 수 있는지에 대한 생각도 같다는 것을 알 수 있다. 건강과 관련한 속담은 다음과 같다.

- 성내지 않고 잔 근심 모르면 백세 장수한다.
- 건전한 몸에 건전한 정신이 깃든다.
- 삼정승 부러워 말고, 내 한 몸을 튼튼히 가져라.
- 건강은 돈보다 낫다.
- 복 중에도 건강 복이 제일이다.

　사람들은 수천 년 전부터 좋지 못한 정서가 병을 일으킨다는 것을 깊이 인식하고 이러한 병인을 체계적으로 다루어 왔다. 즉, 정서적 스트레스와 건강 간의 관계는 매우 밀접하다고 할 수 있다. 예컨대, 이미 30여 년 전에 '공포와 분노 그리고 다른 심적 상태는 자주 맥박을 흥분시키는 경향이 있다.'는 관찰이 기록되어 있다 (Dembroski, MacDougall, Eliot, & Buell, 1983). 한편, 동양 의학에서도 칠정 스트레스와 신체 건강 간의 관계가 매우 밀접함을 잘 인식하고 있다(전겸구, 2000; 한덕웅, 2001). 우선 동양 의학에서는 일반적으로 인간이 경험하는 칠정이 모두 오장에 근원을 두고 있다고 가정한다. 즉, 칠정이 과다하게 되면 내장의 생리적 기능에 영향을 주어 오장의 병리적 변화를 일으키게 된다는 것이다. 예컨대, 황제내경의에는 화가 나는 것이 과하면 간장을 손상시키고, 기뻐하는 것이 과하면 심장을 손상시키고, 생각하는 것이 과하면 비장을 손상시키고, 근심하는 것이 과하면 폐장을 손상시키고, 무서워하는 것이 과하면 신장을 손상시킨다고 하였다.

　스트레스는 건강에 직간접적으로 영향을 미친다. 정서적 스트레스는 건강에 매우 치명적인 영향을 미치며, 특히 분노와 우울은 심각한 질환을 발생시킬 가능성이 높다고 한다. 또한 성격 특성에 따라 스트레스를 더 받는 경우가 있다. 스트레스와 건강의 관계를 나타내는 속담을 살펴보자.

- 마음이 병이다.
- 병은 마음에서 온다.
- 마음이 편해야 먹은 것이 살로 간다.

그리고 분노와 건강의 관계를 보여 주는 속담을 살펴보자.

- 돌부리를 차면 제 발부리만 아프다.
- 성난 년 밥 굶기.
- 성난 황소 바위 받기
- 똥 싼 놈이 성낸다.
- 홧김에 닭 잡아먹는다.
- 사람의 속에 든 화기는 제 살의 아픔으로 끈다.

성격 유형 중 A형 성격에는 여러 유형의 하위 요소가 있는데, 특히 성질이 급하고 화를 잘 내는 경우에 스트레스를 잘 받는다고 할 수 있다. 여기서는 급한 성격 유형과 관련된 속담을 살펴보자.

- 급히 먹은 밥이 목멘다.
- 가랑잎에 불붙는 듯하다.
- 우물에 가서 숭늉 달라고 한다.
- 번갯불에 콩 구워 먹는다.
- 목마른 놈이 우물 판다.

3) 죽음: 상황적 스트레스에 대한 대처

노년기에 맞이하는 상황적 스트레스에 대한 대처는 신체적 및 사회적 정서 요인에 의존하게 된다. 외로운 독거노인들은 잘 먹지도 못해 영양실조에 걸리기도 하고, 외로움과 고독으로 질병에 쉽게 노출되기도 한다. 하지만 유용감을 느끼는 노인, 즉 무언가 할 일이 있는 노인은 낮은 질병률을 보인다. 노년기에 닥치는 상황적 스트레스는 예고된 것들인 경우가 많다. 그중 대표적인 것이 바로 현역에서의 은퇴이다. 은퇴(retirement)는 노년기에 적응해야 할 중요한 발달과업이다. 은퇴에 대한 성공적인 적응 여부를 결정하는 중요한 요인들로는 직업에 대한 이전의 태도, 은퇴 기대, 은퇴 준비도 및 은퇴 방식을 들 수 있다(Horn & Meer, 1987). 건강, 감원 등으로 인한 강제 은퇴는 은퇴 적응을 해치는 가장 큰 부정적 요인이며, 은퇴 이후의 활동 계획과 재정적 준비는 은퇴 이후의 적응에 가장 중요한 준비사항이다.

　또한 예정된 죽음에 대한 대처도 중요한데, 이는 노년기만이 아니라 삶에 대한 흥미를 느끼면서 죽음을 의식하는 초기 성인기, 중년기에도 문제가 될 수 있다. 죽음에 대한 노인의 두려움은 혼자 죽을지 모른다는 것과 죽는 동안 고통을 경험하게 되는 것에 대한 것이다. 한편, 배우자의 죽음은 성인기에 직면하는 가장 심각한 도전이 될 수 있다. 남녀 모두 처음에는 배우자의 죽음을 믿지 않다가 그 이후에야 망연자실해진다. 그리고 이러한 상실감이 생활 곳곳에 영향을 미치는데, 이 영향은 심각하다. 적응기 동안 보호와 지원을 해 줄 수 있는 친밀한 친구의 존재는 배우자 상실에 대한 적응에 필요한 시간의 양을 다소 줄여 주나, 대체로는 매우 오랜 시간을 필요로 한다(Lowenthal & Haven, 1968). 남자들은 그들 스스로를 돌봐오지 않았기 때문에 배우자의 상실로부터 훨씬 더 많은 고통을 당한다. 그러나 홀아비보다는 미망인이 더 많기 때문에 남자들은 재혼할 가능성이 아주 높다.

　성인 후기에 나타나는 쇠퇴 현상에 관련된 속담으로는 '나이 이
길 장사 없다.'와 '세월에 장사 없다.'가 있다. 그리고 '늙으면 아이
된다.'는 속담은 성인 후기 발달을 나타낸 것이고, '떡국이 농간한
다.'는 설날에 떡국 먹는 풍속에서 나온 말로서 나이 먹은 값으로
제법 그럴듯하게 재간을 부림을 의미한다. 나이가 들어 감에 따라
경험이 쌓이면 일을 잘 처리하게 된다는 것으로, 노년기 발달과 관
련된 것이라 할 수 있다.

> • 늙은 말이 길을 안다.
> • 늙은 개는 공연히 짖지 않는다.
> • 늙은 소가 밭을 더 깊게 간다.
> • 늙은 고양이가 불에 데지 않는다.
> • 노인 말 그른 데 없고, 어린이 말 거짓 없다.

　이와 같은 속담은 성인 후기의 인지 발달을 보여 준다고 할 수 있
다. 또한 죽음과 관련된 속담으로 '사람이 죽을 때가 되면 하지 않
던 짓을 한다.' '문 밖이 저승이다.' '가랑잎도 떨어질 때가 되어야
떨어진다.' 등이 있는데, 이는 죽음에 대한 대비를 보여 준다.

제2장

속담 속 심리학
인간 욕구

욕구나 동기는 인간이 생존하는 데 필수적인 요소라 할 수 있고, 살아가면서 변화하는 것들이라 할 수 있다. 우리 속담에 '수염이 석 자라도 먹어야 양반이다.' '금강산도 식후경이다.'라는 것이 있는데, 이는 우리 인간의 기본적인 동기를 잘 나타내는 속담이라 할 수 있다. 우리 민족의 삶 속에서 욕구나 동기와 관련된 모습을 나타내는 속담들은 꽤 많이 전해지고 있으며, 전통적으로 내려오는 다양한 속담에는 신분의 차이에서 비롯된 마음과 행동의 차이가 잘 표현되어 있다.

조선시대 성리학의 대가인 퇴계의 이론, 즉 마음의 존재를 중시하여 전개한 학설인 퇴계심학에서도 인간의 도덕적 심성과 행위를 자기조절하는 과정을 다루었는데, 여기서 도덕적 심성과 행위를

조절함으로써 추구하는 목표는 인간의 사사로운 욕망을 막고 하늘
의 도리를 지키는 것으로 표현된다. 또한 심적 상태에서 사회 자극
을 접하면 정서를 경험하고 사회 행동을 표출하게 된다. 퇴계 사상
에서는 사회-정서 행동을 유발하는 과정에서 행위자의 주체적 역
할을 강조하므로, 대체로 주관적 정서 경험이 사회 행동에 선행되
는 면을 강조한다. 그러나 이미 사회 행동이 표출된 후 행동 결과의
환류를 통해서 정서와 행동이 결정되는 측면도 있다고 주장한다.
그러므로 주관적 정서 경험과 정서의 표출 행동이 상호결정론적으
로 작용하여 서로 영향을 미친다고 해석할 수 있다(한덕웅, 2003).
인간의 동기는 서양의 심리학에서 중요한 이론과 명제들로 정립되
기 아주 오래전부터, 그리고 동양과 조선시대의 유학자들로부터
이미 다양하게 연구된 분야라 할 수 있다(손영화, 2010).

1. 인간의 기본적 욕구와 동기이론

우리 인간은 태어날 때부터 생존을 위해 우리 몸에서 자동으로
기능하는 자동기제가 작동하고 있다. 또한 유아기부터 발달단계를
거치는 동안 인간의 욕구는 변해 가고 점차 다양한 욕구와 동기로
작용하게 된다. 배고픔이나 갈증을 해소하고 싶은 욕구, 성욕을 충
족시키고 싶은 욕구, 모르는 것을 알려고 하는 욕구, 사랑을 나누려
는 욕구 및 자신이 원하는 바를 성취하려고 하는 욕구 등 인간의 욕
구나 욕망은 그 종류가 매우 다양하다. 심리학에서 욕구나 욕망에
관한 연구는 '동기'라는 영역에서 다뤄져 왔다. 동기는 신체적 욕

구, 환경적인 단서 그리고 고독이나 죄의식과 같은 감정에 의하여 유기체를 각성시키고, 이러한 자극들이 조합되어 동기를 만들어 내면 어떤 목표를 향하여 행동을 이끌어 가도록 목표 지향적인 행동을 유발한다. 즉, 동기는 행동을 활성화시키고, 목표를 지향하도록 하며, 그 행동을 지속시키는 욕구 또는 욕망이라 할 수 있다. 린스델리(Linsdely, 1957)는 동기가 어떤 목표를 지향하는 행동을 일으키고, 방향을 잡아 주고, 유지하는 힘의 총합이라 하였다. 한마디로 말하면, 동기는 행동의 활력(energy)과 방향(direction)이며, 자동차에 비유하면 엔진과 핸들 부분이라고 할 수 있다.

인간의 가장 원초적인 욕구 또는 기본적인 욕구를 본능이라고 하는데, 이는 유기체가 특정 상황에서 특정 방식으로 행동하도록 소인을 만드는 타고난 생물학적 힘이다. 동물의 행동은 흔히 본능에 귀속되어 설명되었으며, 다윈(Darwin)의 진화론이 발전함에 따라 모든 종류의 행동을 본능으로 분류하는 것이 유행이 되었다. 본능론을 주장했던 심리학자 맥두걸(McDougall)은 인간의 모든 사고와 행동이 학습과 경험에 의해 수정될 수는 있지만 기본적으로는 유전된 본능의 결과라고 주장하면서, 배고픔, 성, 자기주장 등을 포함한 열두 가지 기초적 본능을 제시하였다. 정신분석학자 프로이트(Freud)도 본능론을 주장하였다. 그에 의하면 인간에게는 기본적으로 강력하고 무의식적인 두 가지 본능이 있는데, 하나는 성 행동으로 표현되는 삶의 본능이고 다른 하나는 공격 행동의 토대가 되는 죽음의 본능이다. 이 두 가지 본능이 인간의 다양한 행동을 설명한다는 것이다.

동기는 우리 인간으로 하여금 무엇인가를 하도록 만드는 원동력이 되는 힘이다. 그중에서도 인간에게 본능적인 힘이 가장 기본적이면서 중요한 동기라 할 수 있다. 옛날에는 먹고사는 일이 매우 중요한 것이었음을 속담을 보면 잘 알 수 있다. 물론 현대사회는 먹는 것보다 다른 욕구를 충족시키는 것이 더 중요해졌지만, 아직도 대다수의 사람은 맛있는 음식을 먹고, 좋은 옷을 입고, 편안하게 사는 것에 대한 기본적 욕구를 충족시키는 것으로 삶의 대부분을 보내고 있다고 할 수 있다. 속담 또한 어렵고 힘들게 살아가는 민초들의 삶의 모습을 나타내는 것들이어서 그런지 기본적인 욕구 충족과 관련된 것들이 가장 많다는 것을 알 수 있다. 가장 대표적인 동기이론과 관련된 속담으로는 다음과 같은 것들이 있다.

- 추동이론과 관련된 속담: 목마른 자가 우물 판다.
- 본능이론과 관련된 속담: 게 새끼는 집고 고양이 새끼는 할퀸다.
- 유인이론과 관련된 속담: 평양 감사도 저 싫으면 그만이다, 달면 삼키고 쓰면 뱉는다.
- 자기효능감을 나타내는 속담: 칼도 날이 서야 쓴다.

성적 쾌감의 측면에서 과거 경험을 강조한 프로이트와는 대조적으로 인본주의 심리학자 매슬로(Maslow, 1970)는 인간의 미래 지향성과 잠재력의 실현을 강조하였다. 그는 인간의 행동이 본능이나 추동과 같은 것으로 설명된다면 인간이 생존 및 추동 감소를 위해서 동기부여된다는 기계적 형태의 설명밖에 할 수 없다는 점을 지적하면서, 보다 상위의 동기 요인을 찾아보고자 하였다. 그는 신체적 결핍과 같은 생리적 욕구 이외에도 보다 높은 수준의 다양한 욕

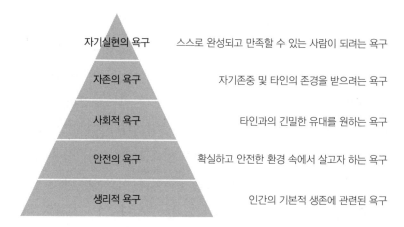

자기실현의 욕구　　　스스로 완성되고 만족할 수 있는 사람이 되려는 욕구

자존의 욕구　　　자기존중 및 타인의 존경을 받으려는 욕구

사회적 욕구　　　타인과의 긴밀한 유대를 원하는 욕구

안전의 욕구　　　확실하고 안전한 환경 속에서 살고자 하는 욕구

생리적 욕구　　　인간의 기본적 생존에 관련된 욕구

[그림 2-1] 매슬로의 욕구 단계

구가 우리가 무엇인가를 하도록 동기화시킨다고 보았으며, 이러한 다양한 욕구가 우선순위에 따라 작용한다고 보고 욕구들을 위계적으로 분류하였다. 매슬로는 평범한 주부나 기술자는 물론 아인슈타인, 간디 등 위대한 인물의 일기, 자서전 및 관련 자료를 분석하여 욕구 위계론을 제안하였다. 그가 제시한 욕구 위계의 서열은 5단계로 되어 있으며, 욕구 위계구조는 [그림 2-1]과 같이 피라미드 형태를 띠고 있다. 각 단계에 어떤 욕구들이 포함되어 있는지 구체적으로 살펴보자.

1) 생리적 욕구

　생리적 욕구는 인간의 생물학적 생존에 필수적인 것으로 공기, 물, 음식, 잠, 성적 분출 등에 대한 욕구이며 대부분의 현대 문화권에서는 어느 정도 충족되는 경향이 있다. 생리적 욕구가 우세할 때 다른 욕구들은 나타나지 않는다. 배고픈 사람에게는 안전이나 사랑 혹은 존중이 중요치 않다. 그러나 일단 욕구가 충족되고 나면 그 것에 만족하지 않고 다른 새로운 욕구가 발생한다. 예전에도 인간의 생리 작용과 관련된 속담들이 많이 있는데, 이는 인간의 가장 기본적인 생존과 관련된 것으로 남녀노소, 신분이나 지위 고하를 막론하고 인간이면 누구나 보이는 것이기 때문이다. 잠과 꿈은 자기 의지대로 통제할 수 없는 기본적인 욕구이다. 사람마다 차이는 있지만 인생의 1/3 정도는 잠을 잔다고 할 수 있다. '잠이 보배다.'와 '잠이 보약보다 낫다.'라는 속담을 보면 잠이 얼마나 중요한지 알 수 있다. 꿈과 관련된 속담도 꽤 많은 편인데, 주로 해몽과 관련된 것으로 '꿈에 돈이 생기면 재수가 없다.' '꿈에 돼지를 보면 재수가 있다.' '구렁이 꿈을 꾸면 돈이 생긴다.' 등이 있다.

인간의 생리 현상과 관련된 속담도 많이 있는데, 가장 대표적인 것이 똥과 오줌과 관련된 것들이다. 똥과 오줌은 보통 더럽다는 것을 드러내려 할 때 많이 쓰인다. '똥만 빼면 부처님'이라는 속담이 대표적인 예라고 할 수 있는데, 이는 언행이 무척 착한 사람을 두고 하는 말로 뱃속에 든 똥이 한계라는 뜻이다. 이렇게 똥과 오줌이란 어휘는 인간의 한계를 말하고 허세를 찌르는 속담에 많이 쓰였다. '똥구멍이 더럽다고 못 도려내 버린다.'거나 '똥오줌을 받지 않는 알곡이 없고, 악덕의 신세를 지지 않는 대의도 없다.'는 속담은 인간이 아무리 깨끗하고 올곧은 체해도 뒤 구린 부분이 반드시 있다는 뜻이라 하겠다(정종진, 2007).

생리적 욕구 중에 먹는 것과 관련된 속담도 우리가 익히 알고 있는 것들이 많다.

- 금강산도 식후경이다.
- 수염이 석 자라도 먹어야 양반.
- 먹고 죽은 귀신은 때깔도 곱다.
- 도중군자 노릇도 배가 불러야 한다.
- 바닷물은 막아도 사람의 입은 못 막는다.
- 염라대왕도 먹어야 대왕이다.

　인간이 먹지 않으면 살 수 없지만, 특히 예전에는 먹는 것에 대한 집착이 매우 강했다고 할 수 있다. 이는 '세상만사가 다 먹자고 하는 짓이다.' '다 먹고 살자고 하는 짓이다.'와 같은 속담에 잘 나타나 있다. 이 외에도 먹는 것을 강조한 속담은 많이 있다.

- 음식으로 하늘을 삼는다.
- 먹는 것이 하늘이라.
- 밥이 하늘이라.
- 먹어야 양반 노릇도 한다.
- 먹는 놈이 힘도 쓴다.
- 먹고 죽은 귀신 원도 없다.
- 먹고 죽은 귀신은 죽어서도 잘 썩는다.

　또한 배고픔이 채워져야 무엇을 해도 잘하게 된다거나 여유가 생긴다는 의미의 속담도 많은데, 이것은 매슬로의 욕구난세설의 가정, 즉 하위 욕구가 충족되어야 상위 욕구로의 진전이 있다는 것과 일치하는 것이다. 이와 관련된 속담은 다음과 같다.

- 먹는 데서 인심 난다.
- 광 속이 풍성하면 감옥이 빈다.
- 배 부르고 등 따뜻하면 음란해진다.
- 배가 부르면 흉포한 짐승도 순해진다.
- 배가 부르면 평안 감사도 부럽지 않다.

반대로 배고픔이 충족되지 않으면 좋지 못한 행동이 나타난다는 의미의 속담도 있다.

- 배가 고프면 역정만 낸다.
- 배가 고프면 잠도 안 온다.
- 배고프면 제 아비도 모른다.
- 배고픈 것 이기는 장사도 없다.
- 배고픈 것보다 더 큰 설움은 없다.
- 수염이 석 자라도 먹어야 양반이다.

지금도 배고픈 설움이나 굶주림은 우리 인간을 아주 비참하게 만든다. 관련된 속담을 보자.

- 배고픈 설움은 임금도 못 참는다.
- 굶주린 놈은 날벼락도 먹는다.
- 사흘 굶으면 못할 노릇이 없다.
- 사흘 굶어 도적질 안 하는 놈 없다.
- 사흘 굶은 장사 없다.

- 먹고 죽자 해도 없어 못 먹는다.
- 무슨 설움 무슨 설움 해도, 배고픈 설움이 제일이다.

2) 안전의 욕구

이 욕구는 신체적 안전과 심리적 안정, 의존과 보호, 구조와 질서, 법 및 한계 등에 대한 것이다. 예를 들면, 옷이나 집을 소유함으로써 환경으로부터 보호하고자 하는 욕구, 범죄나 재정적 압박으로부터 안전하고자 하는 욕구, 직업을 원하는 날까지 다니고 싶은 욕구 등을 들 수 있다. 안전의 욕구를 저해하는 요소로는 부모의 불화나 죽음, 전쟁이나 범죄, 급속한 사회적 변화 등을 들 수 있고, 이에 대한 사회적 대응물로는 직업제도나 저축, 보험 및 종교를 들 수 있다. 안전의 욕구를 드러내는 속담으로는 우리가 익히 잘 알고 있는 '설움 중에서 가장 큰 설움이 집 없는 설움이라.'가 있다. 그리고 '제 집이 극락이라.'는 집이 몸과 마음을 편히 쉴 수 있는 유일한 곳이라는 의미로, 생의 출발점이자 종착점이고 일상을 출발하는 것이자 마무리하는 곳이기도 하다는 것을 말한다. 이 외에도 '게도 저 숨을 구멍이 있고, 가재도 저 숨을 바위는 있다.'와 같은 속담이 있다.

3) 사회적 욕구

사회적 욕구는 소속과 사랑의 욕구인데, 이는 생리적 욕구와 안전의 욕구가 충족되고 나면 강해지는 것으로서 타인들과 관계를 맺고, 사랑하고, 사랑받고 싶어 하는 욕구이다. 사람들은 친구나

애인, 배우자, 자녀 등이 필요해지고 이웃이나 직장 동료 집단 등에
소속감을 느끼고 싶어 한다. 현대사회는 유동성의 증가로 이 욕구
를 충족시키기가 점점 어려워지는 경향이 있다. 이혼의 증가, 친밀
한 가족관계의 붕괴, 개인주의화 및 도시화 등의 결과로 사람들은
흔히 외로움과 소외감을 경험한다. 매슬로는 기본적 욕구가 해결
된 사회일수록 이 수준의 욕구가 충족되지 않을 때 큰 좌절을 경험
하게 된다고 하였다.

　사회적 욕구 중 사회적 인간관계의 가장 기본적이면서 중요한
관계라고 할 수 있는 친구관계와 관련된 속담이 많이 있다. 대표적
인 것을 살펴보자.

- 갓 쓰면 양반 된다.
- 친구와 술은 오래될수록 좋다.
- 형제 없이는 살아도, 친구 없이는 못 산다.
- 사람이 많으면 하늘을 이긴다.
- 서푼 주고 집 사고, 천 냥 주고 친구 사랬다.
- 초록은 동색이고, 가재는 게 편이라.
- 숭어는 숭어끼리, 문어는 문어끼리 논다.
- 벗이 없는 곳이 가장 낯선 곳이요.
- 가장 외로운 존재는 벗이 없는 사람이라.

　세상을 살아가면서 친구만큼 중요한 것은 별로 없을 것이다. 오
히려 먼 친척보다 더 낫다고 할 수 있으며, 평생 정을 나눌 수 있는
친구를 가진 사람은 정말 행복하다고 할 수 있다.

4) 자존의 욕구

자존의 욕구는 타인에게 존중 또는 존경받고 싶어 하는 욕구이다. 자존의 욕구는 강해지고 유능해지려는 노력과 자유와 독립의 추구로 나타나며, 남들에게 인정과 존중을 받고 싶어 하는 욕구는 흔히 명예와 지위 추구로 나타난다. 이 욕구가 잘 충족되면 자신감이 생기고 자신이 세상에서 쓸모 있고 필요한 존재라는 느낌을 갖게 되는 반면, 좌절되면 열등감과 무력감 혹은 부적절감 등이 생긴다. 존중의 욕구는 자신의 입장에서 가치를 인정할 수 있는 능력과 자신이 바탕이 된 성취와 행동에 대해 남들에게 인정과 존경을 받을 때 가장 잘 충족된다. 겉으로의 명예나 인기만으로는 이 욕구가 채워지지 않는다. 자기가 스스로를 존중하고 인정하지 못하는 경우, 사회적으로 명예와 지위를 얻는다 해도 늘 심한 열등감에 시달릴 수 있다.

자존심을 가장 중요시하는 집단으로 옛날의 선비를 꼽을 수 있는데, 선비는 책을 읽고 진리를 찾거나 그것을 수단으로 벼슬을 받은 사람이다. 아무리 가난하더라도 학덕과 자존심으로 살았기 때문에 뭇사람들에게 존경을 받았고, 권세와 재물을 탐하지 않고 재물에는 더욱 엄격하였다. 이러한 선비들의 모습을 잘 나타내는 속담이 있다.

- 개는 밥 주는 사람을 따르고, 선비는 자기를 알아주는 사람을 위해 목숨을 바친다.
- 감투 마다하는 놈 없다.

- 개는 구린내를 따라다니고, 사람은 권세를 따라다닌다.
- 권세란 고기 맛 같아서, 맛들이기 시작하면 아비 어미도 몰라본다.
- 쇠꼬리보다 닭대가리가 낫다.

선비에게는 지조가 최상의 덕목이었는데, 다음은 이와 관련된
속담이다.

- 훌륭한 선비들의 모습: 겨울이 돼야 송백의 절개를 알게 된다.
- 가난할수록 지조를 지킴: 곤궁할수록 지조는 굳어진다.
- 어떤 고난에도 지조를 굽히지 않음: 곧은 막대기는 아무리 더러운 진창
  에 꽂아도 그림자가 곧다.

반대로 선비의 올곧은 마음을 회유하려는 속담도 많다.

- 곧은 나무 먼저 찍힌다.
- 곧은 나무는 쉬 꺾인다.
- 곧은 나무도 뿌리는 구부러졌다.
- 곧은 나무는 기둥감, 굽은 나무는 안장감.

5) 자기실현의 욕구

자기실현의 욕구는 자신의 잠재력이나 자기다움을 실현하고, 자
기답게 되고자 하는 욕구이다. 자기실현의 욕구는 자신의 본성에
충실한 것이라 할 수 있다. 이때 재능이나 잠재력이 꼭 예술적이거

나 지성적인 것만을 의미하지 않는다. 음식을 하거나 남을 잘 돌보는 일 또한 얼마든지 창의적인 것이 될 수 있다. 흔히 자기실현의 욕구에 알고 싶고 이해하고 싶은(인지적) 욕구와 아름다움, 질서, 단순함, 조화, 완성 등을 추구하는(심미적) 욕구도 포함시킨다. 매슬로는 자기실현의 욕구가 완전하게 충족될 수 없기 때문에 인간에게 지속적으로 동기부여를 하게끔 한다고 주장하였다.

6) 욕구 위계론에 대한 비판

매슬로의 욕구 위계론에서 주장하는 바를 정리해 보면 다음과 같다. 우선, 욕구들은 상승적으로 추구된다고 가정하는데, 이는 한 번에 하나의 욕구를 만족시키려 한다는 것이다. 또한 한번 발생한 욕구가 퇴행하는 경우는 없으며, 이러한 욕구들은 문화 보편적으로 작용한다고 주장하였다. 하지만 매슬로의 이론에 대한 비판도 많이 제기되었다. 가장 대표적인 비판은 사람들이 하위 수준의 욕구가 충족되었을 때 상위 수준의 욕구로 옮겨 가는 것이 아니라, 서로 다른 수준의 욕구들 사이를 옮겨 다니거나 동시에 서로 다른 수준의 욕구들에 의해 동기화될 수 있다는 것이다. 이러한 비판에 알맞은 예로, 조선시대의 선비들은 생리적 욕구나 안전의 욕구가 충족되지 않아도 사회적 욕구, 자존의 욕구 또는 자기실현의 욕구까지 추구한 것을 들 수 있을 것이다.

제기된 또 다른 비판은 매슬로의 욕구 위계가 다소 임의적이라는 것이다. 더욱이 그러한 욕구의 순서가 보편적으로 고정되어 있는 것도 아니다. 기본적 욕구들을 다 충족시키지 않고서도 어려운 상황을 극복하고 위대한 성취를 해낸 사람들이 있기 때문이다. 매슬로의 결론은 주로 역사적 인물, 생존해 있는 유명인 및 그가 존경했던 친구들을 포함하여 그가 '자기실현'을 하였다고 믿고 있는 사람들을 관찰한 것에 기초하고 있다. 그의 접근법이 비과학적이라는 비난을 받기도 하지만, 그럼에도 불구하고 실제 세계에서 매슬로의 이론은 정상적이고 건강한 사람들을 동기화시키는 요인이 무엇인가에 대한 사고의 틀을 제공해 주고 있다.

2. 인간의 대표적 동기

인간 행동의 동기는 매우 다양하다. 배고픔이나 갈증을 해소하려는 동기는 신체 내적인 생물학적 상태에 특히 영향을 받으며, 생존에 절대적인 영향을 미친다. 성 행동은 종족 보존에 필수적이지만, 내적 상태뿐 아니라 학습 및 외부 환경 단서 등 사회적 영향을 받는다. 한편, 활동, 호기심과 탐색 및 접촉의 욕구 등은 내적인 생물학적 상태보다는 외부 자극에 의해서 더 많이 동기화된다. 그런가 하면 소속 동기, 공격 동기, 권력 동기, 성취동기 등은 인간의 사회관계에서 중요한 역할을 하는 학습된 사회적 동기이다. 이러한 여러 동기 중 여기에서는 기본적 동기인 섭식 동기와 성 동기, 그리고 보다 고차적 동기인 소속 동기와 성취동기를 살펴보고자 한다.

1) 섭식 동기

인간의 섭식 동기는 생리적 기제와 학습 기제 모두의 영향을 받는다. 우리는 배가 고프면 음식을 먹는다. 만약 배가 고픈데 음식을 먹을 수 없다면, 굶는 시간이 길어질수록 음식의 필요성은 증가할 것이다. 그러나 신체의 음식 필요성과 먹고 싶다는 심리적 욕구가 반드시 일치하는 것은 아니다. 즉, 대개는 배고픈 상태에서 식욕이 발동하지만, 음식을 실컷 먹어 배부른 상태에서도 먹고 싶은 심리적 욕구가 생길 수 있다. 또는 드물기는 하지만 이와 반대로 신체가 음식을 필요로 하는 상태에서도 먹고 싶은 욕구가 전혀 유발되지 않을 수도 있다. 섭식 동기는 생리적 동기의 영향을 많이 받는데, 뇌의 외측 시상하부(lateral hypothalamus: LH)와 복내측 시상하부(ventromedial hypothalamus: VMH)의 영향을 많이 받는 것으로 알려져 있다.

섭식 동기는 외부적인 원인에 의해 발생하기도 한다. 맛있는 음식을 볼 때 먹고 싶어 하는 것은 외부 자극에 의해 섭식 동기가 유발된 것이다. 기분이 나쁘면 밥맛이 떨어진다는 것은 정서에 의해 섭식 동기가 감소된 것이라 할 수 있다. 인간의 많은 경험처럼 섭식 행동은 생리적 기제와 학습 기제의 영향을 받지만, 기본적으로는 동질정체 유지라는 생리적 조절 기제의 영향을 많이 받는다. 만일 동질정체의 원리가 원활하게 작용한다면 비만 또는 과소체중은 없을 것이다. 동질정체의 원리에 따라 배기 부르고 체내의 필요한 지방 섭취가 충족되면 자동적으로 먹는 것을 중단하게 되니까 과다 체중으로 인한 비만은 발생하지 않게 될 것이다. 하지만 우리의 실제 생활은 그렇지가 못하다. 배가 불러도 예의상 더 먹어야 하는 경우도 있고, 맛있는 음식이 남아 있으면 더 먹게 되기도 하고, 이유가 무엇이든 체내 상태 때문에 먹는 것을 무조건 중단하게 되는 것은 아니기 때문이다. 섭식 동기는 많은 사회적인 문제와도 관련되는데, 특히 섭식장애 등의 정신질환과 관련될 수 있다. 대표적인 예가 바로 음식을 거부하는 거식증과 마구 먹게 되는 폭식증이라 할 수 있다. 섭식 동기와 관련된 속담은 앞의 기본적인 욕구에서 다루었으므로 여기서는 생략하기로 한다.

2) 성 동기

성욕은 우리 인간의 생존에 필수적인 욕구이다. 성욕도 신체 내의 생물학적 조건(호르몬과 뇌의 기제)과 외적 요인(학습된 환경 자극과 학습되지 않은 무조건적인 환경 자극)에 영향을 받는다. 호르몬 및 뇌의 기제는 내적 자극이다. 모든 동물의 성 행동은 호르몬의 영향을 받지만 고등동물일수록 적게 받는다. 테스토스테론이 주로 성 행동에 영향을 주는 호르몬인데, 호르몬은 장기적인 성 행동에 영향을 미치며, 일부 성 행동 기능은 기본적인 반사를 통해 조절되기도 한다. 성 행동은 또한 외적 요인, 즉 심리적 요인에도 영향을 받는다. 학습된 성욕 활성화 단서에 따라 성욕이 발생한다는 것이다. 인간의 성욕을 유발할 수 있는 자극은 다양하지만, 남녀는 성적으로 상이한 방식으로 흥분하는 경향이 있다. 남성은 주로 시각 단서에 흥분하는 반면, 여성은 보통 촉감에 더 반응적이다. 남자는 성적 상대의 나체를 보는 것만으로도 발기할 정도로 흥분하지만, 노골

적으로 선정적인 재료들을 접하는 것은 남녀 모두에게 흥분을 유
발한다. 그러나 대체로 남성들이 즉각적으로 흥분이 일어나는 데
반해 여성의 흥분 속도는 느리다(Morris, 1988).

　한편, 성적 흥분은 유쾌할 수도 있지만 괴로울 수도 있다. 개인
적 이유로 인해서 성적 흥분이 괴로운 사람들은 성적 흥분을 유발
하는 자극에 대한 접촉을 피하는 경향이 있다. 그리고 성적으로 노
골적인 재료들은 역효과를 낼 수 있다. 예컨대, 강요된 성 행동을
즐기는 여자들에 대한 대중매체에서의 장면 및 묘사는 여자들에게
강간을 즐기는 욕구가 있다는 오해를 시청자들에게 증가시키는 경
향이 있고, 여자들에게 해를 입히려는 남자 시청자들의 의도를 증
가시킬 수 있다. 또한 성적 매력이 풍부한 남녀에 관한 묘사와 이
미지는 자신의 성 상대와의 관계를 평가절하하게 할 수 있다(홍대
식, 1998). 성 행동에 대한 오해나 그릇된 사회적 인식은 이후의 성
행동에 부정적인 영향을 미칠 수 있다. 올바른 판단을 하기 어려운
시기의 청소년들이 대중매체의 영향으로 성 행동에 대한 그릇된
시각을 형성하지 않도록 통제해야 하는 이유도 이 때문이라 할 수
있다.

　성 동기는 남자와 여자를 구분할 필요가 없고 연령과도 상관없이
나타나는 것이다. 성과 관련된 속담은 매우 노골적인 것들이 많은
데, 다만 남자에 비해 여자의 성욕에 대한 표현이 다소 적다고 볼 수
있다. '사내의 정은 들물과 같아 여러 갈래로 흐르고, 여편네 정은
폭포같이 위 골로 쏟아진다.'는 속담은 성욕에 대한 남녀 차이를 보
여 주는 속담이라 하겠다. 지금도 연령에 따른 남녀의 성 행동 차이
를 빗대어 하는 말을 하는데, 예전에도 연령에 따라 성욕에 대한 다

른 표현들이 속담에 나타나 있다.

- 여자 나이 삼십이면 눈먼 새도 안 돌아본다.
- 여자 나이 사십이면 장승도 돌아보지 않는다.
- 여자 나이 사십이면 사그라지고, 오십이면 오그라진다.
- 남자 나이 사십은 오월 나비고 첫배 황소라.
- 남자 나이 사십이면 여자를 더욱 그리워하게 된다.

3) 소속 동기

　인간은 사회적 동물이기 때문에 친애 및 소속 동기가 있다. 따라서 인간의 많은 행동은 소속 욕구를 만족시키기 위한 것들이 많다. 예를 들면, 동문회나 향우회 등의 다양한 모임이 대표적이다. 소속 동기는 생존의 가능성을 증가시키며 불안이나 공포에서 벗어나도록 한다. 소속 욕구를 만족시키는 것은 긍정적인 기능과 부정적인 기능을 모두 할 수 있다. 긍정적인 기능으로는 긍정적인 정서 경험, 자존감 향상 등이 있고, 부정적인 기능으로는 조폭, 국수주의, 지역감정 등이 있다. 소속 욕구가 만족되지 않는 것은 대체로 개인들에게 부정적으로 작용한다. 예를 들어, 왕따, 부모의 이혼 등은 고독, 분노, 외로움 등을 경험하게 하는 부정적 요인들이다.

　소속 욕구는 우리의 사고와 정서에 영향을 준다. 우리는 자신의 실제적 관계와 이상적으로 바라는 관계에 관해 생각하면서 많은 시간을 보낸다. 바라는 친밀한 관계가 이루어지면, 흔히 긍정적 정서를 경험한다. 그렇지 못한 경우에는 실망이나 슬픔을 경험한다.

사랑에 빠진 사람들은 상대의 행복을 위한 생각에 몰두한다. 행복
은 가정 가까이에 있는 경우가 많다. 소속 욕구의 충족은 자존감을
상승시킨다. 우리가 중요한 사람들에게 관여되고, 수용되고, 사랑
받고 있다고 느끼면 자존감이 높아진다. 자존감은 우리가 얼마나
가치 있고 수용된다고 느끼는가에 관한 것이다. 그러므로 우리의
사회적 행동 대다수는 소속을 증가시키는 목적이 있다. 사회적으
로 수용되고 거부되지 않기 위해, 우리는 대체로 집단 기준에 동조
하고 호의적 인상을 주려 한다. 소속 욕구가 많은 긍정적 관계와 집
단을 형성하는 원인이 되지만, 반면에 위험한 결과를 가져오기도
한다. 예컨대, 소속 욕구의 결과로 조직폭력, 광신도, 위험한 국수
주의 등이 야기될 수도 있다. 어떤 집단에 소속되느냐에 따라서 개
인의 사고와 감정과 행동은 많은 영향을 받는다. 소속 동기를 나타
내는 속담으로는 '검정개는 돼지 편'과 '혼자 하는 장군 없다.'를 들
수 있다.

4) 성취동기

성공한 사람들을 보면 남이 시켜서, 눈앞에 보이는 무엇인가
를 얻기 위해서라기보다는 자기 스스로 좋아하는 일을 열심히 하
다 보니 성공하게 되었다고 한다. 성취동기 역시 예나 지금이나 우
리 삶 속에서 다양하게 표현되고 있다는 것을 잘 알 수 있다. 성취
동기는 중요한 성취를 하려 하고, 기술이나 아이디어를 숙달하려
하고, 통제하려 하고, 높은 기준에 신속하게 도달하려는 욕망이다
(Murray, 1938). 한마디로 말해, 성취동기는 성공과 우월을 달성하

려는 동기인 것이다. 이 동기는 생리적 욕구 개념으로 설명될 수 없다. 성취동기에서는 목표에 대한 평가와 목표 달성의 의미가 중요하다. 성공의 확률과 목표의 중요성, 그리고 성취하려는 욕구가 행동에 복합적으로 영향을 미친다. 성취 욕구가 강하고, 성공 확률이 높고, 목표의 유인가가 크면 성취동기도 커진다.

성취동기의 측정은 주로 주제통각검사(Thematic Apperception Test: TAT)를 통해 이루어진다. 이 검사는 투사 기법을 활용한 것인데, 애매한 그림을 제시한 후 그것이 어떤 상황을 나타내는지에 대해 떠오르는 생각을 글로 쓰게 하고 내용분석을 하여 성취동기의 정도를 결정한다.

성취동기의 출처는 확실치 않지만, 부모들의 양육 방식에 따라 성취동기의 수준은 달라질 수 있다. 예를 들면, 성취동기가 높은 아동들의 부모는 흔히 자녀들의 성공에 대해 칭찬과 보상을 주는 경향이 있다(Vallerand, Fortier, & Guay, 1997). 또한 지금까지 살면서 경험한 성공과 실패의 빈도가 성취동기에 영향을 미칠 수 있고, 성공과 실패에 대해 어떻게 귀인을 하는가에 따라 성취동기가 달라질 수도 있다. 귀인의 예로, 성공의 원인을 외적이면서 통제 불가능한 원인인 운으로 돌리기보다는 내적이면서 안정적이고 통제 가능한 원인인 자신의 능력으로 생각하게 하면 성취동기가 높아질 수 있다.

그럼 성취동기가 높은 사람들은 어떤 특징이 있을까? 대부분의 학습된 동기와 마찬가지로 성취동기의 개인차는 광범하다. 심리학자들은 검사와 개인의 자전적 경험을 토대로 성취동기가 높은 사람들의 몇 가지 특징을 발견하였다. 그들은 경쟁 상황에서 최선을 다하며, 학습 속도가 빠르고, 자신이 설정한 높은 수행 기준에 따라서 살려는 욕구가 강하다. 또한 자신감과 책임감이 강하고, 외적 압력에 저항적이며, 부나 명예욕의 영향을 적게 받고, 대체로 원기왕성하고, 목표를 방해하는 일들을 허용하지 않는다. 반면에, 그들은 쉽게 긴장을 함으로써 심리적 원인으로 인한 두통이나 위궤양 같은 신체질환에 취약하다는 특징도 있다.

성취동기는 두 가지 유형으로 작용할 수 있다. 내적 동기(intrinsic motivation)와 외적 동기(extrinsic motivation)이다. 내적 동기는 행동 자체를 즐기고자 하는 동기이다. 예를 들면, 공부가 재미있다, 운동이 재미있다, 게임이 재미있다 등과 같이 그 행동 자체를 좋아하고 즐기려는 동기이다. 그래서 내적으로 동기화된 사람들은 즐거움, 흥미, 자기표현 혹은 도전을 추구하면서 일이나 놀이에 접근한다. 반면에, 외적 동기는 외적 보상의 획득 또는 처벌의 회피를 위한 동기이다. 예를 들면, 월급을 받기 위해 일하거나 부모에게 꾸중 듣지 않으려고 공부하는 것과 같이, 무언가 때문에 그 일을 하게 되는 동기이다. 대체로 내적 동기가 외적 동기보다 더 효과적이다.

성취에 대한 내적 동기를 증진시키는 방안들에 관한 많은 연구 결과에서 제시된 방법 몇 가지를 살펴보면 다음과 같다. 첫째, 도전적이고 호기심을 자극하는 과제를 제공하는 것이 중요하다(Malone & Lepper, 1986). 둘째, 외적 보상으로 지나치게 통제를 함으로써 사람들의 자결성(자기결정성)을 훼손하지 않아야 한다(Deci & Ryan, 1987). 외적 보상은 누군가를 통제하는 방식과 성공에 내해 피드백을 주는 방식의 두 가지로 사용된다. 흔히 통제적 보상, 즉 "공부하면 용돈을 줄게."와 같은 보상은 외적 동기로 작용하며 통제가 사라질 경우 활동에 대한 흥미도 없어지기 쉽다. 이에 비해 피드백과 같은 정보적 보상, 즉 "이번 일은 정말 잘했어."와 같은 보상은 내적 동기를 향상시키는 효과가 있다. 따라서 아동 양육을 비롯한 다양한 교육이나 성취 관련 상황들에서 통제를 자제하고 정보적 보상을 효과적으로 사용하여 내재적 동기를 고취시키는 것이 성취 행동을 증진시키는 길이다(Myers, 2001).

내적 동기는 사람들이 행동을 시작하고 유지하는 과정에 작용할 뿐만 아니라 인지적 과정에도 영향을 미친다는 연구 결과들이 제시되었다. 특히, 내적 동기로 유발된 학습이나 과제 수행에서 학생들이 더 많은 창의성을 보이고 과제에 대한 회상도 잘한다는 연구 결과도 있다. 따라서 부모들이 자녀들에게 무엇인가를 잘하길 바란다면, 외적 보상을 제공하기보다는 자녀가 내적으로 동기화될 수 있도록 노력을 기울여야 할 것이다. 그렇다고 내적 동기만을 중

진시키기 위해 외적 보상이나 처벌을 사용해서는 안 된다는 것이
아니다. 목표 행동의 유형이나 상황에 따라서는 당근과 채찍도 적
절하게 활용해야 할 것이다.

　다음은 성취동기 관련 속담이다.

- 공든 탑이 무너지랴.
- 백 번 찍어서 아니 넘어가는 나무 없다.
- 무쇠공이도 삼 년 갈면 바늘 된다.
- 범이 토끼를 잡아도 뛰어야 잡는다
- 부뚜막의 소금도 집어 넣어야 짜다.
- 감나무에 올라가야 홍시도 따 먹는다.
- 구멍을 파도 한 구멍을 파라.
- 구슬이 서 말이라도 꿰어야 보배다.
- 한 우물을 파고, 한 마리 토끼를 쫓아라.
- 물방울이 떨어져 돌을 뚫고, 쇳덩이를 갈면 바늘 된다.

　이러한 속담들은 아무리 훌륭한 것이나 쉬운 일이라도 끝까지
마무리를 지어야 제 가치를 갖게 된다는 의미이다.

제3장

속담 속 심리학
인간 정서

우 리는 일상생활 속에서 매일 다양한 정서를
경험하고 있다. 정서란 무엇인가? 원래 정
서(emotion)라는 단어는 '한 곳에서 다른 곳으로 움직인다'는 의미
의 라틴어 'motere'에 '물러나다'라는 의미의 접두사 'e-'가 붙어 형
성된 것으로, 물리적 움직임 혹은 동요를 의미하게 되었다. 이후 정
서의 적용 사례가 더 확장되어 사회적 혹은 정치적 동요를 포함하
게 되었고, 마침내 어떤 개인에게 있어서 동요된 상태 혹은 각성된
상태를 의미하기에 이르렀다. 따라서 정서라는 개념은 어떤 사람
이 한 상태에서 다른 상태로 변하되었다는 의미를 지니고 있다(박
소현, 김문수, 2001). 예컨대, 기쁨에서 슬픔의 상태로 변하는 것이
다. 정서는 상황에 대한 반응이라 할 수 있으며, 동기와 유사하게

정서도 행동을 활성화시키고 행동의 방향 설정에 영향을 준다. 즉, 인간에게 있어서 정서란 사고보다 먼저 시작된 생존과 직결된 기제이며, 행동으로 연결하는 동기적 속성을 지니고 있다고 할 수 있다.

그러나 최근까지 정서 연구자들은 정서 개념에 대한 정의를 시도해 왔지만, 아직 공통적으로 수용되는 정의는 없다고 할 수 있다. 그 이유는 정서가 매우 다양한 측면을 포함하고 있기 때문일 것이다. 비교적 최근에 내려진 정의로, 마이어스(Myers, 2001)는 정서를 생리적 활성화, 표현 행동 및 의식적 경험을 포함하는 유기체의 반응이라고 하였다. 더 최근에 정서에 대한 정의를 내린 바우마이스터(Baumeister, 2005)는 정서를 정상적이고 안정된 마음의 조건과는 다른 일시적인 마음의 상태라고 하였다. 이 정의에는 심장박동이 빨라지고 입안이 마르는 것부터 눈물을 흘리기까지 일시적인 신체 변화가 포함되어 있으며, 외부적인 자극의 영향을 강하게 받는다는 주관적인 느낌도 들어 있다. 정서는 분명한 설명 없이 우리가 갖는 기분(mood)과 구분되지만, 현재 이 구분은 분명하지 않다. 정서는 감정(feeling)과도 구분되는데, 간단히 말하면 감정은 긍정적 또는 부정적 느낌, 즉 어떤 대상에 대한 호불호이다. 분노, 슬픔, 불안, 질투는 부정적 감정이고, 여러 가지 기분 좋은 정서는 긍정적 감정이다.

정서와 감정은 몇 가지에서 구분된다. 정서는 일종의 완전히 꽃이 핀 반응이지만, 감정은 긍정적 또는 부정적 느낌이 잠시 있는 흔적이다. 감정적 반응은 매우 빨리 짧게 일어나지만, 정서적 반응은 몸 전체의 흥분을 포함하며 시간이 걸린다. 감정은 빠르고 단순하고 병렬적으로 발생하나, 정서는 강력하며 의식적인 모든 것을 포

함한다. 정서적인 순간의 몸 상태는 각성(arousal)이다. 각성만으로
정서가 생기지 않지만, 각성은 정서적 반응의 강약을 조절한다고
할 수 있다.

1. 정서의 종류

정서를 분류하기 위한 학자들의 연구는 오래전부터 지금까지도
이어지고 있다. 기본 정서의 종류에 대해서는 학자들마다 견해 차
이가 있다. 예컨대, 왓슨(Watson)은 사랑, 분노 및 두려움의 세 가
지 정서를 언급하였고, 에크먼(Ekman)은 얼굴 표정이 보편적 정
서를 나타내 줄 것이라 생각하고 여러 가지 표정 사진을 찍어 여
러 문화권의 사람들에게 이를 확인하게 한 후 행복, 슬픔, 분노, 두
려움, 놀람 및 혐오의 여섯 가지 기본 정서를 언급하였다. 플러칙
(Plutchik, 1980)은 동물과 인간이 여러 가지 적응 행동을 동기화시
키는 데 도움이 되는 여덟 가지 범주의 1차적 정서를 경험한다고
주장하였다. 두려움, 놀람, 비애, 혐오, 분노, 예기, 기쁨, 수용 등은
각각 방법은 다르지만 모두 우리가 환경의 요구에 적응하는 데 도
움이 된다. 예를 들면, 두려움은 도주와 관련이 있는데, 도주는 적
으로부터 동물들을 보호해 주는 기능을 한다.

플러칙 모형에 의하면 이 정서들은 서로 조합하여 보다 더 광범
위한 정서 경험을 유발한다. 예컨대, 기쁨과 수용이 혼합되어 사랑
이, 놀람과 비애가 혼합되어 실망이 경험된다. 플러칙이 구분한 대
표적 정서도 각각 그 강도가 다르다. 일반적으로 정서가 강할수록

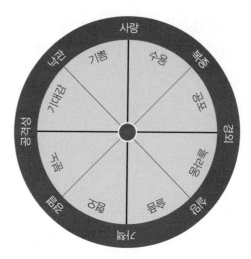

[그림 3-1] 정서 바퀴

출처: Plutchik (1980).

행동을 보다 많이 동기화시킨다. 플러칙이 정서에는 8개 기본 범주가 있다고 주장했지만 각 범주 내의 정서 강도들이 다르기 때문에 우리가 경험하는 정서의 범위는 매우 확대된다. 인접한 정서들일수록 멀리 떨어져 있는 정서들보다 더 유사하며, 인접 정서들이 혼합되어 그와 관련된 새로운 정서가 경험된다.

앞서 살펴본 정서 분류는 서양학자들이 제시한 것인데, 동양의 고전에서도 정서에 대한 언급이 있다. 『중용』에서는 정서를 희(喜), 노(怒), 애(哀), 락(樂)이라 하였고, 『예기』에서는 칠정(七情)이라 하여 희(喜), 노(怒), 애(哀), 구(懼), 애(愛), 오(惡), 욕(欲)이라고 하였다. 여기서 동양과 서양의 정서 분류에서 차이가 있음을 발견하게 된다. 플러칙의 분류에서 놀라움이라는 정서는 동양의 분류에는 없으며, 반면에 동양의 분류에서 욕(欲)이라는 정서는 플러칙의 분류에는 없다. 동양의 정서에 있는 욕(欲)이라는 것은 서양의 기준으로 보자면 동기이론에서 말하는 욕구에 가까운 것이다. 동양에서의 정서는 정서뿐 아니라 동기적 측면에 반영되어 있다고 볼 수 있다. 이처럼 기본 정서의 종류는 학자마다 혹은 연구방법에 따라서 다르게 구분되고 있지만, 대체로 우리가 경험하는 수많은 정서는 쾌-불쾌의 차원과 활성화(흥분)의 두 차원을 중심으로 분포되어 있다(강혜자, 한덕웅, 1994; Russell, 1979).

서양의 학자들이 정서를 다양한 관점에서 분류했지만, 동양의 학자들은 칠정을 기본적인 정서로 분류했다. 분류 기준이나 관점에서 차이가 있지만, 기본적인 정서의 종류에는 별반 차이가 나지 않는다고 할 수 있다. 여기서는 대표적인 정서라 할 수 있는 칠정을 중심으로 관련된 속담을 살펴보기로 한다.

기쁨과 즐거움은 분명 다르지만 서로 이웃하는 감정이라고 할 수 있다.

〈기쁨과 관련된 속담〉
- 굿 들은 무당, 재 들은 중.
- 갓 마흔에 첫 버선.
- 물 본 기러기, 꽃 본 나비.
- 유월 저승을 지나면 팔월 신선이 돌아온다.

〈즐거움과 관련된 속담〉
- 까마귀도 내 땅 까마귀라면 반갑다.
- 천 리 타향 고인 만나 반가워서 즐거운 일.

반면, 기쁨과 즐거움의 상대적 정서라 할 수 있는 슬픔과 관련된
속담은 다음과 같다.

- 풍년 거지.
- 웃음 끝에 눈물
- 눈물이 골짝 난다.
- 사내가 울면 하늘이 무너진다.
- 과부가 제 설움으로 운다.
- 잠은 잘수록 늘고 울음은 울수록 서러워진다.

사람이면 누구나 즐거운 일이 생기기를 원하고 슬픈 일은 일어
나지 않았으면 한다. 사람들은 슬픔과 기쁨을 나누며 살기 위해 함
께 모여 산다고 할 수 있는데, 이를 잘 보여 주는 속담이 있다. '슬
픔은 나누면 반으로 줄고, 기쁨은 나누면 배로 는다.'와 '슬픔은 나
눌수록 줄고, 기쁨은 나눌수록 커진다.'이다. 기쁨과 즐거움, 슬픔
은 웃음과 울음으로 구체화되는데, 웃음과 울음은 말하는 것으로,
기쁨과 즐거움, 슬픔은 논하는 것으로 볼 수 있다.
웃음과 울음에 관련된 속담을 살펴보자.

- 한잔 술에 눈물 나고, 빈 잔 술에 웃음 난다.
- 웃는 얼굴에 복이 온다.
- 뒤를 돌아보고 울기보다는 앞을 바라보고 웃으랬다.
- 웃는 낯에 침 못 뱉는다.
- 울며 겨자 먹기.

- 우는 아이 젖 준다.
- 우는 자식 떡 하나 더 준다.
- 울고 싶은데 따귀 때린다.

노여움, 즉 분노는 화를 낸다는 뜻이다. 타인을 원망하여 감정을 밖으로 발산하는 것으로 화풀이한다, 성낸다, 노여워한다는 말로 이 정서를 표현한다. 주로 타인의 잘못에 대한 반응이지만 가끔은 자신의 잘못 때문에 일어나기도 한다. '노여워할 때 노여워하지 않으면 간신이 일어나게 된다.'는 속담은 화를 내야 할 때 내는 화는 부정적이라기보다는 생산적이라 할 수 있다. 속담에서는 화가 난다는 것을 다음과 같이 재미있게 표현했다.

- 화가 꼭뒤까지 난다.
- 화가 상투 끝까지 솟아오른다.
- 성난 고슴도치 털 일어나듯 하다.

분노와 관련된 속담도 있다.

- 간에 천불이 난다.
- 목구멍에서 불댄 모루쇠가 기어오른다.
- 뜬쇠도 달면 힘들다.
- 돌부리를 차면 제 발부리만 아프다.
- 성난 황소 영각하듯
- 소경더러 눈멀었다 하면 노여워한다.

- 홧김에 닭 잡아먹는다.
- 시어머니에게 역정 나서 개 배때기 찬다.

　사랑과 증오는 상대적 정서라고 볼 수 있지만 아주 가까운 이웃이라고 볼 수 있다. 즉, 사랑이 돌아서면 증오가 된다는 것이다. 사랑과 증오는 주관적 정서이기 때문에 객관성이 확보되기 어렵다. 이는 다음과 같은 속담에 잘 나타나 있다.

- 예쁜 년 미운 짓 않고, 미운 년 예쁜 짓 않는다.
- 정들면 얽은 자국도 보조개로 보인다.
- 정들면 극락이라.
- 정들면 그만이라.
- 사랑은 눈을 멀게 한다.
- 애정은 못 속인다.
- 정다우면 믿게 된다.

　사랑을 하게 되면 정신을 잃고 제대로 판단을 할 수 없게 된다는 것을 보여 주는 속담들이다. 또한 '정이 들면 무엇이든 좋다.'라는 의미의 속담도 있다.

- 정만 있으면 가시방석에서도 산다.
- 정으로는 돌도 녹인다.
- 정은 아무리 쏟아도 끝이 없다.
- 정들면 미운 사람도 고와 보인다.

반면에 '정은 정이고 흉은 흉이다.'라는 의미의 속담도 있는데, 이는 '정 각각 흉 각각'이라고 어디까지나 '정은 정이고, 흉은 흉이다.'라는 의미이다.

〈사랑과 관련된 속담〉

• 불면 날까 쥐면 터질까?

• 며느리 사랑은 시아버지, 사위 사랑은 장모.

• 내리사랑은 있어도 치사랑은 없다.

〈증오 및 미움과 관련된 속담〉

• 눈엣가시.

• 못생긴 며느리 제삿날 병난다.

• 미운 쥐도 품에 품는다.

• 미운 놈 떡 하나 더 준다.

• 시어머니에게 역정 나서 개 배때기 찬다.

• 중이 미우면 가사까지 밉다.

• 때리는 시어미보다 말리는 시누이가 더 밉다.

욕심은 물건을 소유하려는 마음이거나 어떤 일을 제 뜻대로 해 보려는 마음이다. 자신의 욕심을 줄이거나 억제하는 것을 극기라고 하는데, 이는 매우 어려운 일이라고 할 수 있다. 욕심을 줄일수록 삶은 편해지지만 그러기가 쉽지 않다. '골짜기는 메우기 쉬워도, 사람의 마음은 메우기 어렵다.' '바다는 메워도 사람의 욕심은 못 메운다.'고 했다. 그만큼 사람의 욕심은 끝이 없다는 뜻이다. '되면

더 되고 싶다.' '가진 놈이 더 가지려 한다.' '말 타면 종 두고 싶다.'
는 속담은 끝없는 인간의 욕심을 잘 보여 준다 할 수 있다.

욕심 많은 것을 빗대고 경계하려는 속담도 많다.

- 산토끼 잡으려다가 집토끼 잃는다.
- 촉새가 황새를 따라가다 가랑이 찢어진다.
- 나는 새 잡으려다 기르는 새 잃는다.
- 뛰는 토끼 잡으려다 잡은 토끼 놓친다.
- 나는 꿩 잡으려다가 잡은 꿩 놓친다.

소유욕은 남녀노소 모두에게 있다는 것을 나타낸 속담으로는
'세 살 난 아이도 제 손에 것 안 내놓는다.'라는 것이 있다. 반면에,
욕심을 버리면 편해진다는 의미의 속담으로 '탐욕을 버리면 냉수도
영양이 된다.' '족한 줄 아는 사람은 부유하다.' 등이 있다. 세상만
사가 자기 욕심대로 되는 일은 거의 없다는 의미로 '닫는 말에 채질
한다고 경상도까지 하루에 갈 것인가.'라는 속담이 있는데, 이러한
속담은 허욕에 들뜨지 말라는 충고를 하는 것이라고 볼 수 있다.

2. 기타 정서

앞서 칠정에 해당되는 정서의 종류를 살펴보았다. 이 외에도 우리
가 살아가면서 경험하는 기본적인 정서로 두려움, 걱정과 근심 그리
고 동정심과 같은 것들이 있다. 이와 관련된 속담들을 살펴보자.

두려움이란 정서는 칠정에는 빠져 있지만, 플러칙의 기본 정서
에는 포함되어 있다. 다음은 두려움과 관련된 속담이다.

- 하룻강아지 범 무서운 줄 모른다.
- 국에 덴 놈 물 보고도 놀란다.
- 더위 먹은 소 달만 보아도 허덕인다.
- 대신 댁 송아지 백정 무서운 줄 모른다.

동정심은 측은지심이라고 할 수 있으며 슬픔을 같이 나눈다는
의미로서 관련 속담도 자주 볼 수 있다.

- 과부 설움은 과부가 안다.
- 토끼 죽으니 여우가 슬퍼한다.
- 거지가 도승지를 불쌍타 한다.

근심과 걱정은 예나 지금이나 일반 서민들뿐 아니라 대다수의

사람이 경험하는 정서라 할 수 있는데, 플러칙의 기본 정서나 칠정
에는 실망이나 분노와 같은 정서가 기본 정서로 분류되어 있다고
할 수 있다. 근심 없는 사람을 찾으려면 저승으로 가야 할 것이라는
말이 있듯이, 근심 없는 사람을 찾아보기는 힘들다. '걱정이 많으
면 빨리 늙는다.'거나 '걱정이 없어야 먹는 것이 살로 간다.'라고 했
는데, 걱정과 근심이 없는 사람이 과연 어디 있겠는가. 지금 걱정하
는 일이 해결된다고 해도 근심은 또 생기기 마련이다. 사람은 평생
근심을 떨쳐 버리고 살기 힘들다고 할 수 있다. 인간은 자신의 능력
부족을 인식하게 될 때 근심과 걱정이 제일 커질 것이다. 걱정이 심
하면 자기비하나 열등의식까지도 생길 수 있지만, 이를 오히려 겸
손해지는 계기로 삼을 수도 있을 것이다. 관련된 속담으로는 다음
과 같은 것들이 있다.

- 나무 접시 오래 쓴다고 놋대야 될까.
- 뛰면 벼룩이요, 날면 파리라.
- 노루 꼬리가 길면 얼마나 길까.
- 돼지 꼬리 십 년 묵어도 돼지 꼬리라.
- 걸레는 빨아도 걸레라.
- 호박에 줄 긋는다고 수박 되랴.
- 노새에 금안장 얹었었다고 천 리 준마가 되랴.
- 금으로 꾸민 말안장을 얹어 놓아도, 당나귀는 역시 당나귀라.

열등감을 가지고 산다는 것은 인생에 전혀 도움이 되지 않는다.
오히려 다른 걱정을 하는 것이 낫다고 할 수 있다.

- 곤 달걀도 밑알로 쓰인다.
- 뒷간의 구더기도 약으로 쓰일 곳이 있다.
- 누더기 속에서 영웅 난다.
- 마소가 뒷걸음질로 용 잡는다.
- 말 꼬리의 파리가 천 리 간다.

열등감을 극복하는 지혜를 깨우치는 것이 좋다는 의미의 속담들이다. 이 외에도 근심 관련 속담에는 '한데 앉아서 음지 걱정한다.' '더부살이가 주인 마누라 속곳 걱정한다.' 등이 있다.

3. 정서의 표현

우리 대부분은 자기 이미지를 보호하고 사회적 관행에 동조하기 위하여 자기의 정서를 어느 정도까지는 감춘다. 그러나 대부분의 경우, 우리는 언어적 및 비언어적 표현을 통해서 자신의 정서를 전달하고 또한 타인의 정서를 감지한다. 상대방의 정서를 잘 이해하기 위해서는 언어적 표현 및 비언어적 표현 모두를 종합적으로 이해할 수 있어야 한다. 정서는 인간관계의 형성과 유지에 중요하다. 어떤 사람과 관계를 맺기 시작할 때 기쁨을 포함한 정적 정서가 경험된다. 그 관계가 깨어지면 슬픔, 낙담 등 부적 정서가 경험된다. 질투는 당신이 사랑하는 사람이 당신을 떠날지 모른다는 두려움을 강하게 갖게 한다. 사랑하는 사람의 마음을 아프게 하거나 실망시켰을 때 죄책감을 갖는다. 분노는 표현하는 사람의 의도를 잘 드러

내는데, 이 때문에 토론과 타협을 하는 것은 인간관계에 효과적인
행동이 된다. 분노를 포함해서 강한 정서는 좀 더 강한 인간관계를
유지하는 방향으로 개인을 밀어붙인다.

　우리 속담에도 정서의 표현과 관련된 속담이 많다. 물론 단순히
정서만을 표현한 속담도 많지만, 대인관계에서 나타나는 다양한
정서를 표현한 속담들도 다양하게 있다. 정서와 관련된 다양한 속
담은 앞에서 살펴보았으므로 여기서는 대인관계에서 표출되는 정
서의 언어적 표현과 비언어적 표현에 초점을 맞추어 정리한다.

1) 언어적 표현

　지금 저 사람의 감정이 어떤지 궁금할 때, 우리는 그에게 직접 물
어봄으로써, 즉 그의 언어적 표현을 통해서 알 수 있다. 단순히 표
현된 언어의 의미만이 아니라 말하는 태도, 말투, 음성의 톤이나 음
성의 높낮이 등을 통해 그 사람의 정서가 어떤지를 짐작할 수 있을
것이다. 여러 가지 이유로 우리는 자신의 정서를 정확하게 보고할
수 없고 또 보고하려고도 하지 않는다. 실제로 언어적 표현은 개인
의 실제 정서를 반영할 수도 있지만, 어떤 상황적 요인 때문에 위장
된 정서를 반영할 수도 있다. 예를 들어, 친구가 집에 와서 내가 아
끼는 물건을 실수로 파손해서 친구가 정말 미안해할 때, 당신은 "괜
찮아, 고치면 되지 뭐."라고 말을 했지만 당신의 얼굴 표정이 그리
편하지는 않을 것이다. 또한 상대방이 누구냐에 따라 상대방과의
관계 때문에 거짓으로 언어적 정서 표현을 할 수도 있다. 직장에서
일하다가 상사와 마찰이 생겼는데, 상사가 당신에게 "기분 나빠?"

라고 했을 때, 당신은 "아니요, 괜찮습니다."라고 말을 했지만 아마
도 얼굴 표정이 그리 밝지는 않았을 것이다.

　　성장과정에서 감정을 함부로 드러내지 말라는 것을 학습해 오
기도 한다. 특히, 우리나라에서는 전통적으로 자신의 마음을 드러
내지 않는 것이 예의라는 것을 학습해 왔다. 어떤 상황에서는 자기
의 정서가 무엇인지를 정확히 모를 때도 있다. 정서를 자각하는 경
우라도 우리가 느끼는 정서의 정도를 줄일 수도 있다. 예컨대 기말
시험이 겁나면서도 "별로 걱정 안 돼."라고 말하는 것과 같다. 또한
정서를 전적으로 부정해 버릴 수도 있는데, 특히 부정적인 정서일
때 그러하다. 어떤 사람의 마음을 상하게 하지 않기 위해서 혹은 그
사람이 윗사람이거나 권력자이기 때문에 우리가 어떤 사람을 좋아
한다고 말할 때처럼, 예의상 혹은 자기보호를 위해 거짓 정서를 보
고할 수도 있다. 이유가 무엇이든, 사람들의 언어적 표현이 그들의
정서를 정확히 잘 반영하는 것은 아니다. 따라서 정서를 더 잘 이해
하기 위해서는 정서의 다른 단서, 즉 비언어적 단서를 이해할 필요
가 있다.

2) 비언어적 표현

　　즐거움과 슬픔은 세계 어느 나라에나 존재하는 보편적인 정서라
할 수 있는데, 과연 다른 사람이 즐겁거나 슬픈 상태라는 것을 어떻
게 알 수 있을까? '행위는 말보다 더 크게 말한다.'라는 말이 있다.
사람들은 자기가 이해하거나 의도하는 것 이상으로 신체가 보다
더 설득력을 가질 때가 있다. 우리는 얼굴 표정, 신체 자세, 목소리

및 신체적 거리를 통하여 다른 사람에게 많은 정보를 전달한다. 사실 신체는 말과 모순되는 정서적 메시지를 보낼 때도 있다.

얼굴 표정은 가장 분명한 정서 전달의 주요 수단이다. 우리는 상대방의 얼굴 표정을 관찰함으로써 그의 정서 상태에 대해 많은 것을 알 수 있다. 대부분의 얼굴 표정은 학습된 것이 아니라 생득적인 것이다. 그러나 얼굴 표정으로 쉽게 인식되는 정서가 있는가 하면, 얼굴 표정만으로는 쉽게 표현되거나 감지되기 어려운 정서도 있다. 상대방에 대한 응시 정도는 얼굴 정보를 수집하는 방식이 되기도 한다. 응시 혹은 타인의 얼굴 부위를 바라보는 것은 흥미를 나타내는 방식이며 얼굴의 정보를 수집하는 방식이기도 하다. 여성들은 남성들보다 응시의 모든 측정치에서 시각적으로 더 주의가 깊다(Argyle, 1983; Henley, 1977).

에크먼, 프리즌과 엘스워스(Ekman, Friesen, & Ellsworth, 1972)는 행복, 흥미, 놀람, 두려움, 슬픔, 분노 및 혐오(경멸)의 정서를 나타내는 일곱 가지의 주요한 얼굴 표정이 있음을 발견하였다, 이들 얼굴 표정 정보의 대다수는 입과 눈썹을 통해서 전달된다. 입술의 양 끝이 위로 올라갔는지 또는 아래로 처졌는지에 따라서 쾌나 불쾌의 정서를 감지할 수 있다. 또한 눈썹이 위로 추켜올려졌는지의 여부도 정서를 진단하게 해 준다. 때에 따라 어떤 얼굴 표정을 지어야 하는지를 나타내는 규칙도 있다. 예컨대, 장례식에서는 입술의 양 끝이 위로 올라간 입보다는 아래로 처진 입이 더 적절하다. 시선 접촉은 흥미, 분노 혹은 성적 매력과 같은 메시지를 전달하는 보다 더 직접적인 방식이다. 동공 확장은 눈 메시지의 또 다른 출처이다. 확장된 동공은 성적 매력을 나타낼 수 있다.

신체 자세를 통해 다양한 메시지가 전달될 수 있다. 자신감 있는 사람들은 당당한 자세로 걷는다. 자신감이 적은 사람들은 당당하게 서지 않으며, 가슴을 활짝 젖히지 않거나, 어깨를 쫙 펴지 않는다. 자신의 신체를 상대방 쪽으로 향하게 하는 것은 그에게 관심이 있다는 것을 의미한다. 또한 몸을 앞으로 혹은 뒤로 기울이는 것은 관심이나 무관심을 나타낼 수 있다. 신체 자세는 긴장과 불안의 정서를 전달할 수 있다. 예컨대, 팔과 다리를 꼬고 앉아 있는 자세는 정서적으로 초조함을 시사한다. 이완된 자세는 대체로 편안함을 전달해 준다.

몸짓도 정보나 정서를 전달할 수 있다. 예컨대, 머리를 상하 혹은 좌우로 끄덕이는 것은 각각 '예'나 '아니요' 혹은 '좋다'나 '싫다'를 대신한다. 그러나 몸짓은 문화에 따라 의미가 다르고, 남자와 여자의 몸짓도 차이가 있다. 이킨스와 이킨스(Eakins & Eakins, 1978)는 남성의 몸짓은 더 크고 움직임이 더 많고 강력한 반면, 여성의 몸짓은 더 작고 더 억제되어 있다고 주장한다. 몸짓은 그 자체만으로는 아무런 의미가 없고, 말과 다른 여러 단서와 종합되어 의미를 갖는 경우가 많다.

사람들 간의 물리적 거리도 정서 파악의 단서가 된다. 사람들 사이의 정상적 거리는 문화에 따라 분명히 다르다. 모든 문화에서는 대체로 정상적 대화에 적절한 것으로 생각되는 일정 거리의 간격이 있다. 만약 어떤 사람이 평상시보다 한층 더 당신에게 가까이 서 있다면 그것은 공격성이나 성적 의미를 나타낼 수도 있으며, 정상 대화 거리보다 더 멀리 떨어져 있으면 위축이나 반감을 나타내기 쉽다. 사람들은 자신이 좋아하는 사람들 가까이 있으려 하며, 물리적으로 가까이 있는 시간이 많으면 호감이 증가하는 경향이 있다. 음색 및 음정도 정서를 표현해 준다. 즉, 목소리의 크기나 말의 속도, 말소리의 고저, 떨림 등 음성을 사용하는 방식도 감정을 전달해 준다. 숙련된 관찰자들은 타인들이 경험하는 감정의 종류와 양을 잘 감지한다. 한편, 자신의 감정에 어두운 일부 사람은 자신이 구사하는 말이 강한 감정을 표현함에도 불구하고 흔히 따분하고 단조로운 방식으로 말한다. 다른 사람들은 너무 크고 강한 목소리로 다가옴으로써 자신의 불안을 드러낸다.

외현적 행동도 비언어적 단서가 될 수 있다. 누군가가 문을 소리 나게 닫으며 방을 나서면, 그 사람이 화가 났다는 것을 알 수 있다. 등을 두들기거나 포옹을 하는 행위, 악수의 강도와 시간 등도 상대방에 대한 감정을 전할 수 있다. 그러나 외현적 행동은 정서의 단서가 될 수 있지만, 항상 정확한 것은 아니다. 예컨대, 울음과 웃음이 비슷하게 들릴 때도 있고, 울음의 이유도 여러 가지 정서에 귀인될 수 있다. 또한 위장된 행동으로 정서를 표현할 수도 있으며, 때로는 무심코 한 행위가 상대방에게는 특정 정서를 감지하게 하기도 한다.

사람들은 비언어적 단서를 가지고 정서를 표현하거나 감지하는 능력에서 차이가 있다. 연구 결과에 의하면, 대체로 여성들이 남성들보다 비언어적 단서를 일관성 있게 더 잘 이해하였다. 그러나 특수한 직업, 예를 들어 심리학자, 정신과 의사, 교사와 같은 양육적 직업에 종사하는 경우에는 비언어적 표현에서 성차가 별로 나타나지 않았다. 또한 비언어적 단서에 대한 민감성은 나이가 들면서 비언어적 단서의 관찰 경험을 보다 많이 축적하기 때문에 연령과 더

불어 커지게 된다.

앞에서 기술한 바와 같이 비언어적 단서가 정서의 표현과 이해
에 많은 것을 제공해 주지만, 개별적인 비언어적 단서들 자체는 정
서나 내적 상태를 충분히 전달하지 못할 수 있다. 따라서 타인의 감
정과 같은 내적 상태를 충분히 이해하기 위해서는 언어적 단서 및
여러 가지 비언어적 단서를 복합적으로 인식하는 것이 필요하다.

제2부

인간의 행동은 사회와 깊은 관계가 있다. 우리는 매일 식사를 하거나 직장에 출근을 하는 것과 같은 여러 가지 행동을 한다. 그러나 이런 행동이 순전히 자기 자신의 주체적인 생각에서 이루어지는 것이라고는 볼 수 없다. 그중에는 타인에게 영향을 받아 이루어지는 것도 있다. 우리는 사회 속에서 여러 사람과 관계를 가지면서 생활하기 때문에 타인에게 영향을 받는 것은 지극히 당연하다. 타인에게 영향을 받는 행동을 사회적 행동이라고 한다. 합리적 인간관을 강조하는 경제학자 스미스(Smith, 1790)는 인간을 다른 사람들과 관계 속에, 정확히 그가 속한 사회의 중심에 위치시킨다. 인간은 행동할 때만 아니라 자신을 평가할 때도 다른 사람의 존재를 지각하므로 공공으로부터 분리될 수 없다. 개인적인 능력이나 소질보다 혈연, 지연 또는 학연 중심의 인간관계를 강조하는 우리의 경우, 공동체 중심의 공적 관계는 약한 반면, 사적이고 상호 의존적인 인간관계는 강력한 힘을 발휘한다.

이 장에서는 사회심리학의 주요 연구 주제들 가운데, 특히 개인 간 과정, 즉 대인관계를 중심으로 관련된 개념과 이론들을 살펴보고자 한다. 사회심리학은 사회적 상황에서 나타나는 개인의 사고, 감정 및 행동을 연구하는 과학이다. 사회적 상황이란 친구들과 생맥주를 마신다거나, 군대 간 애인을 그리워한다거나, 대통령 후보의 TV 연설을 시청하는 경우처럼 두 사람 이상이 개입되어 있는 상황을 말한다. 우리의 삶 자체가 사회적 상황에서 이루어진다는 점에서 사회심리학은 인간 이해에 있어 중요한 의미를 지닌다. 사회심리학은 다른 사람들 속에서 행동하는 개인이나 10명 이하의 소

속담,
사회심리학과
만나다

집단을 대상으로 삼아서 실험 위주로 연구하는 전통을 이어 오고 있다. 사회심리학은 사회적 현상을 기술하고 설명하는 기초과학의 측면과 다양한 사회 문제의 해결에 초점을 두는 응용과학의 측면을 모두 강조하고 있다.

근래에는 사회 행동을 이해하는 데 있어서 문화적 요인의 중요성이 부각되고 있다. 한국에서도 서구의 사회심리학 이론들을 그대로 답습하는 경향을 탈피하여 한국인의 고유한 심리와 행동을 반영하는 연구와 이론화가 적극적으로 시도되어 왔다(이수원, 1987; 조긍호, 2000; 최상진, 1993, 2000; 한규석, 1991; 한덕웅, 1994). 이 경향의 대표적 예로서 한덕웅(1994)은 퇴계의 유학사상을 심리학 관점에서 재해석하였으며, 최상진(2000)은 정(情)이나 체면과 같은 한국인의 심리적 특성을 밝히는 데 주력하였다. 조긍호(2000)는 한국과 같은 집단주의 국가의 국민들은 의존성과 자기억제를 강조하기 때문에 타인지향 동기와 욕구통제 동기가 강하며, 서구의 개인주의 국가의 국민들은 자율성과 자기주장을 강조하기 때문에 개인지향 동기와 환경통제 동기가 강하다고 주장하였다.

인간관계란 무엇인가? 일반적으로 사람과 사람의 인격적인 관계를 말한다. 인간관계의 시작은 만남인데, 스쳐 지나가서 아무런 관계도 맺지 않는 만남이 아니라 한 개인의 인격과 다른 개인의 인격의 만남을 의미한다. 여기서 말하는 인격이란 개인의 총체적인 정신 영역을 뜻한다. 이를 심리학에서는 자기(self) 개념을 통해 설명하는데, 이를 통해 여러 가지 인간관계 현상이 쉽게 설명된다.

속담 · 심리학과 만나다

제4장

속담 속 심리학
인간관계

인간은 태어나면서부터 자신의 의지와는 상관없이 인간관계를 맺기 시작한다. 예나 지금이나 인간관계는 매우 중요하고 신경을 많이 써야 하는 일 중 하나이다. 태어나면서 맺게 되는 가족관계부터 성장하면서 맺게 되는 또래 친구, 학교 친구 및 동문 선후배와의 관계, 젊은 시절 직장에서 맺게 되는 직장 동료 및 상사, 부하와의 관계 그리고 사회에서 맺게 되는 사회적 관계 등 태어나서부터 죽을 때까지 평생 동안 수많은 인간관계를 맺고 끊으면서 살아가는 것이다. 심리학에서는 이러한 인간관계에 대해 지금까지 많은 이론과 사례가 논의되어 왔으며, 속담에서도 그에 관한 많은 모습이 그려져 있다.

1. 대인관계에서의 자기

우리는 새로운 모임이나 새로운 장소에 가서 낯선 사람들을 만나게 되면, 또는 지인에게 누군가를 소개받게 되면 자신을 소개해야 한다. 자기소개를 해 보라는 요청을 받게 되면 무슨 말을 해야 할지 망설일 때가 많다. 대부분 나이는 몇 살이고, 고향이 어디이고, 현재 살고 있는 곳은 어디이며, 가족은 어떻게 되는지, 전공은 무엇인지 등 자신의 신상에 관한 것들을 주로 이야기하게 된다. 그런 다음 자신의 특기와 취미는 무엇이고, 성격은 어떻다는 등의 개인적 특징과 심리적 특징에 관해 이야기할 것이다. 사람들은 대개 특정 상황에서 자신을 독특하게끔 하는 것들로 자신을 정체화한다. 그런데 대부분의 사람이 자신을 소개하라는 요청을 받거나 소개해야 할 상황에 닥치면 생각대로 잘 안 되는 경우가 많다. 대인관계에서는 우선 자기 자신을 정확하게 알고 있는 것이 타인과의 관계를 발전시켜 나가는 데 중요하다고 할 수 있다. 인간관계의 주체는 나, 객체는 타인이다. 이것은 나의 입장에서 본 것으로, 타인은 내가 맺는 관계의 대상(object)이다. 여기서는 자기(self)와 관련된 개념과 이론들, 그리고 관련된 속담들을 살펴본다.

1) 자기개념

우리는 자기 자신을 어떤 사람이라고 판단하기 위해서 다른 사람과 비교를 하는 경우가 많은데, 이는 예전에도 동일하게 나타나는 현상이었다. 다만, 예전에는 지금처럼 객관적인 자기와 주관적인 자기를 분리하지 않고 자기에 대한 생각이 대체로 자기중심적인 사고에 초점이 맞추어져 있는 듯하다. 특히 자기방어적인 차원에서의 자기 관련 속담이 많은 것을 알 수 있는데, 여기서는 자기중심적 사고와 관련된 자기 관련 속담을 살펴보자.

자기 혹은 자아(self)란 무엇인가? 우리가 발달과정에서 사춘기에 접어들면서 스스로에게 한 번 정도는 던졌던 물음일 것이다. 마커스와 워프(Markus & Wurf, 1987)는 이에 대해 개인들이 갖고 있는 내면적 · 외형적 특성 자체와 그에 대한 자기의 관념을 포함한 것으로 영속성과 순간성을 모두 지니고 있는 역동적인 개념이라고 하였다. 제임스(James)는 자아에 대한 개념을 우리의 모든 의식 경험의 주체로서 지각, 기억, 생각, 가치 등과 같은 실존적이며, 순간적이고, 변화무쌍한 경험이라고 정의하면서 다음과 같이 세 가지 구성 요소를 제시하였다. 물적(material) 자아는 개인이 지닌 신체, 의상, 가족, 소유물 등이고, 사회적(social) 자아는 우리와 접촉하는 타인들에게 받게 되는 자기에 대한 인상, 평가이며, 심적(spiritual) 자아는 개인이 지닌 내면의 주관적인 것으로 성격, 취향, 정서 등의 심리적 속성이다.

우리는 자기개념(self-concept)을 단일한 실체인 것으로 생각하지만, 실제로 자기개념은 다면적인 구조이다(Mischel & Morf, 2003). 즉, 자기개념은 자기에 관한 조직화된 신념의 집합체이다. 사회 지각을 형성하는, 소위 자기도식이라고도 하는 이러한 신념들은 과거 경험에서 발전되며, 개인의 성격 특성, 능력, 신체적 특징, 가치, 목표 및 사회적 역할과 관련이 있다(Campbell, Assanand, & Dipaula,

2000). 사람들은 장점과 약점을 포함하여 자신에게 중요한 차원들에서 자기도식을 가지고 있다. 자기개념의 특성을 살펴보면 다음과 같다. 첫째, 자기개념은 학습에 의해 형성된다. 즉, 획득된다. 둘째, 점진적인 과정을 거치며 계속 변화한다. 셋째, 자기개념은 자기와 타인을 비교하는 과정에서 발달한다. 넷째, 자기개념은 중요한 타인에게서 인정받고 존중받는 것이 중요하다. 다섯째, 자기개념은 외부, 즉 소유물에 대한 소유의식, 집단의식으로까지 확대된다. 여섯째, 자기개념은 그 자체가 긍정적이든 부정적이든 강화적 순환관계를 형성한다.

　자기개념의 여러 차원을 구분해 보면 다음과 같다. 실제 자기(actual/real self)는 자신이 실제로 지니고 있다고 생각하는 속성들에 관한 표상이다. 이상적 자기(ideal self)는 자신이 이상적으로 소유했으면 좋겠다고 생각하는 속성들에 관한 표상이다. 당위적 자기(ought self)는 자신이 당연히 지녀야 한다고 생각하는 속성들에 관한 표상이다. 가능한 자기(possible self)는 개인적으로 될 수 있고, 되고 싶어 하거나, 되기 두려워하는 것을 표상하는 자기개념으

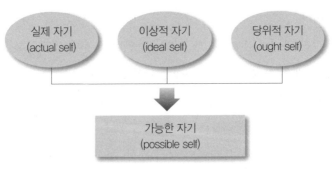

[그림 4-1] 자기(self) 차원 도식

로, 미래의 자기에 대한 구체적인 표상들로 수행을 촉진시키는 데
기여하고, 자신의 행동을 조직화하고 활력을 주는 미래 상태의 자
기에 대한 구체적 표상이라 할 수 있다. 실제 자기와 이상적 자기
간의 괴리는 좌절, 실패감 및 우울을 나타낼 수 있고, 실제적 자기
와 당위적 자기 간의 괴리는 불안과 부담감을 일으킬 수 있는데, 괴
리 자체보다는 가능한 자기가 중요하다고 할 수 있다.

자기중심적인 사고는 옛날에도 지금과 별반 다르지 않은데, 다
음의 속담은 자기중심적인 생각과 관련된 것이다.

- 내 논에 물 대기.
- 내 돈 서푼이 남의 돈 삼백 냥보다 낫다.
- 내 속 짚어 남 말한다.
- 내 배 부르면 종의 밥 짓지 말란다.
- 내 코가 석 자인데 남의 설움 어찌 알랴.
- 내 떡은 작고, 남의 떡은 커 보인다.
- 내가 먹기는 싫지만, 개한테는 던져 주기 아깝다.
- 내 못 먹는 밥에 재나 뿌린다.
- 내 똥 구린 줄 모르고 남의 방귀 탓한다.
- 내 밥그릇보다 남의 밥그릇이 더 많아 보인다.

예나 지금이나 사람은 누구나 제 처지가 가장 중요하고, 또한 자
기 일이 우선이다. 아무리 가깝고 손위 사람이라노 급알 땐 자기 일
이 먼저이다. 그래서 '내 말을 먼저 잡고 아비 말을 잡는다.' '내 말
맨 다음에 아버지 말 맨다.' '내 발등의 불을 꺼야 부모 발등의 불을

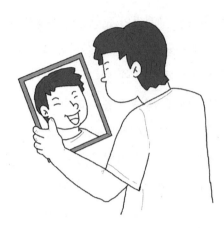

끈다' 등의 속담이 있다. 누구나 자기 일에는 열심이고, 남의 일에
는 성의 없이 임한다는 뜻으로 '내 일을 할 때는 네씩네씩, 남의 일
을 할 때는 비씩비씩'이라는 제주도 속담도 있다. 이러한 이기심은
어찌 보면 본능적인 것이기 때문에 비난만 할 수는 없다. '내 텃밭
배추가 주인 밭 배추보다 속살이 더 여물게 찬다.' '내 속 짚어 남 말
한다.' '내 논에 물 대기' '내 코가 석 자인데 남의 설움 어찌 알랴.'
등의 속담은 이기심을 나타낸다고 하기 어려울 것이다.

　반면에, 자기중심적인 사고, 즉 이기심이나 자기 욕심을 버리지
못하는 모습을 많이 볼 수 있지만, 타인을 인정할 줄 아는 마음도
다양하게 나타나고 있다.

- 내가 배고프면 남도 배고프다.
- 내 말은 남이 하고 남 말은 내가 한다.
- 남 허물 하나면, 제 허물은 백이라.
- 내 몸이 중이면 중의 행세를 하여야 한다.

그리고 '내 자식이 귀하면 남의 자식도 귀하다.'와 같은 속담도 있는데, 이기심이나 이타심은 균형 감각을 잡지 못하는 데서 비롯된다고 할 수 있고, 나와 타인이 비슷한 가치관을 가지고 있어야 제대로 된 윤리관이 형성된다고 볼 수 있다.

2. 사회적 사고

상식적 심리학에서 사람들은 "내가 사람을 잘못 봤어." "열 길 물속은 알아도 한 길 사람 속은 몰라."라고 말한다. 이렇게 말하는 것은 한 개인의 생각, 느낌이나 행위가 타인이 있기 때문에 그리고 집단에 있기 때문에 달라진다는 사실을 간과한 것이다. 상황의 힘 때문에 사람들은 자기가 알던 성격에 비추어 예상한 것과 전혀 다르게 행동한다. 사람들은 상황의 힘을 무시하고 행동의 원인을 사람의 성격에 돌리므로 그런 말을 한다.

'열 길 물속은 알아도 한 길 사람 속은 모른다.'고 하지만, 사람들은 끊임없이 자기와 타인에게 호기심을 가지고 알고자 노력한다. 타인을 이해하는 일은 인간의 기본적 욕구 중의 하나로서 안전하고 여유 있는 생활을 하는 데 중요한 문제이기도 하다. 사람들이 자기와 타인을 이해하는 과정을 다루는 분야가 바로 사회적 사고이다. 이 분야에서는 구체적으로 타인을 전반적으로 평가하는 인상형성과정, 즉 타인에 관한 추론이니 평가 등 정보 처리과정을 분석하는 타인 지각과 타인의 행동 원인을 추론하는 귀인의 문제를 다루고 있다.

1) 타인 지각(타인에 대한 인상 형성)

우리는 두세 시간의 짧은 만남 후에도 나름대로의 확신을 가지고 처음 본 상대에 대한 분명한 인상을 형성한다. 짧은 만남을 통해 알 수 있는 것은 상대의 외모나 학력과 같은 피상적 정보에 지나지 않은데도 어떻게 그 인물 전반에 관한 확고한 결론에 이르게 되는가? 또 그러한 결론은 얼마나 정확한가? 행위자의 행동을 내부 귀인하게 되면 행위자가 어떤 성향을 지니고 있다고 추론하게 된다. 그러나 한 가지 성향만으로 그를 파악할 수는 없으며, 사람들은 추론해 낸 여러 성향 정보를 통합하여 상대에 대한 전반적 인상을 형성하게 된다. 결국 인상을 형성하는 과정은 먼저 소수의 피상적인 인상 정보를 알게 되고, 이를 바탕으로 다수의 미확인 정보를 추론하며, 그런 다음 수집한 정보 중에서 최종 인상 판단에 사용할 정보를 선별하고, 최종적으로 이 정보를 통합하여 전반적인 인상을 형성하게 되는 것이다.

(1) 인물 정보의 추론

사람들은 타인들의 마음을 읽을 수 없기 때문에 그들이 무엇을 좋아하는지 알기 위해 타인에 대한 관찰에 의존하게 된다. 타인에 대한 인상을 형성하면서 사람들은 관찰을 위해 다섯 가지 정보, 즉 외모, 언어적 행동, 행위, 비언어적 메시지 및 상황적 단서에 의존한다.

외모는 타인의 인상을 형성하는 데 가장 먼저 활용되는 출처이다. '겉만 보고 판단하지 말라.'는 말도 있지만, 사람들은 그래도 일단 외모로 인상을 판단하는 경우가 많다. 정확성에 관계없이 신체 특징에 관한 신념들은 타인에 대한 인상을 형성하는 데 사용된다. 타인에 관한 정보의 또 다른 확실한 출처는 사람들이 말하는 내용이다. 사람들은 타인들이 어떤 내용의 자기노출을 하며, 얼마나 자기노출을 많이 하는지, 조언과 질문을 얼마나 자주 하는지 및 그들이 얼마나 판단적인지에 기초해서 인상을 형성한다(Berry, Pennebaker, Mueller, & Hiller, 1997). 사람들이 항상 진실만을 말하는 것은 아니기 때문에, 사람들을 좀 더 잘 알기 위해서는 그들의 행위에 의존해야 할 때도 있다. 인상을 형성할 때 행위는 말보다 더 많은 것을 알려 줄 수 있다.

외모나 용모에 관한 속담은 예로부터 다양하게 전해 내려오고 있다. 예나 지금이나 인물이 좋으면 좋게 평가하고, 인물이 나쁘면 좋지 않게 평가하는 경향이 있다. 훌륭한 용모를 가지고 태어난 사람은 큰 복을 받은 것이고, 그렇지 못한 사람은 평생을 속상해하며 살아간다. 용모가 출중한 경우, 남성은 '해하고 박치기할 인물'이라는 속담이 있고, 여성은 '춘향이 찜 쪄 먹겠다.'라는 속담이 있다. 특히, 여성의 경우 미모에 더 집착하는 경향이 있는데, '여자는 인물이 밑천이라.'는 속담을 보면 잘 알 수 있다. 반면에, 외모가 너무 좋은 것을 좋게만 평가하지 않았다는 것을 보여 주는 속담도 있는데, 미모를 경계해야 한다는 의미로 전해지고 있다.

- 미인은 박명한다.
- 미인은 팔자가 세다.
- 고운 꽃이 먼저 꺾인다.

• 얼굴 고운 것 속 궂다.
• 여자가 얼굴이 고우면 팔자가 세다.
• 여자가 얼굴이 예쁘면 얼굴값을 한다.

이처럼 외모에 의존해서 그 사람을 판단하는 것은 예나 지금이
나 마찬가지라고 할 수 있다.

타인에 관한 정보의 또 다른 핵심 출처는 얼굴 표정, 눈 맞춤, 신
체 언어 및 몸짓과 같은 비언어적 의사소통이다(Forrest & Feldman,
2000; Frank & Ekman, 1997). 비언어적 단서들은 사람들의 정서 상
태와 성향을 알려 준다. 사람들은 언어적 행동이 비언어적 행동보
다 더 쉽게 조작된다는 것을 알기 때문에 상대방의 진심을 알기 위
해서 비언어적 단서에 의존하게 된다. 마지막으로, 개인의 행동을
해석하는 데 결정적 정보를 제공하는 것은 행동이 발생하는 상황
이다(Trope & Gaunt, 2003). 사람들이 울고 있는 장면만을 보고는
슬퍼서 우는지 또는 행복해서 우는지 알 수 없지만, 결혼식 또는 장
례식과 같은 상황적 단서가 제공된다면 그들이 왜 우는지를 알 수
있다.

인물 정보의 추론은 개인이 지니고 있는 도식에 크게 의존한다.
도식이란 어떤 대상이나 개념에 관한 조직화되고 구조화된 신념으
로서 여러 유형이 있는데, 타인 지각에 큰 영향을 미치는 도식으로
는 고정관념(stereotype)과 내현성격이론(implicit personality theory)
을 들 수 있다. 도식이 있기 때문에 어떤 사람에 관해 단편적인 정
보만 있더라도 주어진 정보를 넘어 그 사람을 추론할 수 있다. 물체
지각과 비교하면 사회 인지는 어떠한가? 물체 지각도 착시를 포함

해서 문제가 있지만 사회 인지는 그 정확성이 상대적으로 결여되어 있다. 아니, 사회 인지는 정확성을 요구할 수 없는 것인지 모른다. 그 이유는 단순하다. 사람은 물체보다 더 복잡하고, 이는 얼굴 표정과 행위로 감정을 직접 드러내기 때문이다.

　고정관념은 어떤 집단이나 사회적 범주에 속하는 구성원들의 전형적 특성에 관한 신념을 말한다. 노처녀는 신경질적이고, 곱슬머리는 고집이 세고, 키가 큰 남성은 싱겁고, 눈이 큰 여성은 겁이 많다는 등의 고정관념은 진실과는 상관없이 우리가 익히 들어 온 것들이다. 눈이 큰 모든 여성이 다 겁쟁이인 것은 아니지만, 일단 이와 같은 고정관념을 갖게 되면 그 범주의 모든 구성원이 그 특징을 공유한다고 과잉일반화를 하게 된다. 그리고 사람들이 자신의 고정관념과 일치하는 정보만을 선택적으로 받아들이기 때문에 고정관념은 잘 변하지 않으며, 부정적인 내용의 고정관념은 소위 편견으로 발전하여 인종차별이나 지역감정과 같은 심각한 폐해를 낳기도 한다. 반면에, 긍정적인 고정관념으로 인해, 예를 들어 신체적으로 매력적인 사람은 사회에서 오히려 이점을 갖게 되는 경우도 있다. 이런 사람은 사교술이 더 좋고, 인기도 많고, 사회적으로 덜 불안하고, 덜 고독하다고 여겨진다.

　내현성격이론은 성격 특성들 간의 관련성에 관한 개인의 신념으로서 보이지 않는 성격을 판단하는 틀로 이용된다. 예를 들어, 어떤 사람과의 대화를 통해서 그가 유머러스함을 알게 되었다면 내현성격이론에 따라 그가 사교적이고, 낙천적이며, 부드러운 사람이라는 추론이 가능해진다.

(2) 도식적 정보 처리

인상 형성을 포함하여 사회적 정보를 해석, 추리 및 판단하는 과정이 많은 오류와 편향을 지니는 비논리적이고 비합리적인 과정임이 밝혀지고 있다. 사회심리학자들은 이러한 오류와 편향이 생기는 것이, 사람들이 주어진 정보를 신속하게 처리하려는 경향이 강해서 정보 처리의 정확성이 떨어지기 때문이라고 해석한다. 고정관념이 지속되는 이유는 무엇일까? 한 가지 이유는 고정관념이 인지적으로 기능적이라는 것이다. 사람들은 사회적 정보 처리과정에서 지름길로 질러가고 노력을 최소화하려고 하는데, 이러한 경향에 빗대어 인간을 '인지적 구두쇠(cognitive miser)'라고 부르기도 한다(Taylor, 1981). 사람들은 자신이 소유할 수 있는 것 이상의 훨씬 더 많은 정보의 홍수 속에 있기 때문에 복잡성을 단순성으로 환원시키는 경향이 있다. 즉, 사람이나 사건을 추론하거나 판단하는 데 필요한 최소한의 정보만을 취하는 경향이 있어서, 가능한 모든 정보를 다 탐색하기보다는 대략적인 윤곽이 잡히면 더 이상의 정보 탐색을 멈추고 결론을 내리곤 한다. 하지만 이러한 단순성의 대가는 부정확성이다.

고정관념이 지속되는 또 다른 이유는 확증 편향(confirmation bias) 때문이다. 사람들은 자신이 편견을 가지고 보는 집단 성원들을 접하게 되면 그들이 보려고 기대한 것을 보게 되는 경향이 있다는 것이다. 고정관념이 지속되는 세 번째 이유는 자기충족적 예언이 작용하기 때문이다. 자기충족적 예언 또는 자성예언(self-fulfilling prophecy)은 타인에 관한 신념이 실제로 예상했던 행동을 유발할 수 있고 편향된 기대를 확증할 수 있다는 것이다.

그러나 필요한 경우에는 시간이 걸리더라도 꼼꼼하고 정확한 정보 처리를 하는 경우도 있다. 이와 같이 사람들은 필요에 따라서 정보를 세심하게 처리하기도 하고 졸속으로 처리하기도 한다. 즉, 사람들은 자신의 동기에 따라서 면밀하게 정보를 처리하거나 혹은 인지적 구두쇠처럼 추론하기 때문에 인간의 이런 특징을 일컬어 '동기적 책략가(motivational tactician)'라고도 한다(Fiske, 1993).

신속한 정보 처리를 위해서 사람들은 여러 방법을 동원하는데, 그 가운데 대표적인 방법이 도식을 적용하는 것이다. 앞에서 소개한 고정관념과 내현성격이론 이외에도 사람들은 특정 인물, 자기 자신 또는 사회적 역할 등에 대해 도식을 가질 수 있다. 음악회에 처음 간 사람이 극장에서 표를 사고 좌석을 찾았던 경험이 있으면 공연장에서도 자연스럽게 행동할 수 있듯이, 도식은 환경을 해석하고 그에 따라서 행동할 때 매우 중요한 역할을 한다.

도식적 정보 처리를 하는 것은 다음과 같은 장점이 있다. 첫째, 회상을 용이하게 한다. 자신이 이미 지니고 있는 도식과 일치하거나 상반되는 정보는 도식과 무관한 정보보다 더 잘 기억되고 더 쉽게 회상된다. 둘째, 정보 처리에 걸리는 시간을 단축시킨다. 어떤 대상에 대해서 도식을 지닌 사람들이 지니지 않은 사람들보다 그 대상에 관한 정보를 더 신속하게 처리한다. 셋째, 누락된 정보를 메워 준다. 도식은 명료하지 못하거나 빠진 사항들에 관해서 자신 있게 추론하도록 도와주기 때문에 빠진 정보를 도식에 따라서 메워 넣음으로써 사고의 간극을 보충하는 역할을 한다. 넷째, 규범적 기대를 제공해서 장차 일어날 수 있는 일을 예측하고 대비할 수 있게 한다. 또한 기대는 실제 결과를 평가하는 비교 기준이 되기도 한다.

반면에, 도식적 정보 처리를 하게 되면 다음과 같은 문제가 생길 수 있는데, 도식적 정보 처리과정에서 생기는 문제는 주로 상황을 과잉 단순화하여 추론하기 때문에 비롯된다. 첫째, 도식에 부합되는 정보만을 수용한다. 둘째, 도식에 일치되는 정보만으로 사고의 간극을 메운다. 셋째, 잘 맞지 않는 경우에도 도식을 무리하게 적용한다. 마지막으로, 일단 형성된 도식은 잘 변화시키지 않으려는 경향이 강하다. 도식적 처리의 장단점을 종합해 보면, 신속하고 경제적인 처리가 보장되는 반면에 처리의 정확성이 훼손되어서 결론을 내릴 때 오류가 생길 가능성이 커진다.

인상 형성에 있어서 이러한 고정관념과 도식적 정보 처리와 관련된 속담도 많이 있다. 대표적인 속담을 살펴보자.

- 장님 코끼리 말하듯 한다.
- 키 크면 속없고 키 작으면 자발없다.
- 키 크고 싱겁지 않은 사람 없다.
- 곱슬머리와는 상종도 하지 마라.
- 대머리는 공짜를 좋아한다.

그리고 '암탉이 울면 집안이 망한다.'는 속담은 편견에 의한 확증 편향이라고 볼 수 있다.

(3) 타인 지각에서 나타나는 편향

인상 정보의 추론, 선별 및 통합은 매우 신속하고 자동적인 과정이기 때문에 여러 가지 오류와 왜곡이 발생할 수 있다. 이러한 편향은 대인관계에서 매우 중요하게 작용할 수 있다. 어떤 사람을 처음 만나서 형성하게 된 인상은 그 후에 그 사람이 하는 행동과 관계없이 작용할 수 있기 때문에, 그 사람의 사실적인 모습과는 다른 판단을 하게 할 수 있다는 점에서 중요하다고 할 수 있다.

① 후광 효과

'하나를 보면 열을 안다.'는 속담처럼 사람들은 타인을 내적으로 일관되게 평가하려는 경향이 있는데, 이를 후광 효과(halo effect)라고 한다. 이는 어떤 사람이 한 가지 긍정적인 특성을 가지고 있을 때, 그것과는 아무런 관계가 없는 다른 긍정적 특성을 가지고 있을 것이라고 생각하는 현상이다. 어떤 입사 지원자의 단정한 외모를 좋게 본 면접관은 그 지원자가 예의 바르고, 인간성이 좋으며, 능력도 뛰어날 것이라고 추론하여 후한 점수를 주게 된다. 이 후광 효과는, 특히 첫인상이 중요하게 작용한다는 것을 보여 주는 좋은 예라고 할 수 있다.

타인 지각에서의 편향 현상과 관련된 속담으로는 '하나를 보면 열을 안다.' '고운 사람 미운 데 없고 미운 사람 고운 데 없다.' 등이 있는데, 이는 한 가지 사실로 좋거나 싫게 되면 나머지 전체를 모두 동일하게 평가하려는 경향성인 후광 효과를 보여 준다고 할 수 있다. 이 외에도 '까마귀 열두 소리에 하나도 좋지 않다.' '미운 벌레 모로 간다.' '며느리가 미우면 며느리 발뒤꿈치까지 밉다.' 등도 미운 사람이 하는 짓은 하나부터 열까지 다 밉다는 뜻으로, 후광 효과를 나타낸다고 볼 수 있다.

② 긍정성 편향

사람들은 타인을 대체로 좋게 평가하는 경향이 강하다. 이와 같이 타인에 관한 부정적 평가보다는 긍정적 평가가 더 우세한 경향을 긍정성 편향(positivity bias)이라고 한다. 이러한 긍정성 편향은 어찌 보면 좋은 것 같지만 사람들을 평가할 때 정확한 평가가 이루어지지 않을 가능성이 높아지므로 유의해야 한다.

③ 부정성 효과

어떤 남성이 똑똑하고, 잘생겼으며, 친절하다면 우리는 상당히 긍정적인 인상을 가질 것이다. 그런데 그가 거짓말을 잘한다는 사실을 추가로 알게 되면 어떻게 될까? 아마 단 하나의 부정적 정보로 인해서 부정적인 인상으로 반전될 것이다. 이 예에서 알 수 있듯이 타인 지각에서 부정적 정보는 긍정적 정보보다 더 큰 영향을 미치는데, 이를 부정성 효과(negativity effect)라고 부른다. 이는 결과적으로 한번 형성된 부정적 인상은 긍정적 인상보다 변화하기가 더 어렵다는 사실과도 연관된다. 인기 절정의 연예인이나 정치인이 추문에 휘말리면 대중은 중립적으로 평가하기보다 금방 그 사람을 외면해 버리고, 예전의 인기를 만회하기가 거의 불가능한 경우를 우리는 자주 보아 왔다.

이렇듯 인물 정보를 통해 타인을 지각할 때, 단편적인 한두 가지 정보만으로 그 사람의 전체 인상을 판단하는 것은 매우 위험할 수 있다. 하지만 사람들은 인지적 구두쇠여서 자신이 형성한 도식 속에서 타인의 인상을 추론하고 판단하기 때문에 그렇게 작용할 수밖에 없는 것이다. 또한 평상시 인상을 잘 관리하다가도 치명적

인 오점을 남긴다면 그동안 쌓아 왔던 좋은 이미지는 온데간데없
고 나쁜 이미지만 남게 될 수도 있다. 타인들과의 인간관계를 잘 관
리하기 위해서는 평소 자신의 말과 행동에 신중함을 가지고 임해
야 할 것이다. 이와 관련된 속담으로 '열 번 잘하고 한 번 실수를 말
아야 한다.'라든가 '나물 밭에 똥 한 번 눈 개는 저 개 저 개 한다.'와
같은 것들은 한 번 잘못을 저지르면 항상 의심과 지탄을 받게 된다
는 것을 나타낸다. 이런 속담은 여러 가지 요인으로 인해 어떤 사
람에 대해 긍정적인 인상을 가지고 있다 해도, 부정적인 사실이 추
가된다면 부정적인 인상으로 반전되는 부정성 효과를 보여 준다고
할 수 있다.

(4) 타인에 대한 생각과 관련된 기타 속담

옛날에도 타인에 대한 생각을 나타내는 속담은 알려진 것들이
꽤 많이 있었으나 현대 심리학의 시각과는 좀 차이가 있다. 오늘날
의 심리학에서는 내가 타인을 바라보는 타인 지각의 관점에서 이
론을 정립했다면, 옛날 우리 선조들은 타인과의 관계에서 나타날
수 있는 여러 가지 일을 속담으로 정립한 것들이 많다. '남의 말이
라면 쌍지팡이 짚고 나선다.'는 속담이 있는데, 이는 타인의 의견에
무조건 반대하고 나선다는 뜻이다. '남의 일은 사흘만 지나면 다 잊
는다.'는 말도 있는데, 이는 남의 일에는 오래 관심을 갖지 않는다
는 것이다. 이 두 속담은 타인에 대한 생각이 지나치거나 부족하다
는 것을 보여 주는 것이라고 할 수 있다. 세상을 살아가기 위해서는
타인과 공생공사, 동고동락하면서 어울려 살아야 한다는 것을 의
미하는 속담으로 '남들과 담을 쌓고 못 산다.'가 있다. 또 남을 이용

하거나 해하려고 하지 말라는 의미로 '남을 물어 넣자면 자기 혀를 먼저 물어야 한다.'는 속담도 있다.

남의 일에 관심이 많은 사람일수록 자기 삶에는 충실하지 못한 경향이 있다는 것을 보여 주는 속담으로 '남의 말이 아니면 할 말이 없다.' '남의 말 하기는 식은 죽 먹기' '강 건너 불 구경은 좋고, 남의 말은 하기 좋다.' 등이 있다. 그러나 '남의 말을 하기 좋아하는 놈이 제 허물은 모른다.'라는 속담이 있듯이 타인의 상황이 내 상황이 될 수도 있다는 것은 세상의 이치일 것이다. 타인의 일에 관심이 많은 사람이 타인을 음해하기도 쉽다. '남 말 하고 제 흉 모르는 것이 머리 검은 짐승'과 같이 내 허물이 아닌 남의 허물을 우선 찾으려고 하는 사람들의 심리를 빗대어 말한 속담도 있다. 반면에, 남을 해하려고 하는 사람들에게 경각심을 주는 속담도 있다.

- 남 끓리는 게, 저 끓는 게라.
- 남 망우고 잘 되는 놈 못 봤다.
- 남을 문 놈은 저도 물린다.
- 남에게 악담을 하면 자기 앞으로 다시 돌아온다.
- 남을 해치려는 말이 자신을 해친다.
- 남의 눈물 빼놓으면, 제 눈에 피눈물 난다.
- 남의 가슴에 못 박으면, 제 창자에는 말뚝이 박힌다.

남에게 해를 입히려 하면 결국 자신이 해를 입게 마련이라는 뜻의 속담들이다.

남의 일에 괜히 참견하지 말라는 충고와 관련된 속담도 많은데,

다음은 자기 주제도 모르고 나서면 남의 눈에 꼴불견으로 비친다
는 뜻으로 쓰인 속담이다.

- 남의 싸움에 칼 뺀다.
- 남의 중신 들다가 바람난다.
- 남 말하는 사돈댁.
- 떡 먹는데 팥보숭이 떨어지는 걱정한다.
- 남의 굿에 춤춘다.
- 남의 농사에 콩 심어라 팥 심어라 한다.
- 남의 제사에 감 놓아라 대추 놓아라, 굴러간다 주워 놓아라 한다.
- 남이야 메주로 팥죽을 쑤어 먹든, 얼음덩어리를 지져 먹든.

사람은 물건에 대한 욕심으로 인해 자기 것보다 남의 것을 더 좋
게 생각하는 경향도 있는데, 다음은 이와 관련된 속담이다.

- 남의 꽃이 붉어 보인다.
- 남의 것은 다 좋아 보이는 법이라.
- 남의 떡이 더 커 보인다.
- 남의 밥그릇이 더 높아 보인다.
- 남의 것을 탐내는 놈이 제 것은 더 아낀다.

남의 것이 더 좋아 보이는 것뿐 아니라 탐내기까지 한다는 것을
비쏘는 속담까지 다양하게 있다.

타인의 일에 분수없이 참견하는 것도 문제지만, 지나친 이기심

이나 무관심도 비정한 마음에서 비롯된다고 할 수 있다. 이와 관련
된 속담은 다음과 같다.

- 남의 흉은 사흘이라.
- 남의 일에는 오뉴월에도 손이 시리다.
- 남의 등창은 제 여드름만 못하다.
- 남의 죽임이 내 고뿔만도 못하다.
- 남의 골병이 내 고뿔만 못하다.
- 남의 생손은 제 날의 티눈만 못하다.
- 남의 소 날뛰는 것은 구경하기 좋다.
- 남의 집 불구경 않는 군자는 없다.

자기 일에만 몰두하고 타인의 일에는 눈길 한 번 주지 않으면 결
국 자기 자신도 고립된다는 의미를 나타내는 속담도 있고, 타인의
말과 행동을 전후 사정을 살피지 않고 무조건 따라 하는 것도 문제
라는 의미의 속담도 있다.

- 남의 말 다 들으면 목에 칼 벗을 날 없다.
- 남의 말 다 들어주다가는 화냥년 된다.
- 남의 말에 귀 여리면, 심은 논도 잡혀 먹는다.
- 남이 장에 간다니 거름 지고 따라간다.
- 남이 장에 가니까 무릎에 망건 씌우고 나선다.

또한 남의 것을 탐하거나 남에게 피해를 주려고 하지 말아야 한

다는 의미의 속담도 있다.

- 남의 떡은 빼앗아도, 남의 복은 못 빼앗는다.
- 남의 돈 먹기가 앓기보다 힘들다.
- 남의 정을 모르면 죄로 간다.

2) 귀인

우리 속담에 '잘되면 내 탓, 못되면 조상 탓'이라는 것이 있다. 이는 잘된 일의 원인은 나한테 있고, 잘못된 일의 원인은 나 아닌 다른 대상 때문이라는 것이다. 사람들은 '시험이 어려워 실패했다.' 또는 '성격 차이로 헤어졌다.'고 말한다. 이러한 말은 사람들이 실패나 헤어짐과 같은 사회적인 사건들의 원인을 찾고 있음을 보여준다. 시험 실패의 경우 위의 속담에도 잘 나타나 있듯이, 그 원인을 과제의 난이도에 돌리고 학생의 노력 부족이나 능력 부족으로는 돌리지 않는다. 귀인(歸因, attribution)은 대표적인 사회적 설명이다. 사람들은 호기심이 많아서 재벌 회장들이 어떻게 해서 그렇게 많은 돈을 벌었으며, 자신은 왜 남보다 승진이 늦어지는지를 알고자 요모조모 따져서 분석하곤 한다. 이처럼 타인이나 자신의 행위가 어떤 원인 때문에 나타났는지 추론해서 인과적 설명에 이르는 과정을 귀인이라고 한다. 귀인은 환경을 예측하고 통제하는 데 도움을 주고, 타인과 자신에 대한 태도와 행동에 영향을 주기 때문에 사회심리학의 중요한 주제로 자리 잡아 왔다.

사람들이 자신이나 타인의 태도나 행동의 원인에 대해서 하는 추리의 과정, 즉 귀인이론은 그러한 귀인이 결정되는 원리와 그것이 갖는 영향에 관한 원리를 설명하려는 이론을 말한다. 하이더(Heider)에 따르면, 사람들은 타인의 행위가 행위자의 내면적 속성 때문인지 또는 처한 상황 때문인지 파악하고자 하는 동기를 가진다. 그 이유는 인간이 지닌 두 가지 욕구 때문이다. 하나는 세상에 대해 조리 있는 이해를 하고자 하는 욕구이고, 다른 하나는 환경을 통제하려는 욕구이다. 타인이 어떻게 행동하는지를 예측할 수 있기 위해서는 인간 행동에 대한 다소의 기초이론을 갖고 있을 필요가 있는데, 그것을 상식심리학(naive psychology)이라고 하였다. 이는 사람들이 가지고 있는 인간 행동에 대한 일반이론을 말한다. 사람들은 상식심리학에 근거하여 다른 사람이나 자신의 행동 및 태도의 원인을 추리하고자 한다.

(1) 귀인의 차원 및 방식

① 귀인 차원

하이더(Heider, 1958)는 일반인들이 일상적 사건의 원인을 설명하는 방식을 이른바 상식심리학에 따라 분석하여 사람들이 내부 혹은 외부의 두 가지 원인 가운데 하나로 행동을 설명한다고 정리했다. 행위 당사자의 성격, 태도, 동기 또는 능력과 같은 성향적 특성에 귀인하는 경우는 내부 귀인이라고 하고, 환경, 운, 타인 또는 과제 난이도처럼 행위 당사자와 직접 관련이 없는 상황 요인에 귀인하는 경우는 외부 귀인이라고 한다. 대체로 귀인은 기대 밖으로 좋지 않은 결과가 나타났을 때 흔히 이루어진다. 타인의 행동이 사회적으로 바람직하지 못하거나, 그에게 주어진 역할과 일치하지 않거나, 그가 자발적으로 선택한 것이거나 또는 행동한 사람의 성향에 관한 지각자의 사전 지식이나 기대와 일치하면 대체로 내부 귀인하게 된다.

귀인의 내용들을 묶어서 살펴보면 내부-외부 귀인 차원 이외에도 비교적 영속적 원인(예: 능력, 과제 난이도) 혹은 유동적 원인(예: 노력, 운)으로 분류하는 안정성-불안정성 차원, 그리고 개인이 통제할 수 있는 원인인지 아닌지에 따라서 구분하는 통제 가능성 차원도 제안되었다(Weiner, 1982).

귀인 차원과 관련된 속담을 살펴보자.

- 서투른 목수가 연장 탓한다.
- 서툰 무당이 장구 탓한다.
- 집안이 망하면 지관 탓만 한다.
- 장님이 넘어지면 지팡이가 나쁘다 한다.

〈표 4-1〉 성공과 실패에 대한 귀인 차원

	내부(internal)		외부(external)	
	안정적 (stable)	불안정 (unstable)	안정적 (stable)	불안정 (unstable)
통제 가능 (controllable)	항상 하는 노력	피로, 일시적 노력	교사의 호의적 편향	가능성, 기회
통제 불능 (uncontrollable)	능력	기분	과제 난이도	행운

이 속담들은 실패나 안 좋은 결과에 대해 외부 또는 상황에 귀인
하고 있음을 보여 준다고 할 수 있다.

② 대응추리이론

관찰자가 행위자의 행위를 보고 행위자의 능력이나 사건의 발
생을 예견하여 행위자의 고의성을 살피고, 그 사건으로부터 행위
자의 내적 특성을 추론하는 과정은 대응추리이론(correspondent
inference theory)으로 설명할 수 있다(Jones & Davis, 1965). 켈리
(Kelley, 1973)는 이를 절감 원리와 증가 원리로 설명하고 있다. 절
감 원리(discounting principle)는 어떤 행위를 야기할 만한 이유가
여러 개 있을 경우에 어느 한 가지 설명에 대한 확신이 줄어든다
는 원리로, 즉 어떤 행동(혹은 결과)의 그럴듯한 한 원인이 존재하
면 다른 원인의 중요도는 절감된다는 것이다. 예를 들면, 세일즈
맨이 친절하게 인사를 했을 때 그 사람이 원래 성품이 좋고 친절한
사람임에도 불구하고, 그렇게 하는 것이 판매 의도가 있어서라고
생각해 버리면 성품 때문이라는 이유는 줄어들게 된다. 증가 원리
(augmentation principle)는 행위를 보이는 것이 많은 노력을 요구하
거나 대가를 수반함에도 불구하고 행해질 때, 그 행위자의 내적 특
성에 귀인하는 원리이다. 예를 들면, 기업이 자기 회사의 이익이 줄
어들 수도 있는 주장을 광고로 내보낸다면, 그 광고를 접한 사람들
은 그 회사가 원래 믿을 만한 기업이라고 생각하게 되어 이미지가
좋아질 수 있다.

③ 공변모형

어떤 원인이 있을 때만 어떤 효과가 나타나서 원인과 효과가 공변하면 그 효과를 그 원인에 귀인하게 되는데, 이를 공변 원리 (covariation principle)라고 한다. 켈리(1967)는 공변 원리를 정교화 하여 사람들이 인과 추론을 할 때 세 종류의 정보를 사용하여 판단 한다는 공변모형(covariation model, 일명 입방체 모형)을 제안하였 다. 이 모형에 따르면 사람들은 일관성(consistency), 독특성/특이성 (distinctiveness) 및 합치성(consensus)의 세 가지 정보를 검토하여 귀인에 이르게 된다. 즉, 행위자의 특정 행동은 다른 때나 다른 맥 락에서도 항상 나타나는가(일관성), 그 행동은 특정 대상에게만 독 특하게 나타나는가(독특성/특이성), 그리고 다른 사람들도 그 상황 에서 그렇게 행동하는가(합치성)라는 물음을 통해서 특정 행동과 상황, 자극 대상 및 행위자 간의 각각의 공변관계를 확인한다. 위 의 세 정보를 수집한 결과로 모든 물음에 대하여 긍정적 대답이 나 오면 외부 귀인하며, 일관성 여부에 관해서만 긍정적 대답이 나오

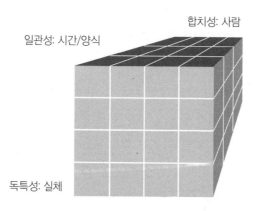

[그림 4-2] 켈리의 공변모형(입방체 모형)

〈표 4-2〉 공변모형에 따른 행동 원인 분석의 예

독특성/특이성 (distinctiveness)	• 고: 철수는 〈개그콘서트〉만 시청 • 저: 철수는 다른 모든 개그 프로를 시청	〈개그콘서트〉 때문, 철수의 취향
합치성 (consensus)	• 고: 다른 사람들도 시청 • 저: 다른 사람들은 보지 않고 철수만 시청	개그콘서트 때문, 철수의 취향
일관성 (consistency)	• 고: 철수는 개그콘서트를 항상 시청 • 저: 철수는 이번 주만 시청	철수의 취향 또는 프로그램 때문, 상황 때문

고 나머지에 관해서는 부정적 대답이 나오면 내부 귀인하게 된다. 특정 프로그램만을 시청하는 철수의 행동이 나타난 원인을 이 공변모형에 따라서 분석해 보면 〈표 4-2〉와 같다. 외부 귀인을 하기 위해서는 높은 특이성, 높은 합의성, 낮은 일관성이 있어야 하고, 내부 귀인을 하기 위해서는 낮은 특이성, 낮은 합의성, 높은 일관성이 있어야 한다.

켈리는 초기에 사람들이 일관성, 독특성, 합치성의 세 가지 정보를 모두 고려하여 합리적으로 귀인한다고 가정하였으나, 수정된 이론에서는 한번 관찰한 행동이거나 세 정보 가운데 어떤 정보가 빠지더라도 원인을 추론하는 도식을 사용하여 귀인을 할 수 있다고 보았다. 나은영과 차재호(1988)는 한국에서 수행한 연구에서 세 가지 정보를 모두 지니지 못한 경우에도 빠진 정보들을 추론하여 원인을 설명할 수 있음을 입증하였다.

공변모형에 대한 가장 주된 비판은 공변모형이 현실과 맞지 않다는 것이다. 휴스톤과 앤타키(Hewstone & Antaki, 1988)는 이 모형이 실제 사람들의 귀인과정과는 거리가 있다고 했고, 휴스톤과 야스퍼스(Hewstone & Jaspars, 1987)는 사람들은 이렇게 복잡한 귀인과정을 거치지 않는다고 했다. 그리고 차재호와 나은영(1996)은 공변모형이 제시하는 세 가지 정보가 모두 필요한 것이 아니며, 하나만 주어져도 함축된 다른 정보를 끄집어낼 수 있다고 하였다.

하이더와 켈리의 귀인이론은 인간이 합리적인 과학자라는 가정하에 제시되고 있는데, 반드시 그렇지는 않다는 연구들도 있다. 랭거(Langer, 1978)는 일반적인 사람들은 별생각 없이 판단하고 행동하는 경우가 많다고 했고, 생크와 에이블슨(Schank & Abelson, 1977)은 자료의 면밀한 처리보다는 자신이 지닌 도식을 즉각적으로 활용하여 판단하는 경우가 많다고 했다. 그리고 레이언스와 코돌(Leyens & Codol, 1988)은 사람들은 인지적 구두쇠로 변화를 추구하기보다 자신이 지니고 있는 것을 활용하기 원한다고 하였다.

우리는 살면서 어떤 일의 결과에 대해 일반적으로 그 원인이 무엇이었는지를 생각하게 된다. 그런데 원인을 따지는 것도 그 결과

가 자신과 관련된 일의 결과인지 또는 다른 사람과 관련된 일의 결과인지, 그 결과가 성공한 것인지 실패한 것인지에 따라 달라진다. 이것이 귀인이론의 기본이자 핵심이다. 귀인이론이 중요한 이유는 귀인 후의 행동에 그 행동의 원인을 무엇으로 추론하였는지가 영향을 미치게 된다는 것이다. 예나 지금이나 귀인의 행태는 별반 다르지 않음을 속담을 통해 알 수 있다. 귀인 차원과 방식에 관련된 속담으로는 '서투른 목수가 연장 탓한다.' '서툰 무당이 장구 탓한다.' '장님이 넘어지면 지팡이가 나쁘다 한다.' '집안이 망하면 지관 탓만 한다.' 등이 있는데, 이는 실패에 대한 외부 또는 상황 귀인에 대한 속담이라고 할 수 있다.

(2) 귀인 편향

행동의 원인이 합리적으로 추론된다는 생각과는 달리, 실제 귀인과정에서는 많은 편향된 추론이 발생한다. 행동의 원인을 추론할 때 나타나는 편파된 경향을 귀인 편향이라고 부른다. 대표적인 귀인 편향들은 다음과 같다.

① 기본적 귀인 오류

우리는 친구가 장학금을 받게 된 원인을 설명할 때는 그가 운이 좋았다기보다는 노력했기 때문으로 생각하며, 동사무소 직원이 불친절한 것은 더운 날씨가 아닌 그의 못된 성격 탓으로 돌린다. 이와 같이 타인의 행동을 설명할 때 상황의 영향은 과소평가하고 개인 특성이나 태도처럼 행위자의 영향은 과대평가하는 경향이 강한데, 이를 기본적 귀인 오류(fundamental attribution error)라고 부른

다. 이 원리를 이해하면 독자들이 신문의 사회면에 나온 범인들의
행동을 쉽사리 내부 귀인하는 이유도 알 수 있다. 이경성과 한덕웅
(2000)이 배우자의 긍정적 및 부정적 행동에 대한 귀인을 조사한 결
과를 보면, 행위자 귀인 비율이 69%로서 외부 귀인이나 부부 양자
귀인의 비율보다 더 높아 부부관계에서도 기본적 귀인 오류가 나
타남을 확인하였다.

　그러나 기본적 귀인 오류는 자신의 행동을 설명할 때는 나타나
지 않는다. 장학금을 받은 친구에게 원인을 직접 물어보면 아마도
운이 좋았다고 겸손해할지도 모르며, 동사무소 직원도 찜통더위
때문에 신경질을 부렸다고 변명할 것이다. 결국 관찰자는 행위자
인 타인의 성향적 원인을 과대평가하는 반면에, 행위자 스스로는
오히려 상황적 원인을 과대평가하는 경향이 있다. 이 현상을 행위
자-관찰자 편향이라고 한다.

　② 자기기여 편향
　자기 행동의 원인을 설명할 때 나타나는 것으로, 자신을 호의
적으로 지각하고 드러내려는 일련의 경향을 자기기여 편향(self-
serving bias)이라고 한다. 자기기여 편향은 '잘되면 내 탓, 못되면
조상 탓'이라는 속담에 잘 나타나 있다. 이 속담 가운데 잘되면 내
탓이라는 부분은 자신의 성공을 내부 귀인하는 경향을 나타낸다.
이 현상은 자기고양 귀인이라고 한다. 반면, 잘못되면 조상 탓이라
는 부분은 자신의 실패를 외부 귀인하는 경향을 나타낸다. 이 현상
만을 부를 때는 자기방어 귀인이라고 한다. 미국 문화에서는 자신
의 성공에 대해서 내부 귀인하여 자존심을 높이고, 실패에 대해서

는 자존심을 방어하는 경향이 높다. 그러나 동양 사람들은 겸손을 미덕으로 여기기 때문에 귀인 편향이 덜 나타난다. 그리고 때로는 자신의 성공이 부모나 가족 때문이라고 보는 겸양을 보이기도 한다. 조긍호와 김소연(1998)의 연구에서는 한국의 직장인들이 자신의 성공은 외부 귀인하고 실패는 내부 귀인하는, 이른바 겸양 편향(modesty bias)을 보이는 문화 차이를 확인하였다.

또한 미국 사람들은 켈리가 제안한 세 가지 정보 중 합치성 정보를 잘 사용하지 않는 경향이 있다. 이로 말미암아 자신의 의견이나 바람직하지 않은 행동이 타인에게도 나타난다고 보편성을 과대 추론하는 거짓 합치성 효과(false consensus effect)와, 아울러 이와는 반대로 자신의 능력이나 바람직한 행동의 보편성은 과소평가하는 거짓 특이성 효과(false uniqueness effect)가 나타난다. 담배를 피우는 사람은 흡연 인구를 실제보다 더 적게 추정하고, A학점을 받은 사람은 A학점 취득자 수를 실제보다 더 적게 추정할 것이다. 즉, 미국 사람들은 자신의 장점은 희귀하고 단점은 일반적이라고 생각하는 경향이 있다. 그러나 한국 사람들은 귀인할 때 타인과의 합치성 정보를 중요하게 여기는 경향이 있다(남기덕, 차재호, 1985).

③ 통제력 착각

사람들은 자신의 운명 통제력을 실제보다 더 크게 지각하는 경향이 있다. 자신이 통제력을 전혀 발휘할 수 없는 제비뽑기에서도 더 좋은 결과를 얻을 수 있었다며 아쉬워하는 사람들이 많다. 이처럼 세상에 대한 개인의 통제력을 과대평가하고, 우연이나 통제 불가능한 요인들의 영향력은 과소평가하는 경향을 통제력 착각

(illusion of control)이라고 한다.

이상의 귀인 편향들은 모두 왜곡된 귀인이기는 하지만 때로는 상당한 적응적 가치를 지니기도 한다. 자신의 실패를 불운 때문이라고 귀인한 사람은 능력의 부족으로 귀인한 사람에 비해서 자존심을 보호하고 자기의 희망을 유지할 수 있기 때문이다.

지금까지 살펴본 귀인 편향과 관련된 속담들도 꽤 많은데, 대표적인 속담으로 '잘되면 제 탓, 못되면 조상 탓'과 '제 얼굴 못나서 거울 깬다.'와 같은 것을 들 수 있다. 이들 속담은 자기기여 편향을 보여 준다고 할 수 있다. '사흘 굶어 도둑질 아니 할 놈 없다.'는 속담은 자신의 죄책감을 일반화하는 것으로, 자신의 의견이나 바람직하지 않은 행동이 타인에게도 나타난다고 보편성을 과대 추론하는 거짓 합치성 효과를 나타낸다고 볼 수 있다. 반대의 의미로 '가루 가지고 떡 못 만들랴.'는 속담은 가루만 있으면 누구나 떡을 만들 수 있다는 뜻으로, 누구나 다 할 수 있는 일을 자랑하며 뽐내는 것을 비웃는 것이다. 이 속담은 자신의 능력이나 바람직한 행동의 보편성을 과소평가하는 거짓 특이성 효과를 나타낸다고 할 수 있다. 또한 '동녘이 변하니까 다 내 세상인 줄 안다.'와 '개가 콩엿 사 먹고 버드나무에 올라간다.'와 같은 속담은 세상 돌아가는 형편을 모르고 무슨 일이 제 뜻대로 된 것 같이 과대망상하고 있다는 의미로, 세상에 대한 개인의 통제력을 과대평가하고, 우연이나 불가능한 요인들의 영향력을 과소평가하는 경향성인 통제력의 착각을 나타낸다고 볼 수 있다.

제5장

속담 속 심리학
처세

앞장에서 인간관계와 관련된 속담을 살펴보았다면, 이 장에서는 좀 더 구체적으로 인간 관계에서의 처세와 관련된 속담들을 살펴보기로 한다. 처세가 인간관계 속에서 어떻게 사람들을 사귀고 관리할 것인가에 관련된 것이기 때문에, 인간관계에 그치지 않고 인맥 관리처럼 좀 더 세밀한 부분까지 살펴보게 될 것이다. 21세기에 진입한 지 오래되었지만, 한국 사회를 관통하는 중요한 키워드는 여전히 '인간관계'와 '인맥'이다. 사람은 요람에서 무덤까지 인간관계와 인맥 속에서 살고 있다고 해도 과언이 아니다 인간관계에서, 특히 오늘닐 산업사회를 이끌어 가는 데 있어서 인맥은 중추적인 역할을 담당하고 있다. 멀리 갈 것도 없이 아침에 배달된 신문을 한번 펼쳐 보자. 1면 정치

기사부터 마지막 연예오락 기사에 이르기까지 온통 인맥과 인간관
계에 대한 이야기들뿐이다. 이것은 부음 기사, 각종 인물들의 인터
뷰 기사에 이르면 가히 정점에 달한다.

인간에게 필요한 제반 활동이 보다 효율적으로 수행되기 위해서
는 인맥이라는 틀을 필요로 하지 않을 수 없다. 사람들은 어떤 형태
로든지 인맥을 통해서 생활하고 있고, 좀 더 구체적으로 말하면 우
리는 회사, 관청, 은행, 학교, 병원, 군대, 자선단체 등과 관련하며
일을 하고 있다. 이러한 인맥들이 모여서 조직화된 사회를 이루고
있으며, 우리는 어느 조직에 속해 있느냐에 따라 그 조직에서의 성
패가 달라지기도 한다.

인맥 속의 인간, 즉 우리는 '인맥인'으로서 살아가게 된다. 인맥
은 단순히 재화나 서비스만을 제공하는 도구에 그치지 않는 그 이
상의 것으로서 우리 대부분이 생활하는 환경을 만들어 주는 것이
다. 인간관계는 거미망 같은 네트워크를 형성한다. 누구나 잘 알고
또 잘 인지하고 있다시피, 인맥의 영향력은 우리 생활 전반에 매트
릭스적으로 종과 횡으로 연결되어 있다.

1. 대인관계에서의 처세

인간관계에서 가장 힘든 일 중에 하나가 처세라고 한다. 학교를
마치고 사회에 나가면 직접 느낄 수 있다고 하겠지만, 처세는 어려
서부터 가족관계나 친구관계에서도 매우 중요한 것이라고 볼 수
있다. "혼자 살려면 신이 되든지 짐승이 되든지 둘 중 하나를 선택

해야 한다."라는 탈무드의 격언을 빌리지 않더라도, 인간에게 있어
서 관계는 필연적이며 운명적인 것이다. 즉, 인간은 태어나면서부
터 타인과의 관계 속에 던져지고 일생 동안 타인과 관계를 맺으며
살아가야 한다. 따라서 인간관계는 사람과 사람 간의 상호작용이
라고 할 수 있다. 광의의 의미에서 인간관계는 조직 속의 인간관계
든 개인적인 것이든, 또는 갈등관계든 협력관계든 두 사람 이상의
상호작용이라 할 수 있다. 데이비스(Davis)는 인간관계를 조직 성
원으로 하여금 조직의 한 구성원으로서 상호 협동적이고 생산적으
로 어울릴 수 있도록 하고, 그들의 경제적 · 심리적 · 사회적 욕구
를 충족시켜 주며, 전체적인 조직 상황에 적응할 수 있도록 그들을
통합시켜 나가는 작용이라고 정의하고 있다(손영화, 2015).

  인간관계는 곧 인간의 삶에 관한 이야기이다. 인간의 삶은 서로
간의 관계의 연속이다. 서로는 서로에게 영향을 주고 또 받으면서
살아간다. 그 가운데에서 처세는 매우 중요하다. 인간은 하나의 인
간으로서 생존하고, 정체성을 확립하기 위해 그리고 건전한 성격
발달을 위해 우리는 타인들과 상호작용하는 관계를 필요로 한다.
이러한 상호작용이 인간관계에 대한 이야기를 풀어 나가기 위한
최소 단위이며 또한 실마리가 된다. 따라서 인간관계는 인간이 활
동하는 어떤 사회적 장소에서나 형성될 수 있다. 사회적 장소나 상
황에서 어떻게 처세하느냐가 인간관계를 결정짓는 데 중요한 역할
을 하게 된다.

  인간관계는 둘 이상의 사람이 빚어내는 개인적이고 정서적인 관
계를 가리킨다. 이러한 관계는 추론, 사랑, 연대, 일상적인 사업관
계 등의 사회적 약속에 기반을 둔다. 이는 백과사전에 나와 있는 정

의로 집단생활 속의 성원 상호 간의 심리적 관계를 뜻하는 대인관계와는 구분된다. 인간관계는 우리가 사는 인생 속에서 만남을 통해 형성되는 관계인데, 스쳐 지나가서 아무런 관계도 맺지 않는 만남이 아니라 한 개인의 인격과 다른 개인의 인격이 만난다는 의미이다. 그렇기 때문에 처세는 매우 어렵고, 심지어는 처세술이라는 용어가 쓰이고 있는 것이다.

한 사람이 일생을 살아가는 동안 필요한 요소들을 준비하는 것은 삶의 많은 부분을 차지하고 있으나, 현대인들이 타인과의 교류를 보다 안정적으로 경험할 수 있는 부분은 점차 축소되고 있다. 이는 물질적 풍요가 인간에게 가져다준 하나의 부적절한 결과라고 할 수 있다. 실제로 인생을 살아가는 데 필요한 여러 가지 것을 준비하는 데는 많은 시간과 노력 등의 양적인 투자가 이루어지지만, 인간관계를 맺고 유지하기 위해서는 보다 질적인 노력이 필요하다. 즉, 처세라는 것을 잘하기 위해서는 많은 노력을 기울여야 한다.

인간은 혼자 살 수 없다. 즉, 인간은 타인과의 관계 속에서 의미를 가지며, 그 자체로 관계를 포함하고 있다. 아리스토텔레스가 "인간은 사회적 동물이다."라고 말한 것도 인간은 혼자서 살 수 없고 타인과 관계를 맺으면서 살아가는 존재라는 것을 나타내 준다. 사회의 구성원으로서 자신의 행동은 타인 또는 집단에게 영향을 받고 또 영향을 미치게 된다. 처세라는 것은 이 과정 속에서 반드시 필요한 일이 될 것이다.

1) 처세란

처세(get along)의 사전적 의미를 보면, 사람들과 사귀며 살아가는 일이라고 되어 있으며 세상을 살아가는 꾀라고도 하여 처세술이라고도 한다. 삶에 있어서 처세만큼 복잡하고 어려운 것은 없을 것이다. 많은 사람이 인간관계에서 처세를 어떻게 해야 하는지의 문제 때문에 힘들어하고 고민한다. 인간의 심리적 갈등과 고통의 대부분은 인간관계에서의 처세 문제에서 파생된다. 사람과 사람 사이에는 필연적으로 갈등과 다툼이 존재하고, 따라서 미움과 증오의 감정이 생겨난다. 인간의 기본적 욕구인 사랑과 애정의 욕구가 타인에게 받아들여지지 않을 때, 우리는 우울, 불안, 절망을 경험하기도 한다. 고독과 소외를 두려워하는 것도 타인에게 버림받고 따돌림 당하는 것처럼 마음의 상처가 되는 일이었다는 것을 너무나 잘 알기 때문이다. 미움, 증오, 우울, 불안, 시기, 질투, 배신, 거부, 고독, 소외 등의 감정은 인간관계에서 처세의 어려움 때문에 빠질 수 있는 심리적 덫이다. 우리가 잘 알고 있는 『채근담』이라는 책에 처세에 관해 잘 보여 주는 말이 있다. "태평한 세상을 살아감에는 몸가짐을 방정하게 하는 것이 좋고, 어지러운 세상에서는 원만히 살아가야 하며, 말세에는 방정함과 원만함을 아울러 가져야 한다. 착한 사람은 너그럽게 대해야 하고, 악한 사람은 엄하게 대해야 하며, 보통 사람들은 너그럽고도 엄하게 대해야 한다."

이렇듯 처세는 쉽지 않은 일이라 할 수 있는데, 이는 인간만이 가지는 몇 가지 특성에 기인한 것으로, 요약하자면 다음과 같다. 첫째, 성장해 가면서 인간관계의 수가 많아지고 복잡해지기 때문이다. 둘째, 사람은 모두 다르기 때문이다. 셋째, 사람은 누구나 자신을 주인공으로 생각하고, 세상에서 가장 중요한 존재로 간주하며, 개인은 전체의 한 부분이라는 사실을 인정하는 데 인색하기 때문이다. 넷째, 사람은 자기 자신을 모를 뿐 아니라 상대방에 대해서는 더더욱 모르기 때문이다. 다섯째, 상대방을 신뢰하지 못하기 때문이다. 여섯째, 상대방에게 필요한 존재가 되고 있지 못하기 때문이다. 일곱째, 적당한 거리를 유지하고 있지 못하기 때문이다. 여덟째, 인간은 육체적 제약은 물론 각자의 경험이나 가치관, 인생관 등에 따라 주관적인 눈으로 세상을 바라보기 때문이다. 아홉째, 성숙도가 낮기 때문이다. 열째, 인간관계에서 상대방에 대한 기대가 지나치게 크기 때문이다. 열한째, 바람직한 인간관계 관리를 위한 기법의 이해가 부족하기 때문이다.

처세는 매우 복잡한 상황, 복잡한 인간을 상대로 해야 하는 것이라는 것을 명심해야 할 것이다. 인간관계는 의식적이든 무의식적이든 목적의 토대 위에 성립된다. 흔히 사랑을 맹목적이라고 하지만 그것 역시 무의식적인 목적을 갖는다. 즉, 사랑하는 사람과 함께 있음으로써 자신의 행복을 무의식중에 바라는 것이다. 내가 상대방에 대해 가진 기대와 상대방이 나에 대해 가진 기대가 무엇인지 모르고 있다면, 즉 나와 타인에 대한 이해를 기초로 한 인간관계가 아니라면 그것은 결코 바람직한 인간관계가 될 수 없으며, 처세 또한 어려울 것이다.

2) 대인관계에서 처세의 중요성

인간은 사회적 동물로 타인과의 지속적인 교류를 통해서만 살아갈 수 있는 존재이다. 클링거(Klinger, 1977)는 거의 모든 사람이 사랑받고 자신을 필요로 한다는 것을 느끼는 것이 중요하다고 지적한다. 매슬로는 인간은 기본적으로 다섯 가지 종류의 기본적인 욕구[생리적 욕구, 안전의 욕구, 사회적 욕구(사랑과 소속에 대한 욕구), 자존의 욕구, 자아실현의 욕구]를 가지고 있다고 주장하였는데, 세 번째 단계의 욕구가 바로 사랑과 소속의 욕구이다. 이러한 기본적인 욕구들을 충족시키는 데 인간관계는 아주 중요하다. '모든 참된 삶은 만남이다.' 인간(人間)에서 한자 '人'은 두 사람이 서로 맞대고 있는 형상이며 '間'은 관계를 의미한다. '인간은 사회적 동물이다.'라는 말은 인간이 관계 속에서 살며, 관계야말로 삶의 현실이고 본질이라는 것을 말해 준다.

한 아이는 부모의 관계에서 태어난다. 열 달 동안 엄마 배 속에 있으면서 완전히 엄마에게 의존한다. 존재하기 위하여 엄마에게서 모든 것을 공급받는 것이다. 이 세상에 태어나면 처음으로 엄마의 몸에서 떨어져 나와 스스로 호흡을 한다. 그래도 엄마가 안아서 젖을 주고 기저귀를 갈아 주어야 한다. 여전히 엄마에게 의존해야 한 곳에서 다른 곳으로 움직일 수 있다. 그러다 기어 다니고 걸음마를 하며 스스로 이동할 수 있게 되고, 어설프지만 스스로 숟가락을 써서 먹을 수 있게 된다. 그러나 여전히 엄마가 칫솔질을 해 주어야 하고, 목욕을 시켜 주어야 하며, 손톱과 발톱을 잘라 주어야 한다. 필수적인 외적 돌봄은 스스로 머리 감을 수 있고 목욕할 수 있을 때

거의 끝나고, 아이는 스스로 자신을 돌볼 수 있게 된다. 이렇게 아이가 생존하기 위하여 관계는 필요하며 처세를 배워야 한다.

그런데 외적인 돌봄과 병행하여 아이의 내적 성장·발달 또한 계속 일어난다. 아이와 엄마는 끊임없이 정서적 유대관계를 가지게 된다. 엄마는 아이와 눈 맞춤을 하고, 아이의 옹알이에 끊임없이 대꾸한다. 아이는 엄마의 토닥임에 만족을 표현하고, 엄마는 아이의 작은 반응마다 큰 의미를 부여하며 반응한다. 아이는 엄마와 주위 사람들을 통하여 언어를 배우고, 사람들과 상호작용하는 기술을 배우고, 지능이 발달한다. "우리 아기 착하다." "예쁘다." "똑똑하다." "잘한다." "남자는 ○○○야지." "여자는 ○○○야지."라는 말을 들으며 아이는 스스로 괜찮은 존재, 사랑받는 존재 그리고 남자, 여자로서의 정체감과 자존감을 형성하게 된다. 이렇게 엄마, 아빠, 주위 사람들과의 경험을 통하여 나를 정의 내리게 되고 나의 존재를 확인하게 된다. 부모는 아이가 정체감과 자존감을 지킬 수 있도록 처세를 해야 하는데, 아이의 출생을 귀찮아하거나 아이와 눈도 안 맞추고, 웃지도 않으며 반응도 잘 안 하고, 부모 역할에 대한 잘못된 인식을 가진 부모에게 "바보 아니야?" "갖다 버릴까 보다." "이런 것도 못하니?" "여자가 뭐……." "남자가 돼서…… 쯧쯧." 등의 말을 들으며 자란 아이는 자신에 대하여 어떻게 생각하고 느낄까 걱정된다. 즉, 부모의 아이에 대한 처세는 아이의 건강한 자아정체감과 자아존중감 형성을 위하여 대인관계에서 필수적이고 중요한 일이 될 것이다.

유치원, 초등학교, 중고등학교, 대학교를 다니며 친구들과 선생님들을 만나고 더 큰 세계로 나아가게 되면서, 대인관계의 폭도 넓어지고 복잡하게 된다. 어떤 친구를 만났는지, 어떤 선생님을 만났는지가 삶의 방향을 바꾸어 놓을 수도 있다. 학교에서 배우는 지식보다 어쩌면 많은 대상을 만나 새로운 역할을 배우고 대인관계를 맺음으로써 삶의 질이 달라질 수 있다. 요즈음 초 · 중 · 고교에서 소위 '왕따'를 당하는 학생들의 비참한 생활이 알려지고 있다. 대학에서도 친구를 잘 사귀지 못하고 외톨이가 되어 대학생활에 어려움을 겪게 되고 결국 학업을 중단하는 일이 심심치 않게 일어나고 있다. 하다못해 친구가 있어야 정보도 얻고 공부를 잘할 수 있다.

　이와 같이 우리는 태어나면서부터 수많은 대인관계 속에서 살게 된다. 부모와 자식, 형제, 자매, 선생과 제자, 친구, 연인, 부부, 직장에서 상관, 동료, 부하, 이웃, 친척 등등 그 관계는 실로 다양하다. 관계를 제외한 삶을 상상할 수 있을까? 나와 너의 관계가 없다면? 나는 어디에? 무인도에서 혼자 산다면 관계도 없으며 개인의 특성인 성격이라는 것도 필요 없을 것이다. 혼자 있다면 무슨 지도력이 필요할까? 또 혼자 있다면 무슨 인내심이 필요할까? 나와 너의 관계를 통하여 나를 알게 되고, 너를 알게 되며, 또 우리를 알게 되는 것이다. 처세란 이 모든 관계 속에서 내 스스로가 어떻게 행동해야 할지를 결정하는 것이다. 상담에서 대인관계는 가장 자주 등장하는 문제라고 할 수 있는데, 이는 심리적 문제, 적응 문제가 대인관계에서 가장 잘 드러나기 때문이다. 다시 말해, 그런 문제들은 처세를 잘하느냐 못하느냐에 관한 것들이라고 볼 수 있다. 사람은 나를 있는 모습 그대로 인정하고 수용하는 사람이 이 세상에 한 사람이라도 있다면 결코 자살을 하지 않는다고 한다. 대인관계에서 처세를 어떻게 하는가는 매우 중요한 문제일 수밖에 없는 것이다.

다원화된 사회에서 현대인들은 바쁘게 살아가고 있다. 이러한 현대인이 공통적으로 겪는 마음의 병으로 '고독'이라는 것이 있다. 대다수의 사람이 마음속에 가지고 있는 '외롭다.' '나는 혼자다.' '의지할 곳이 없다.' '믿을 사람이 없다.' '나를 알아주는 사람이 없다.' '쓸쓸하다.' 등의 감정은 고독을 불러일으키고, 일부는 우울증과 자살로 이어지는 병리적인 현상까지 보이고 있는 실정이다. 경제적인 여유가 있고 IT 기술이 발전하여 사람들 간의 접촉이 증가하고 짧은 시간에 많은 사람과 만날 수 있게 되었다. 그러나 이러한 만남은 질적인 면에서는 피상적인 수준에 머무는 경우가 많으며 오히려 인간관계에서의 고립을 초래하기도 한다.

2. 처세와 관련된 속담 속의 심리

우리는 세상을 살아가면서 수많은 인간관계를 맺고 그 속에서 살아가게 되는데, 복잡한 인간관계 속에서 어떻게 처세를 하느냐가 성공과 실패에 영향을 미치기도 하고, 행복과 불행에 영향을 미치기도 하며, 궁극적으로는 우리 삶을 좌지우지할 수도 있다. 처세는 그만큼 우리의 삶과 밀접한 관계가 있으며, 매우 중요하다고 할 수 있다. 우리 선조들의 처세와 관련된 모습들은 어떠했는지를 속담을 통해서 살펴보자.

'개도 꼬리를 흔들며 제 잘못을 안다.'는 속담이 있는데, 이는 개도 자기 잘못을 안다는 뜻이다. '말은 부끄러우면 땀을 흘린다.'는 속담도 유사한 의미라고 볼 수 있다. 동물도 자기 잘못을 아는데 사람은 어떠하겠는가. 당연히 사람도 자기가 한 행동이나 말이 잘못되었다는 것을 알고 있을 것이다. 주위 사람들의 반응을 보고 자신의 행동의 옳고 그름에 대해서 알게 되는데, 결국 사회가 행동의 선악을 가르친다고 할 수 있다. 사회 체제 내에서는 일반적으로 법을 통해 사람들의 선악을 판단하는데, 자신의 행동에 대한 옳고 그름을 스스로 판단하는 것은 법이 아닌 우리가 가지고 있는 양심을 통해서 하게 된다. 심리학에서 프로이트는 인간이 세 가지 구성 요소 중 하나인 초자아 내에 양심과 자아이상이라는 두 가지 체계를 발전시킨다고 하였다. 양심이란 마땅치 못하다고 보는 행동을 처벌하고 기피하는 경향으로 인간에게 죄의식을 갖게 해서 벌을 주는 역할을 한다. 즉, 초자아에서 비롯되는 도덕적 불안이라고 볼 수 있는데, 양심과 관련된 속담으로는 '도둑이 제 발 저린다.'가 있다.

　사람의 행복은 먼 곳에 있지 않고 가까운 곳에 있다는 것을 보여 주는 속담으로 '극락 길은 곁에 있다.'는 속담이 있다. 하지만 행복이라는 것은 주관적이기 때문에 생각하기에 달려 있다. 심리학에서 행복은 긍정심리학에서 다루고 있다. 행복을 바라보는 관점은 크게 쾌락주의적 관점과 자기실현적 관점의 두 가지로 나눌 수 있다. 쾌락주의적 관점에서 좋은 삶이란 쾌락을 최대화하는 대신에 고통을 최소화하는 것이고, 행복은 개인이 자신의 삶에 대해서 만족스럽게 느끼는 주관적인 상태라는 것이다. 쾌락주의적 관점에서 행복을 탐구하는 심리학자들은 긍정적인 주관적 경험들, 즉 웰빙, 행복감, 삶의 만족도, 몰입 경험, 긍정 정서 등에 초점을 맞추고 있다. 한편, 자기실현적 관점에서 행복이란 '개인의 잠재적 가능성을 충분히 발현하는 것'이며, 좋은 삶이란 진정한 자기를 발현하는 것이고 성격적 강점과 덕목을 충분히 계발하고 발휘함으로써 인생의 중요한 영역에서 의미 있는 삶을 구현하는 것이다. 자기실현적 관점을 중시하는 심리학자들은 인간의 긍정적 특질인 성격적 강점과 덕목, 즉 지혜, 인간미, 용기, 절제, 정의, 초월 등의 연구에 초점을 맞추고 있다(남승규, 2014).

흔히 우리는 남과 자신을 비교하면서 불행하다고 생각하기 쉽다. 나보다 잘 사는 사람, 즉 돈도 많이 벌고, 집도 크고, 차도 크고 등 모든 면에서 나보다 나은 다른 사람과 비교하면서 자신은 불행하다고 생각하는 것이다. 사람들은 주로 상향 비교를 하면서 자신은 행복하지 않다는 생각을 하게 된다. 하지만 반대로 자기보다 아래의 사람을 처다보면 한없이 못사는 사람들도 많다. 따라서 행복이라는 것은 생각하기 나름이고 주관적이라고 하는 것이다. 돈 많은 사람보다 돈이 적은 사람이 더 즐겁게 살 수 있고, 지위가 높은 사람보다 지위가 낮은 사람이 마음이 편할 수 있다. 세상의 모든 것은 상대적인 것이다. 만 원이 부자에게는 사소한 효용 가치밖에 안되지만 가난한 사람에게는 큰돈일 수 있다.

극락이 가까이 있다는 말은 동양적 사고의 표출이라고 할 수 있는데, 동양에서는 천당이 먼 곳에 있지 않고 자기 주위에 있다고 현실적인 답을 주고 있다. 이것은 죽고 난 다음의 행복보다는 현실의 행복을 중시하는 동양적 사고의 표출인 것이다. 서양에서는 종교가 사람의 행복을 관장하는 것이었지만, 동양에서는 윤리적 실천, 즉 인간관계의 그물 속에서 해야 할 일을 다 하는 것이 행복을 준다는 현실주의를 지킨다고 할 수 있다.

21세기로 접어들면서 행복에 대한 과학적 접근이 본격적으로 시

작되었는데, 심리학자인 마틴 셀리그먼(Martin Seligman)은 과학적
연구방법론을 적용하여 행복에 관해 집중적으로 연구하기 시작했
다. 그 결과로 긍정심리학이라는 분야가 태동되었고, 행복을 비롯
한 인간의 긍정적인 측면을 과학적으로 탐구하는 학문 분야로서
주목을 받아 왔다. 긍정심리학에서는 인간의 긍정적 측면에 초점
을 맞추어 행복한 삶에 대해 연구해 왔다. 그런데 행복한 삶이란 어
떤 것인가? 행복은 사람마다 각기 다른 관점에서 볼 수 있기 때문
에 절대적인 정의가 존재할 수 없지만, 긍정심리학에서는 행복한
삶을 세 가지로 보고 있다. 행복한 삶의 첫 번째 조건은 즐거운 삶
이다. 이는 과거, 현재, 미래에 대해서 긍정적인 감정을 느끼며 살
아가는 삶이다. 과거의 삶에 대해서는 수용과 감사를 통해 만족감
과 흡족함을 느끼고, 현재의 삶 속에서는 지금 이 순간의 체험에 대
한 적극적 참여와 몰입을 통해서 유쾌함과 즐거움을 경험하며, 미
래의 삶에 대해서는 도전의식과 낙관적 기대를 통해 희망과 기대
감을 느끼며 살아가는 삶이다. 두 번째 삶은 적극적인 삶이다. 매
일의 삶에서 자신이 추구하는 활동에 열정적으로 참여하고 몰입함
으로써 자신의 성격적 강점과 잠재력을 최대한 발휘하며 자기실현
을 이루어 나가는 삶이다. 마지막 세 번째 삶은 의미 있는 삶으로,
우리의 삶과 행위로부터 소중한 의미를 부여할 수 있는 삶을 말한
다. 삶의 의미는 자신보다 더 큰 것과의 관계 속에서 발견될 수 있
다. 자신만을 위한 이기적인 삶보다는 자신보다 더 커다란 어떤 것
을 위하여 공헌하고 있다는 인식으로부터 도출될 수 있다.

　처세와 관련된 또 다른 속담으로 '날아다니는 꿩보다 잡은 새가
낫다.'라는 것이 있는데, 이는 허황된 꿈을 좇기보다 현실적으로 가

능한 것부터 챙기라는 뜻이다. 꿩은 아름답고 육질도 좋지만, 손에 없는 꿩을 그리워하기보다는 당장 손에 잡힌 새가 가치가 있다는 것이다. 우리는 젊은이들에게 큰 꿈을 가지라고 말하곤 하지만 현실적으로 가능한 것부터 챙기는 것이 훨씬 실속이 있다고 할 수도 있다. 세상을 살아가다 보면 이상과 현실에서 많은 갈등을 겪을 때가 있는데, 뜻하지 않은 행운으로 큰돈을 벌거나 좋은 자리에 앉을 때도 있다. 하지만 이러한 행운이 누구에게나 생기는 것은 아니고 오히려 그 반대의 일을 겪을 수도 있으므로 너무 이상만 쫓는 일은 지양하는 것이 좋겠다. 이상과 현실은 인간에게 있어 통합적인 역동성을 가지고 있는데, 이상은 현실을 유도하고 현실은 이상을 수정하며 상호 조정하면서 움직이고 있다. 사람이 살아가면서 이상과 현실 양쪽을 대비하고 조정도 하면서 살아가야 하는 것이 삶의 실상이라고 할 수 있으며, 따라서 언제라도 그 방향을 빠르게 전환할 수 있는 융통성과 적응성을 가지고 상황의 변화에 신속하게 대처할 수 있는 임기응변성을 발휘해야 한다. 이상과 현실의 상호작용을 인정할 때 우리는 쉽게 삶의 지혜를 얻을 수 있다.

우리가 자주 인용하는 속담 중에 '사공이 많으면 배가 산으로 간다.'는 것이 있다. 이 속담은 우리가 살아가는 세상 속에 지도자가 많으면, 이래라저래라 하고 지시하는 사람이 많아서 따르는 사람들이 갈피를 못 잡고 해야 할 일을 제대로 찾지 못하게 되어 바다로 갈 배가 산으로 갈 수도 있다는 것을 의미한다. 이와 유사한 속담으로 '상좌가 많으면 가마솥을 깨뜨린다.'도 있다. 말이 많은 사람들에게는 적절한 통솔력이 있어야 하며 그렇지 않으면 질서가 잡히지 않고 사람들의 힘을 모으기 어렵다. 이를 방지하기 위해서는 많

은 사람을 이끄는 강력한 리더십이 요구된다. 반대로 '백지장도 맞들면 낫다.'는 속담도 있는데, 이는 여러 사람이 함께 힘을 합치면 혼자 일할 때보다 더 생산적이라는 의미이다. 이러한 문제, 즉 집단으로 일하면 혼자 일할 때보다 더 생산적인지 아닌지에 관한 문제를 심리학에서는 집단 생산성 모형으로 설명하고 있다. 해크먼과 모리스(Hackman & Morris, 1975)의 집단 생산성 모형에 따르면, 집단의 생산성에 영향을 미치는 투입 요인은 크게 개인 요인(예: 구성원들의 기술 수준, 태도, 성격 특성 등), 집단 요인(예: 집단구조, 집단 규모 등) 및 환경 요인(예: 보상의 구조, 과제 특성, 스트레스 유발 요인 등)으로 구분된다. 여기서 중요한 점은 이들 세 가지 투입 요소가 집단 생산성에 미치는 영향이 집단의 상호작용 과정에 의해서 매개된다는 점이다. 즉, 투입 요소들이 집단 생산성에 직접적으로 영향을 미치는 것이 아니라, 투입 요소들의 다양한 조합에 의해서 창출되는 집단 내 상호작용 과정이 집단 생산성을 결정한다. 따라서 개인, 집

단 및 환경 투입 요인들이 모두 잘 갖추어져 있다고 하더라도 집단 내 상호작용 과정이 생산성을 저해하는 방향으로 이루어지면 집단의 생산성은 낮을 수밖에 없다.

집단 수행이 촉진되는 경우에 해당되는 속담으로 '종이도 네 귀를 들어야 바르다.' '손이 많으면 일도 쉽다.' '모기도 모이면 천둥소리 난다.' 등이 있으며, 반면에 집단 수행이 방해되는 경우에 해당되는 속담으로는 '목수가 많으면 집을 무너뜨린다.' 등이 있다. 앞서 언급했듯이, 일을 할 때 여럿이 모여 일하면 잘되는 경우가 있고, 오히려 방해가 되는 경우도 있다. 어떤 일이냐에 따라 다르겠지만, 속담을 통해 보면 대체로 잘난 사람이 많으면 일이 잘 안 되는 것으로 보인다.

인생을 살면서 우리가 가장 많이 겪게 되는 인간관계로 남녀관계를 빼놓을 수 없는데, 남자와 여자의 다름을 잘 보여 주는 속담으로 '총각 오장은 얕아야 좋고 처녀 오장은 깊어야 좋다.'는 것이 있다. 이는 남자와 여자의 장기가 달라야 한다는 것을 의미하는데, 장기가 달라야 한다는 것은 분업에 필요한 성격이 달라야 한다는 것을 말하는 것이다. 남녀는 인간적으로는 평등하다고 할 수 있지만 육체적으로는 구조가 다르다. 원만한 가정생활을 위해서는 남자가 여자보다 훨씬 속이 깊고 전후 사정을 깊이 헤아릴 줄 알고 도량이 넓어야 생활이 평화롭고 건실하다는 것이다. 이것은 남녀차별을 말하는 것이 아니라 남녀 기능에서의 차이를 인정하라는 것이다. 현실적으로 남자보다 여자가 보다 많은 일에 책임을 지고 있는 것도 사실인데, 남자는 외부의 일을 맡다 보니 아무래도 덜 치밀하며 서두르는 경향이 있고, 집안 살림살이를 도맡아 하고 있는 여자는

보다 신중하고 조심성이 많다는 것이다. 물론 최근에는 남녀의 성
역할이 예전과 많이 다르기 때문에 부부관계에서의 양상도 다르게
나타나고 있다.

　사람마다 성격은 모두 다른데, 특히 부부에게 있어서의 성격은
상호 보완적인 관계가 좋다고 한다. 한쪽이 덤벙대면 한쪽은 신중
한 성격이어야 한다는 것인데, 그래야 서로 조화를 이루고 균형을
맞출 수 있다. 심리학에서도 부부관계에 대한 연구가 많이 진행되
어 왔다. 행복한 부부관계를 형성하는 데 영향을 미치는 요소는 무
엇일까? 미국에서 수행된 많은 조사 연구의 결과들을 종합적으로
분석한 결과, 다음의 네 가지 요소가 중요한 것으로 정리되었다. 첫
째 요소는 유사성이다. 부부가 생각, 가치관, 욕구, 활동 등에서 비
슷할수록 그 부부는 더 행복한 결혼생활을 하며 이 경우 이혼 가능
성은 적다. 둘째 요소는 성이다. 성적 결합의 횟수보다 상대와의
강도 높은 친밀성이 중요하다. 셋째는 친밀성이다. 친밀성은 사적
인 감정, 좋아하거나 싫어하는 것, 꿈, 걱정, 불안, 자랑, 수치 등을
공개하고 공유하는 것이다. 신뢰가 불안을 대체하며, 애정을 잃을
까 하는 두려움이 없는 가장 사적인 느낌을 자유롭게 드러내는 것
이다. 넷째 요소는 공평함(fairness)이다. 이는 정서적 자원과 물질
적 자원을 주고받을 때 부부가 아낌없이 주고받으며 함께 결정을
내리고 여러 활동을 함께 즐기는 것이다. 이때 그 결혼은 만족스럽
게 지속되며, 부부관계가 형평을 잃을 때, 불만, 좌절, 또는 우울을
경험하게 된다. 이 결과는 개인주의가 고두로 발달한 미국에서 조
사된 것이다. 여성의 사회적 진출, 남녀평등, 가사 분담 등에서 많
은 차이가 있고, 가족주의적이고 집단주의적인 한국의 풍토에 어

떤 요소가 얼마나 중요한지 현재로서는 알 수 없다. 이 문제에 대해
앞으로 조사연구가 필요할 것으로 판단된다.

우리 속담에는 결혼과 부부생활과 관련된 속담들이 많이 있는
데, 이를 나열해 보면 다음과 같다.

- 짚신도 짝이 있다.
- 나무젓가락도 짝을 맞출 때는 골라서 맞춘다.
- 부부는 정으로 산다.
- 맷돌도 짝이 있고 은행나무도 마주 선다.
- 부부싸움은 칼로 물 베기
- 부부싸움은 자고 나면 얼음 풀리듯 한다.
- 부부는 정이 떨어지면 남이다.
- 몸이 멀어지면 마음도 멀어진다.
- 색시가 고우면 처갓집 외양간 말뚝에도 절한다.
- 남자는 돈 쓰다가 한평생, 여자는 밥 짓다가 한평생.
- 부부는 낮에는 점잖아야 하고, 밤에는 잡스러워야 한다.
- 의가 없는 부부는 맞지 않는 신발과 같다.
- 부부가 정이 좋으면 도토리 하나 먹고도 산다.
- 집이 없으면 방앗간에서 자고, 밥이 없으면 얻어먹어도 부부의 정만 좋
  으면 산다.

이와 같이 꽤 많은 속담이 부부생활을 표현하고 있다. 예나 지금
이나 부부생활은 크게 다르지 않다. 다만 예전에는 결혼이 인생에
서 차지하는 비중이 매우 컸고 부부간의 결혼생활도 매우 신중했

지만, 요즘은 결혼 자체에 대한 비중이 줄고 부부관계에 대한 생각
도 많이 달라진 것 같다.

　가족 내 인간관계에서 가장 핵심적이고 기본이 되어야 하는 것
은 부부간의 관계이다. 한 가정의 신뢰를 바탕으로 건강한 부부관
계를 세우는 것은 부부 개인의 만족감 차원에서뿐만 아니라 전체
가족 구성원은 물론 사회 전반에 영향을 미친다. 친밀감이 형성된
서로를 배려하는 부부관계가 중심이 되어 가정을 이끌어 갈 때, 가
족 구성원의 심리적 안정과 신체적 건강 그리고 올바른 자녀교육
이 이루어질 수 있다. 이는 청소년 비행이나 학교폭력과 같은 공격
행동, 우울 및 자살과 같은 사회적 병리 현상을 예방하는 기초가 될
수 있다. 반사회적인 문제 행동의 기저에는 병든 가정, 건강하지 못
한 가정이 자리하고 있는 경우가 많기 때문이다. 따라서 원만하지
못한 부부관계로 가정이 병들면 그 나라의 미래가 없다고 해도 과
언이 아닐 것이다. 김혜숙, 박선환, 박숙희(2008)는 부부관계에서
중요하게 고려해야 할 몇 가지를 다음과 같이 제시하고 있다.

　첫째, 부부관계는 사회 전체에 영향을 미치므로 건강한 부부관
계를 유지하기 위하여 노력해야 한다. 친밀한 부부관계를 만들기
위하여 의도적으로 서로를 쳐다보는 횟수를 늘리고, 서로에게 미
소 짓는 시간을 늘려 공감대를 형성하고, 부부간의 유대를 더욱 돈
독하게 하여야 한다. 그러나 이와 같은 부부 차원의 개별적 노력
뿐만 아니라, 가정의 역할과 기능을 고려할 때 사회 전반적 차원에
서의 인식의 전환, 사회 환경 및 제도의 개신과 같은 총체적 노력
이 강구되어야 한다. 친밀한 부부관계를 장려하고 그것을 중요하
게 여기는 사회적 풍토, 즉 가정의 중요성에 대한 사회 전반의 인식

이 확산되도록 해야 할 것이다. 가정생활 속에서 배우자가 행복감을 느끼며 살 수 있도록 부부간 관계의 사회구조적 문제에서 기인하는 갈등을 해결하도록 노력해야 한다. 예를 들어, 부부간 스트레스의 주요 원인 중 하나인 변화된 생활환경에 보조를 맞추지 못하는 가사노동에서의 역할 분담 문제를 비롯해 가부장적 권위의식에서 기인하는 문제 등, 다양한 갈등 상황에 대처하여 적절하게 이를 극복해 나가는 것이 필요하다.

둘째, 부부의 만족도는 건강과 관련이 있다. 배우자와 좋은 관계를 유지하는 것은 마음의 안정과 같은 심리적 측면뿐만 아니라 건강이나 수명과 같은 신체적 측면에도 중요한 영향을 미친다. 행복 호르몬이라 불리는 세로토닌 측정검사 결과, 결혼만족도가 높은 부부는 결혼만족도가 낮은 갈등관계의 부부보다 세로토닌의 분비가 많은 것으로 나타났다. 또한 단백질을 생성하여 암을 죽이는 데 관여하는 세포의 수치도 훨씬 높아 바이러스나 세균 감염 등을 예방할 수 있는 면역력이 더 큰 것으로 나타났다.

셋째, 부부관계는 자녀의 심리적·정서적 특성 및 행동에 영향을 미친다. 화목하지 않은 가정에서 성장한 아이는 만성적 스트레스로 인하여 화목한 가정에서 성장한 아이에 비해 일반적으로 키가 더 작은 경향이 있다고 한다. 또한 그들은 부모의 잦은 다툼으로 인하여 걱정과 불안감을 더 많이 경험하게 됨으로써 우울증이나 공격적인 행동을 더 많이 나타낼 수 있다. 특히, 문제가 될 수 있는 것으로 부부간 불화의 원인이 자신에게 있다는 비합리적 신념을 갖게 됨으로써 불필요한 자책감이나 학습된 무기력감을 느낄 수도 있다. 이러한 감정은 성장 이후 갖게 될 대인관계에 나쁜 영향을 미칠 수 있다.

부부관계 못지않게 중요한 인간관계가 바로 가족관계인데, 그 중에서도 특히 부모와 자식 간의 관계라 할 수 있다. 부모와 자식 간의 관계에 영향을 미치는 중요한 요인은 양육 방식이라고 할 수 있는데, 이런 양육 방식과 관련된 속담으로 '어린아이 예뻐 말고 겨드랑 밑이나 잡아 주어라.'라는 것이 있다. 옛날에는 자녀를 양육하는 방식과 관련된 이야기가 그리 많지 않은 편이었는데, 자식을 기르는 일이 그다지 어려운 일이 아니라는 상식이 통하였기 때문이다. 그저 관례대로 자식을 엄하게 키우는 것이 잘 기르는 것이라는 생각이 지배적이었던 것이다. 이 속담에서는 아이를 너무 예뻐 하지 말라고 하는데, 이는 아이가 귀엽다고 해서 너무 아이 위주로 하지 말고, 아이가 스스로 할 수 있는 일까지도 부모가 대신 해 주지 말라는 것이다. 자녀를 너무 자녀 위주로 키우면 버릇이 나빠지고 부모에게만 의존하는 비자율적인 사람이 된다. 이것이 잘못되었다는 것을 강조하는 옛 선인들의 지혜를 발견할 수 있는 부분으로, 요즘 한 자녀만을 낳아 키우는 부모들에게도 경각심을 일깨워 준다고 할 수 있다.

가족의 화목을 위해서는 원만한 부부관계뿐만 아니라 부모와 자녀 간의 신뢰가 중요하다. 부모와 자녀 간의 관계는 혈연으로 이루어진 일차적 관계로서 본능적 애착이 강하게 작용하며 평생 동안 관계가 지속된다는 특성을 갖는다. 또한 부모와 자녀 간의 연령 및 능력, 경험이 현저한 차이로 인하여 일방적인 상호작용이 이루어지는 수직적이고 종속적인 특성이 있다. 그러나 이와 같은 관계의 속성은 자녀의 성장과 함께 변화하는데, 자녀는 의존적 관계에서 독립적 관계로 발전하고, 성장한 후에는 부모에게 의지되는 존재로 바뀌게 된다.

부부의 결혼생활은 자녀가 있음으로써 완성되며, 부모-자녀 관계가 성립됨으로써 가족의 의미를 지닌다. 자녀들은 부모의 양육 태도, 접촉 양식 등에 따라 성격이 형성되고 사회화된다. 특히, 어머니가 자녀를 양육할 때 젖 먹이기, 젖 떼기, 대소변 가리기 및 독립 훈련을 시키는 것은 아이의 초기 성격 형성에 크게 영향을 준다.

프로이트에 따르면, 아이가 젖을 많이 먹고 자랐으면 낙관주의적 성격을 가지게 되고, 부족하게 먹고 자랐으면 비관주의적 성격을 가지게 된다. 또 대소변 가리기가 너무 일찍 강요되면 인색하고 완고하고 잔인한 성격이 된다. 그러나 무엇보다 중요한 것은 바로 자녀를 대하는 어머니의 태도이다. 부모가 자녀를 기르는 데 있어서 특히 주의해야 할 것은 극단의 애호나 태만을 피하고 권위와 사랑의 조화를 이루어야 한다는 것이다. 부모와 자녀의 접촉에 있어서 일반적으로 대두되는 거절, 과잉보호, 권위주의적 태도 및 모순된 태도에서 나타나기 쉬운 현상을 살펴보자(황종건, 1975). 자식을 사랑하지 않는 부모는 없겠지만, 어떤 부모는 어린 자녀를 미워하고 학대하는 경우도 있다. 이렇게 부모로부터 학대를 당한 아이는 증오에 차고 반항적인 아이가 되며, 때로는 심리적 · 정신적 · 사회적 퇴행(regression)이 나타난다.

부모의 과보호 현상은 자식이 드물거나 형제가 적은 집에서 많이 볼 수 있는데, 이것은 아이를 의존적으로 만들어 다른 사람들과 어울려 어려운 인생의 경쟁에 자신 있게 참가하지 못하게 한다. 이와 비슷한 익애(溺愛) 속에서 자란 아이는 자기중심적으로 가족을 지배하려 하며, 과장된 자기존경에 빠지거나, 다른 사람들과 함께 경험과 이익을 나누려 들지 않는다. 반면 매우 엄격하고 권위주의적 태도로 아이를 훈육하는 가정도 있다. 이런 가정의 부모는 아이로 하여금 근면과 복종의 미덕을 존경하게 한다. 그러나 이렇게 자란 아이들은 비교적 독립적인 인간이 되지 못하고 때로는 반항적이고 공격적이 되기 쉽다. 한편, 같은 일을 가지고도 어떤 때는 야단치고 어떤 때는 좋다고 내버려 두는 모순된 태도를 보이는 부모가 있는데, 이러한 조건에서 자란 아이들은 매우 불안정하고 부모의 눈치를 보며 신경질적인 성격을 갖게 된다.

　부모와 자식 간의 관계와 관련된 다른 속담으로 '도둑의 때는 벗어도 자식의 때는 못 벗는다.'는 것이 있다. 이는 자연의 인연은 끊지 못하지만 인위적으로 맺는 인연은 끊을 수가 있다는 말이다. 도둑은 후천적으로 맺게 된 인연으로 자기 하기에 따라 얼마든지 바꿀 수가 있지만, 자식은 부모와의 인연을 한평생 가지고 가야 하며 바꾸려 해도 바꿀 수가 없는 것이다. 사람의 지위에는 귀속적 지위와 획득적 지위가 있다. 귀속적 지위는 성씨, 성별, 나이, 가족관계 등으로 자기 마음대로 바꿀 수 없는 지위이다. 옛날에는 사회적 신분이 귀속적 지위에 따라 자동적으로 결정되어, 양반은 출신에 의해 이미 정해져 있고 상민이 넘볼 수 없는 지위인 것이다. 이에 비해 획득적 지위는 자신의 노력에 의해 쟁취되는 지위이다. 학력이나 직업, 자격 등이 획득적인 것이다. 전통사회에서는 귀속적 지위가 중요했고, 현대사회에서는 획득적 지위가 중요하다.

　전통사회에서는 자녀를 출산하거나 양육함으로써 가문을 잇거나 노후에 자녀에게 의존할 수 있다는 점이 크게 중요시되었지만,

이제는 그 중요성이 상대적으로 감소하고 부모가 자녀를 키우는 과정 자체에서 보람을 찾는 경우가 많다. 특히, 젊은 부모들은 자기가 못 이룬 소망을 아이를 통해 실현하고자 하는 욕망이 작용한다. 게다가 여러 가지 생활양식의 편리화로 여성들의 여가가 늘어남으로써 지나치게 아이들을 간섭하거나 과외공부 등에 얽매이게 만들고 있다. 자녀에 대한 개념이 바뀌긴 했으나 여전히 자녀를 자기의 소유물로 생각하는 경향이 짙기 때문이다.

민주주의 사회에서 부모-자녀 관계는 어디까지나 일방적인 복종이 아닌 상대적인 자애와 효행의 관계여야 하며, 또한 자녀도 개개의 독립적인 인간의 존엄과 가치를 인정해 주는 입장에서 고려되어야 할 것이다. 건전한 아이의 성장을 돕기 위하여 다음 네 가지 사항에 유의하자. 첫째, 한 가정에서 아이들을 있는 그대로 받아들여야 한다. 둘째, 부모가 아이에 대한 관심과 사랑을 조절해야 한다. 셋째, 가정의 분위기가 부드럽고 허용적이어야 한다. 넷째, 상벌을 주는 데 있어 극히 신중하게 고려해야 한다. 즉, 상벌에 대해서는 자발적이고 자치적인 성격을 띠어야 할 것이다(황종건, 1975).

자녀 양육과 관련된 속담으로 '미운 자식 밥으로 키운다.'는 것이 있다. 이 속담은 사는 데 필요한 물질적 자원만 공급하고 정신적 소양은 전혀 주지 않는다는 뜻이다. 즉, 밥만 먹여 주고 정신적 훈육은 조금도 하지 않는 것을 말하는데, 소나 돼지와 같은 가축을 기르는 것과 마찬가지로 먹이만 주고 인간으로서 갖추어야 할 교양이나 예절은 가르치지 않는다는 것을 꼬집는 것이라 하겠다. 이것은 옛날 속담이지만 요즘의 도시 가정에서 흔히 볼 수 있는 모습을 담고 있다. 그리고 부모의 가정교육의 필요성을 강조하는 속담이라고 할 수 있다. 부모가 자녀교육을 어떻게 해야 한다는 것을 말하는 것이 아니라 아이들은 부모의 언행을 따라 배우기 때문에 성장하는 동안 부모의 행동거지가 매우 중요하다는 것을 말한다고 할 수 있다.

우리 속담에 '황달병 환자는 세상이 노랗게 보인다.'는 것이 있는데, 이는 사람은 자기 시각에 따라 세상을 보는 관점이 달라진다는 것을 말한다. 우리는 흔히 '뭐 눈에는 뭐만 보인다.'라는 말을 하는데, 이것이 이 속담과 같은 의미라 할 수 있다. 세상에 절대적인 것은 없으며, 상대적으로 해석될 수 있다는 말이기도 하다. 황달에 걸린 사람은 세상이 노랗다고 본다. 이것은 보는 눈이 한계가 있으면 제한적으로 보이기 마련이라는 말이다. 보는 눈을 좁게 하면 한계가 있다는 사실을 깨닫는 것이 필요하며, 논쟁이 중요한 것이 아니라 사실이 중요한 것이다. 사실을 시야에서 해석하고 사리에 모순되지 않게 접근하는 것이 중요하다. 여기서 우리가 배울 수 있는 것은 세상에는 편견이 있다는 것이다. 우리 사회에도 편견을 가지고 바라보는 시각이 팽배해 있다. 출신지에 대한 편견, 성별에 대한 편견, 재벌에 대한 편견, 장애인에 대한 편견 등 다양한 편견이 있다. 또한 사람들은 다른 사람들을 평가할 때 겉모양만 보고 평가하는 경우가 종종 있는데, 이와 관련된 속담으로 '솥은 검어도 밥은 검지 않다.'는 것이 있다. 겉모양만으로 사람을 평가하는 것은 틀리는 경우가 많은데, 함부로 사람을 평가해서는 안 된다는 것을 보여 주는 속담이다.

심리학에서는 이를 설명하는 대표적인 이론으로 내현(또는 암묵적)성격이론(implicit personality theory)이 있다. 이 이론은 사람들이 특정한 성격 특성으로 함께 묶여 있다는 일반적인 신념을 가지고 있다는 것이다. 이 신념은 제한된 양의 1차 정보에 근기헤서 통합되고 상당히 잘 다듬어진 인상을 형성하는 신념을 말한다. 예를 들면, 지적이면 유머 감각도 있고 능력도 있다고 보는 것이다. 이렇게 외형적인 인상에서 다른 성격적 인상으로 연결되는 것은 어떤 외적 특성이 특정한 성격 특성과 연합되어 있다는 통념이 있기 때문이다. 예를 들어, '곱슬머리에 옥니인 사람은 고집이 세고 사납다.' '키 큰 사람은 싱겁다.' '덩치가 크고 뚱뚱한 사람은 게으르다.' 등과 같은 성격 특성을 가지고 있다고 생각하기도 한다. 우리는 직간접적인 경험을 통해 외적 특성과 심리적 특성 간의 연관관계에 대해 나름대로 소박한 이론 체계를 가지고 있다. 우리가 자신도 모르는 사이에 인간의 성격 특성에 대한 이론 체계를 구성하여 인상 형성을 할 때 이러한 내현성격이론을 사용한다. 이 이론이 개인차를 무시하고 융통성 없이 적용될 때 고정관념(stereotype)이라고 한다. 고정관념은 범주화를 통한 정보 처리 단순화의 이득이 있기는 하나 오류와 왜곡을 가져온다. 또한 고정관념을 근거로 어떤 집단 전체를 나쁘게 볼 때 편견이라고 한다. 고정관념은 다양한 사람을 몇 가지 유형으로 범주화하여 지각하는 경향이라고 할 수 있는데, 인간을 범주화하여 지각하는 것은 정보 처리를 단순화함으로써 지각하는 사람의 수고를 덜어 주는 반면 지각적 오류를 일으키기도 한다.

우리가 어떤 사람을 처음 마주쳤을 때는 그 사람에 대한 여러 정보를 동시에 접하는 경우가 대부분이다. 즉, 얼굴 생김새, 옷차림새, 행동 단서로부터 여러 가지 정보가 동시에 주어진다. 또한 그

사람에 대한 사전 지식이나 평가 정보도 접하게 되는데, 긍정적인
평가도 있고 부정적인 평가도 있을 수 있다. 이렇게 한 사람에 대한
긍정적인 정보와 부정적인 정보는 혼합되어 있는데, 우리가 이 혼
합 정보를 어떻게 통합하여 인상을 형성하게 되는지 그 과정에서
나타나는 경향을 살펴보면 다음과 같다.

　우리는 어떤 사람에 대한 여러 가지 정보를 접했을 때 모든 정보
를 다 중요하게 생각하지는 않는다. 여러 정보 중에는 전체 인상을
좌우하는 중요한 정보가 있는데, 그 정보가 전체 인상을 형성하는
데 큰 비중을 차지하게 되고 다른 정보에도 영향을 미치게 된다. 특
히, 인상을 형성하는 데는 '좋다-나쁘다'라는 평가 차원이 중요한
역할을 한다. 초기에 좋은 인상을 형성하거나 나쁜 인상을 형성하
게 되는 경우는 다른 정보에도 영향을 미치게 되고, 그 사람에 대한
전반적인 인상 형성을 결정하게 될 것이다.

　이러한 인상 형성과정에서 나타나는 특징을 몇 가지로 정리하면
다음과 같다. 첫째는, 후광 효과(halo effect)이다. 어떤 사람에 대
한 첫인상을 '좋은 사람' 또는 '매력적인 사람'이라고 형성하게 되
면, 그 사람은 능력도 뛰어나고 사회성도 좋을 것이라는 긍정적인
방향으로 보게 된다는 것이다. 일반적으로 긍정적인 특성은 긍정
적인 특성끼리, 부정적인 특성은 부정적인 특성끼리 함께 가지고
있을 것이라고 추론하는 경향이 있다. 예를 들면, 외모가 얌전하
고 조신한 인상의 여성이라면 살림도 잘하고 성격도 좋을 것이라
고 생각하는 것이다. 둘째는, 긍정성 편향(positivity bias)이나. 사람
들은 대체로 타인에 대해 부정적인 평가보다 긍정적인 평가를 하
는 경향이 있다는 것으로, 타인에 대해 악평을 하기보다는 관대하

게 평가하는 경향이 크다는 것이다. 셋째는, 부정성 효과(negativity effect)이다. 어떤 사람이 좋은 특성과 나쁜 특성을 똑같이 가지고 있을 때 그에 대한 인상이 중립적으로 형성되는 것이 아니라 나쁜 특성, 즉 부정적인 방향으로 인상이 형성된다는 것이다. 이러한 경향이 나타나는 이유는 대체로 사람들은 타인을 평가할 때 좋게 봐주는 경향이 있어서 오히려 부정적인 평가를 더 신뢰할 만한 것으로 생각하기 때문이라고 볼 수 있다. 넷째는, 초두 효과(Primacy effect)이다. 어떤 사람에 대한 여러 가지 정보를 순서대로 전달받게 되면 전달 순서에 따라 전체적인 인상 형성에 미치는 영향력이 달라지는데, 가장 먼저 들어오는 정보가 나중에 들어오는 정보보다 최종적인 인상을 형성하는 데 더 중요한 역할을 한다는 것이다. 따라서 첫인상을 좋게 형성하는 것이 중요하다고 할 수 있다. 마지막으로, 유사성 가정(similarity assumption)을 들 수 있는데, 상황에 따라 우리는 타인을 만났을 때 자신과 비슷할 것이라고 가정하는 경향이 있다는 것을 말한다. 특히, 상대방이 자기와 비슷한 연령대, 직업, 계층, 고향, 교육 수준, 성별 등일 때 이러한 경향성은 커진다(손영화, 2015).

요즘 시대를 경쟁의 시대라고 하는데, 어려서부터 우리는 싸움에서 반드시 이겨야 한다고 교육받아 왔다. 그런데 우리 속담에는 '지는 것이 이기는 것이다.'라는 것이 있다. 이는 싸움에서 반드시 이겨야 할 필요가 없다는 것을 말하는 것으로, 지는 것이 이긴다는 것은 질 때는 질 줄 알아야 이길 수 있다는 것을 의미한다. 그럼 언제 져야 이기는 것이 될까? 예를 들면, 부부싸움을 하는 상황에서 남편이 아내에게 지는 것이 가정의 평화를 위해서 좋은 것이라고 한다. 실제로 많은 남편이 가정에서 아내에게 굳이 이기려고 하지 않는데, 이러한 경향은 최근 남녀평등을 지향하는 사회 분위기 속에서 더욱 증가하고 있다. 남편이 아내에게 지는 것은 아내의 기를 살려 주고 아내의 스트레스를 해소해 줄 수 있어 남편에게 득이 되며, 손해를 보는 것이 아니라는 것이다. 이 외에도 술 취한 사람과 싸움이 일어나면 지는 척하는 것, 결혼 전 연인 사이에서 남녀의 다툼이 생길 경우 남자가 여자에게 지는 척해 주는 것 등 인생을 살면서 지는 것이 이기는 것이 되는 경험을 많이 할 수 있는데, 이것은 원만한 인간관계를 형성하는 데 도움이 되는 경우가 많다.

제3부

　우리는 성격(personality)이라는 용어를 일상생활에서 매우 자주 사용하고 있고, 성격에 대해 아주 잘 알고 있는 것처럼 생각하고 있다. 자신의 성격은 물론 남의 성격에 대해서도 잘 아는 것처럼 생각하기도 한다. 그런데 한편으로는 알다가도 모를 것이 성격이라는 생각도 하곤 한다. 도대체 나의 성격은 무엇이며, 성격이 어떻게 형성된 것인지에 대해서 궁금해하기도 한다.

속담,
성격심리학과
만나다

우리는 왜 자신이나 남의 성격에 관심을 갖게 되는가? 사람들 사이의 성격 차이는 어디에서 유래하는가? 같은 부모 밑에서 태어나면 성격이 더 유사한가? 많은 경험을 공유하면 할수록 성격은 더 비슷해지는가? 성격의 원재료는 무엇이라 할 수 있을까? 이러한 생각은 누구나 한 번쯤 가져 보았을 것이다. 그렇다면 심리학은 어떤 해답을 내려 줄까? 이제 그 해답을 성격 및 인성과 관련된 속담을 통해서 알아보자.

상담, 심리학과 만나다

제6장

속담 속 심리학
성격 발달 및 인성

사실 성격은 심리학이라는 과학적 학문을 통해서 답을 찾지 않아도 이미 오래전 우리 조상들의 삶과 생활 속에 너무나 잘 드러나 있다고 할 수 있다. 우리 속담에도 성격과 관련된 것들이 많다는 것을 이 장 곳곳에서 확인할 수 있을 것이다. 우리는 성격이라는 것을 너무나 익숙하고 당연하게 생각해 의식하지 못하고 지내 왔을 것이다. 최근 들어 성격에 대한 관심은 매우 커지고 있다. 특히, 많은 기업과 정부 기관 및 공기업까지도 인력을 채용하고 선발할 때 성격검사 또는 인성검사를 반드시 실시하고, 부적격자로 판정되면 아무리 대학 학점이 높고 영어 실력이 뛰어나도 불합격시키고 있다.

실제로 필자가 몇 년 전에 경험한 일이 있다. 졸업생이라고 하면서 한 친구가 연구실로 찾아와 다짜고짜 자신의 하소연을 하기 시작했다. 그 친구는 경찰 공무원이 되고자 시험을 두 번이나 보고 필기시험에서는 우수한 성적을 거두었는데 성격검사에서 계속 떨어졌다는 것이다. 그러면서 심리학 교수인 나에게 성격검사를 통과할 수 있는 방법을 알려 달라고 절실히 부탁했다. 정말 난감한 상황이었는데, 그 친구는 심리학에 대한 기초 지식조차 없었고 심리학개론 과목을 수강한 적도 없다고 하니 설명을 해도 이해하지 못할뿐더러 이해하기보다는 자신의 고민을 해결해 주기만을 바랐기 때문이었다. 어렵게 설명하고 설득해서 돌려보내긴 했지만 마음 한구석에 답답함이 남아 있었다. 시중에는 실제로 성격검사 문제집이라는 책자도 나와 있고 그 친구도 그 책자를 들고 와 성격검사에서 높은 점수를 받을 수 있게 해 달라고 한 터라, 이 문제는 비단 그친구 한 명에게 국한된 문제가 아님을 느끼게 되었다.

이 사례가 아주 특별한 것이 아니라는 것을, 사실은 필자가 강의해 왔던 과목을 수강하는 학생들을 통해서 이미 오래전부터 알고 있었지만 그렇게 심각하게 생각을 해 본 적은 없었다. 하지만 취업이라는 문제에 직면한 학생들을 대하고 보니 그 심각성은 매우 크다는 생각을 하게 되었다. 초등학교부터 고등학교를 졸업할 때까지 성격검사를 받아 본 학생들이 거의 없었고, 대학에 입학한 후에도 그리 많지 않았다. 지금은 전국에 있는 많은 대학에서 신입생들을 대상으로 성격검사를 실시하고 있는 것으로 알고 있다. 우리가 일상생활에서 너무나 자주 언급하고 아주 단순하게 생각하고 있는 성격 때문에 내가 하고 싶은 일을 못하고 내가 가고 싶은 직장에 가지 못하는 일을 겪게 되니 이 얼마나 당황스러운 일인가! 하지만 이는 엄연한 현실이고 실제 벌어지고 있는 일이 되었다. 성격이 직업이나 직장을 구하는 데 중요한 요인으로 작용하게 된 것은 최근 들어서의 일이지만, 사실 이미 오래전부터 성격은 우리의 삶에서 매우 중요한 것으로 인식되어 왔다.

인생 최대 과제 중 하나인 결혼이라는 중대한 결정을 할 때도 성격은 중요시되어 왔다. 학창 시절 친구를 사귈 때도 성격이 잘 맞는 친구를 사귀어야 그 관계가 오래 유지되었으며, 직장에서도 한 부서에서 일하는 사람들끼리 성격이 잘 맞아야 일이 잘되고 직장생활이 즐겁다. 이뿐만 아니라, 사실 일일이 다 언급하지 못할 정도로 우리가 삶 속에서 사람과 관련된 이야기를 할 때면 성격은 빠지지 않았다. 조금 심하게 말하면 모든 것이 다 성격에 연결된다고 해도 지나치지 않다고 본다. 성격은 어떤 사람의 행동, 감정, 태도, 욕구, 동기, 의지와 같은 개인적 특성의 모든 요소와 다 연결될 뿐 아니라 한 사람을 평가할 때도 사용된다. 그럼에도 불구하고 성격에 대해서 매우 중요하고 심각하게 생각하지 않았던 것도 사실이다. 왜 그런 것일까? 그것은 성격이 일상의 삶 속에서 너무나 익숙해져 있는 용어이고 개념이기 때문이 아닐까 생각한다.

마음은 성격이 되어 나타나고, 성격은 행동으로 나타난다. 역사적 인물에 대한 평가를 예를 들어 보자. 조선시대 5대 임금이었던 '문종'은 세종의 맏아들로서 학문에 밝고 인품이 관후했지만 성격이 극히 내성적이며 온순했다고 한다. 이에 반하여 후일 조카 단종을 폐위시키고 7대 왕으로 등극한 '세조'는 문종의 동생인데 성품이 활달하고 매사에 야심만만하여 늘 도전적이었다고 전해진다. 우리는 그들을 본 적도 없고 그들과 가까이 한 적도 없다. 그럼에도 불구하고 '문종' 하면 매우 허약하고 우유부단한 인물처럼 여겨지고, '세조' 하면 기개가 장대하고 박력이 있는 인물처럼 여겨진다. 이와 같은 우리의 객관적 판단은 역사가들이 묘사한 그들의 신체적 조건이나 성격 및 행동의 묘사에서 비롯된 것이다.

행동의 바탕이 되는 것은 그 사람의 감정, 욕구, 의지, 인간관계 등이다. 사람이 밝은 행동을 하거나 어두운 행동을 하는 것은 그 사람의 그때그때의 기분이나 감정의 변화 때문이며, 정열적일 때와 냉담할 때의 차이는 욕구의 유무나 강약에 관계된다. 그리고 하나의 목표에 대해 집념이 있느냐 없느냐는 그 사람의 의지와 관련이 있다. 즉, 성격이란 행동에 나타나는 어떤 일관성 있는 그 사람의 특징이라고 할 수 있다. 심리학에서는 감정과 욕구, 지각의 구조 등 사람의 행동을 부분적으로 연구하는 경우가 많다. 그러나 성격 연구는 신체적인 것과 심리적인 것을 모두 포함한 인간의 전체적인 것을 바탕으로 한다.

1. 성격 발달과 관련된 속담 속의 심리

심리학에서 성격은 시간과 상황에 걸쳐 지속적이며 한 개인을 다른 사람과 구별해 주는 특징적인 사고, 감정 및 행동 양식이라고 정의된다. 이 정의를 좀 더 세부적으로 살펴보면 성격은, 첫째, 한 사람이 세상에 대하여 반응하는 행동, 태도, 동기, 경향, 사고방식 및 감정들로서 개인의 심리적인 특징과 독특성이고, 둘째, 시간과 상황에 걸친 지속성을 가지는 것으로서 한 개인의 생활 속에서 일관성을 보이는 것이다. 즉, 성격은 관찰되는 것이 아니라 관찰된 행동이나 사고를 기초로 추리된 경향성을 말하는 것으로, 한 개인에 대하여 예언성과 안정성의 강도를 부여한다. 그런데 사람들이 타고나는 생물학적 경향성들은 성장과정에서 당면하는 경험들을 통해서 모양을 갖추게 된다. 이들 경험 중에서 어떤 것은 특정 문화나 문화적 하위 집단에서 성장하는 대부분의 사람이 공통적으로 갖게 되고, 어떤 것은 각 개인에게 독특하다. 그 이유는 사람에 대한 문화적 영향이 균일하지 않으며, 각 개인은 어떤 독특한 경험들을 갖기 때문이다(손영화, 2010).

우리 속담에 '세 살 버릇 여든까지 간다.'라는 것이 있다. 이 속담은 유아기 때 형성된 성격은 죽을 때까지 변하지 않는다는 뜻으로 성격이 형성되는 시기와 성격의 지속성을 보여 준다. 이는 심리학에서 프로이트가 성격은 유아기 때 형성된다고 주장한 것과 일치한다고 할 수 있다. 사람은 일반적으로 교육과 훈련을 통해 성인이

되는데, 유아기 때 형성된 버릇은 그대로 고정되어 성격으로 굳어
져 일상의 행동 습관으로 나타나며 쉽게 고칠 수 없다. 유사한 속담
으로는 '제 버릇 개 주랴.' '낙숫물은 떨어진 데 또 떨어진다.' '개 꼬
리 삼 년 땅에 묻어 두어도 황모 못 된다.' '까마귀 학이 되랴.' 등이
있다. 성격은 또한 예언성을 지니고 있는데, 어릴 때 아이의 모습을
보면서 나중에 성장하면 무엇이 될 것 같다는 이야기를 하곤 한다.
이와 관련된 속담으로 '될성부른 나무는 떡잎부터 알아본다.'가 있
다. 성격은 한 사람을 다른 사람과 구별해 주는 독특한 심리적 특성
인데, 모든 사람은 같을 수 없다는 것을 설명해 주는 성격의 독특성
을 보여 주는 속담으로 '한 날 한시에 난 손가락도 길고 짧다.'와 '한
어미 자식도 아롱이 다롱이' 등이 있다.

　이렇듯 성격은 다양한 특성을 가지고 있으며, 사람을 다양한 측
면으로 설명할 수 있다. 사람은 유전된 소질이나 기질만 가지고 태
어나며, 어떻게 행동하는가는 부모나 주위의 여러 사람에게 영향
을 받아 학습하게 된다. 우리가 살면서 하는 행동들은 어려서부터
학습해서 행동하는 것들이 대부분일 것이다. 우리는 밥을 먹고, 사
람을 사귀고, 세상을 살아가는 데 필요한 모든 행동을 배운다고 해
도 과언이 아닐 것이다. 그렇기 때문에 어려서부터 부모에게서 배
우는 행동들이 매우 중요한 것이고, 성격 형성 또한 부모에게 영향
을 받을 수밖에 없다. 아이들은 부모의 행동을 보고 모방하게 되고
부모가 어떤 방식으로 양육을 하느냐에 따라 어떤 성격이 형성되
냐가 결정된다.

　최근의 사회 경향은 아이를 하나밖에 낳지 않아 부모가 아이를
과보호하거나 부모가 맞벌이를 하는 경우에는 무관심하게 되는데,

이는 자녀의 올바른 인성 형성에 도움이 되지 않는다. 부모의 과
보호 현상은 자식이 드물거나 형제가 적은 집에서 많이 볼 수 있는
데, 이것은 아이를 의존적으로 만들어 다른 사람들과 어울려 어려
운 인생의 경쟁에 자신 있게 참가하지 못하게 한다. 이와 비슷한 익
애(溺愛) 속에서 자란 아이는 자기중심적으로 가족을 지배하려 하
며 과장된 자기존경에 빠지거나 다른 사람들과 함께 경험과 이익
을 나누려 들지 않는다. 반대로 아이에 대하여 매우 엄격하고 권위
주의적 태도로 훈육하는 가정이 있다. 이런 가정의 부모는 아이로
하여금 근면과 복종의 미덕을 존경하게 한다. 그러나 이렇게 자란
아이들은 비교적 독립적인 인간이 되지 못하고 때로는 반항적이고
공격적이 되기 쉽다. 한편, 같은 일을 가지고도 어떤 때는 야단치고
어떤 때는 좋다고 내버려 두는 모순된 태도를 보이는 부모가 있는
데, 이러한 조건에서 자란 아이들은 매우 불안정하고 부모의 눈치
를 보며 신경질적인 성격을 갖게 된다. 아이에게 올바른 성격을 형
성시킨다는 것은 아이가 스스로 깨달아서 자기 일을 처리할 줄 알
고 자신의 장래를 스스로 개척해 나갈 수 있는 자율적이고 능동적
인 사람이 되는 것이다.

　성격 발달과 관련하여 심리학에서는 프로이트의 학설이 있는데,
그는 성격의 구조를 정신분석학적인 입장에서 설명하고 있다. 정
신분석이라는 말은 심리적 과정, 특히 무의식적 측면을 탐색하고
문제를 치료하는 방법과 절차를 의미하기도 하며 성격이론의 한
분파를 지칭하기도 한다. 정신역동은 마음이 안정된 상태에 머물
러 있지 않고 여러 힘이 함께 작용하는 긴장을 띤, 변화하기 쉬운
상태에 있음을 의미한다. 프로이트는 1856년 오스트리아의 모라

비아 지방에서 7남매 중 장자로 태어나 비엔나에서 살다가 나치의 박해로 런던으로 망명해 1939년 9월 23일 영국 런던에서 별세하였다. 프로이트는 신경증 환자들과 자신을 예리하게 관찰해서 이를 토대로 정신분석이론을 주창했다. 그는 인간의 행동이 주로 무의식에 따라 결정되고 그 무의식을 움직이는 중요한 성분은 성적이거나 공격적인 추동이라고 주장한다. 그에 따르면 인간의 폐쇄된 에너지 체계며 한 사람의 타고난 심리적 에너지는, 전체 양은 변화하지 않지만 어떤 곳에 머무르는가는 달라질 수 있으며 그에 따라 개인 행동의 특성은 크게 달라진다.

프로이트는 성격에 관한 기본 가정을 제시하였는데, 행동을 지배하는 근본적인 동기는 무의식적인 요소임을 밝히고자 하였다. 성격에 대한 정신역동이론의 기본 가정은 다음과 같다. 첫째, 유기체의 어떤 행동도 결코 우연히 일어날 수 없고 거기에는 반드시 원인들이 있다는 심리적 결정주의(psychological determinism)를 강조했다. 둘째, 개인 행동의 본능적인 측면을 강조하면서, 본능적 행동의 목표는 유기체가 경험하는 긴장을 감소시키는 데 있다고 보았다. 셋째, 인간의 사고, 정서 및 행동에 있어서 무의식적 결정인자를 강조하면서, 행동의 대부분은 우리가 의식하지 못하는 충동에 의하여 일어난다고 하였다. 넷째, 목표 지향적인 동기 체계를 강조하면서, 모든 행동은 나름대로의 목표를 지니고 있다고 보았다.

프로이트는 마음이 의식, 전의식 및 무의식으로 나뉠 뿐만 아니라 원초아, 자아 및 초자아의 3중구조로 되어 있다고 보았다. 본능은 원초아(id)의 일부인데, 원초아는 성격의 가장 원초적인 체계로 정신 에너지의 원초적인 모체이고 제 본능의 산실이다. 그것은 쾌락 원리에 따라 작용하며, 즉각적인 만족(반사 작용, 소원 충족, 일차과정 사고)을 추구하고, 고통을 피하려 하며, 정신적 심상의 형성을 통하여, 즉 꿈이나 백일몽을 통해 욕구를 해결하려 한다. 자아(ego)는 모든 사고 및 추리 활동을 통제하며 외부세계에서 원초아의 추동 만족도 통제하는 등 현실 원리에 따라 작용한다. 현실적 사고를 이차과정 사고라 한다. 이는 만족을 얻기 위한 안전하고 효과적인 방법을 찾으려는 현실적인 추리과정이다. 자아의 궁극적인 목표는 생명을 유지하고 종족을 보존 · 발전시키는 것이라 할 수 있다.

초자아(superego)는 성격의 도덕적인 부분으로 부모와 사회 기준의 내면화로서 심리적 보상과 처벌에 관련된다. 현실보다는 이상을 대표하고 쾌락보다는 완성을 위해 노력한다. 이를 위해 양심과 자아이상이라는 두 가지 하부 체계를 발전시킨다. 양심이란 마땅치 못하다고 보는 행동을 처벌하고 기피하는 경향으로, 사람에게 죄의식을 갖게 해서 벌을 주는 역할을 한다. 자아이상이란 적당한 행동을 승인하고 권장하며 상을 주는 경향으로, 사람에게 긍지를 느끼게 하고 상을 준다. 주요 기능은 원초아의 맹목적인 충동, 특히 성적 충동과 공격적 충동을 억제하고, 자아로 하여금 현실적인 목표 대신 도덕적인 목표를 가지도록 권하고, 초자아 자체가 확고하고 완전한 방향을 가지도록 노력하게 한다.

프로이트는 원초아와 초자아는 언제나 끊임없는 갈등 상태에 있으며 자아는 이것을 조정하려고 힌다고 가성하였다. 그에 따르면 성격의 역동성이란 긴장 발산을 추구하는 원초아와 이 충동을 억제하려는 초자아 간의 계속적인 상호작용과 갈등을 포함하며 이런

힘이 성격을 동기화시킨다. 정신역동이론에서의 치료는 억압된 무
의식 내용을 의식화하면서 원초아와 자아, 자아와 초자아 간의 갈
등과 긴장을 화해시킨다. 이 치료법에서는 성장의 촉진, 책임감과
자기가치 감정의 성숙, 인간관계의 성숙, 현실의 수용, 성숙한 대처
방안 등을 환자가 배우도록 한다.

　프로이트는 성격구조들 간의 갈등으로 생기는 불안에 관심을 갖
고 세 가지의 불안을 제시하였다. 신경증적 불안(neurotic anxiety)
은 자신의 본능적 충동이 자신의 통제를 벗어나서 처벌받을 수
있는 행동을 일으킬까 두려워하는 것이다. 현실적 불안(reality
anxiety)은 외부세계에서 현실적인 위험에 대하여 느끼는 두려움이
다. 도덕적 불안(moral anxiety)은 개인의 행동이나 생각에서 받아
들일 수 없다고 느껴지는 것들에 관한 양심의 가책이나 죄책감과
관련된 불안이다. 불안은 고통스러운 긴장 상태로, 유기체는 그것

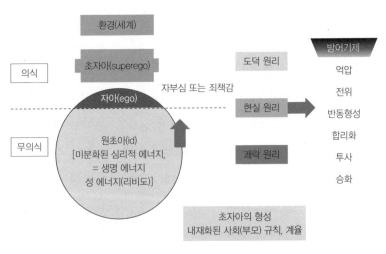

[그림 6-1] 프로이트의 성격구조

을 감소시키려고 노력하게 된다. 불안이 현실적인 방법으로 효과적으로 대처될 수 없을 때, 유기체는 비현실적인 방어를 하게 된다. 방어기제들은 개인의 본능적 동기나 갈등을 숨기거나 위장하는 역할을 한다.

프로이트의 성격구조와 관련된 속담으로 몇 가지를 예시해 볼 수 있는데, 다음 속담들은 유기체의 어떤 행동도 결코 우연히 일어날 수 없고 거기에는 반드시 원인이 있다는 심리적 결정주의 (psychological determinism)를 강조한다. '아니 땐 굴뚝에 연기 날까?' '뿌리 없는 나무에 잎이 필까?' '마른 나무에서 물이 날까?' '소금 먹은 놈이 물켠다.' 등이 이에 해당한다. 또한 성격의 구조와 관련된 속담도 있는데, '달면 삼키고 쓰면 뱉는다.'라는 속담은 자신에게 이득이 되면 받아들이고 그렇지 않으면 거부하는 인간의 본능을 나타내는 속담으로 원초아와 연결된다고 할 수 있으며, '참새가 방앗간을 거저 지나랴.'는 어떤 행동이든 일정하게 추구하는 목적이 있음을 이르는 말로 원초아의 쾌락 원리를 나타낸다고 볼 수 있다. 또한 '도둑이 제 발 저리다.'라는 속담은 개인의 행동이나 생각에서 받아들일 수 없다고 느껴지는 것들이 양심의 가책으로 도덕적 불안을 일으킨다는 것을 보여 준다. 그런데 양심이란 마땅치 못하다고 보는 행동을 처벌하고 기피하는 경향으로 인간에게 죄의식을 갖게 해서 벌을 주는 역할을 하므로, 이는 초자아(superego)에서 비롯되는 도덕적 불안이라고 볼 수 있다.

2. 인성과 관련된 속담 속의 심리

　인성이란 사람의 성품을 의미하며, 각 개인이 가지는 사고와 태도 및 행동 특성을 말하는 것으로 성격과 유사한 의미라고 볼 수 있다. 예부터 우리 속담에도 인성과 관련된 속담은 다수 전해져 왔다. 인성은 그 정의에서도 알 수 있듯이 매우 광범위하게 우리 인간의 다양한 측면과 관련된 모습을 설명해 주고 있다. 성격 발달에 대한 설명에서도 기술했듯이 아이에 대한 부모의 사랑은 성격 형성에 많은 영향을 미친다. 부모의 자녀에 대한 사랑은 끝이 없으며, 무조건적이고 전폭적이며 희생적이다. 그렇지만 자녀의 부모에 대한 사랑은 의무적이고 조건부적인 면이 있다. 애정은 아래를 향해서는 끝없이 내려가지만 위를 향해서는 제한적이다. 이를 잘 보여주는 속담이 '내리 사랑은 있어도 치 사랑은 없다.'인데, 이는 동서고금의 진리이자 인류의 자연스러운 이치라고 할 수 있다.

　전통사회에서는 자녀를 출산, 양육함으로써 가문을 잇거나 노후에 자녀에게 의존할 수 있다는 점이 크게 중요시되었지만 이제는 이러한 중요성이 상대적으로 감소하고 자녀를 키우는 과정 자체에서 보람을 찾는 경우가 많다. 특히, 젊은 부모들은 자기가 못 이룬 소망을 아이를 통해 실현하고자 하는 욕망이 작용한다. 게다가 여러 가지 생활양식의 편리화로 여성들의 여가가 늘어남으로써 이러한 시간에 지나치게 아이들을 간섭하거나 과외공부 등에 얽매이게 만들고 있다. 자녀에 대한 개념이 바뀌긴 했으나 여전히 자녀를 자기의 소유물로 생각하는 경향이 짙기 때문이다.

우리 속담에 '팔은 안으로 굽는다.'라는 것이 있다. 어찌 보면 당
연한 말인데, 이 당연한 말이 속담으로 전해진 것을 보면 자연스러
운 것은 거역할 수 없다는 것을 강조하려는 것 같다. 인간관계에서
도 흔히 볼 수 있듯이 가까운 사람들끼리 편을 들고, 가족이나 친지
들, 친구들에게는 자신도 모르게 편들게 된다. 심리학에서도 집단
정체성(group identity)의 특성인 내집단 편애라는 것으로 이를 설
명하고 있다. '가재는 게 편이다.'라는 속담도 이와 같은 의미의 속
담이라고 할 수 있다. 사람들은 공동생활을 하면서 함께 살아간다.
예전에는 사생활과 공동생활이 분리되지 않았으나 현대사회는 철
저하게 분리되어 있다. 그런데 사생활과 공동생활이 분리되어 있
다는 것은 공사가 철저하게 분리되어 있다는 것을 말하는데, 공적
인 일에 사적 개입이 증가하고 있는 현상이 예나 지금이나 문제가
되고 있다. 즉, 부정부패가 일어나는 것이 바로 팔이 안으로 굽기
때문에 생기는 것이다. 이러한 현상은 혈연, 지연, 학연이라는 고

질적인 관계 때문에 오랜 사회적 문제로 자리 잡고 있다.

심리학에서 인간의 욕구나 동기에 관한 이론은 여러 학자가 다양하게 제시해 왔는데, 그중에 가장 영향력 있는 이론으로 매슬로의 욕구 위계론이 있다. 이 이론은 한 사회의 욕구 수준을 설명하는데 많이 인용되곤 하는데, 특히 인성과 관련된 속담으로 '쌀 독에서 인심 난다.'라는 것이 있다. 이 속담은 사람들이 먹을 것을 쌓아 놓고 경제적 여유가 생기면 관대해지고 인심을 베풀게 된다는 의미이다. 사람들은 가장 기본적인 요구인 생리적 욕구, 즉 먹고 마시는 것이 충족되어야 타인을 돕는 자비나 선행 같은 것을 할 수 있게 된다는 것이다. 매슬로도 욕구 위계론을 통해 인간의 욕구를 다섯 가지로 구분하고, 욕구에 위계가 있다는 것을 주장하였다. 그는 신체적 결핍과 같은 생리적 욕구 이외에도 보다 높은 수준의 다양한 욕구가 우리 인간이 무엇인가를 하도록 동기화시킨다고 보았으며, 이러한 다양한 욕구가 우선순위에 따라 작용한다고 보고, 욕구들을 위계적으로 분류하였다. 사람들은 생존과 안전이 가장 중요하고, 다음은 사회적 관계를 원하고 애정과 존경받기를 바라며, 나아가 자기실현을 원하게 된다. 따라서 사람은 먹고 살 만해야 다른 생각을 할 수 있게 되는 것이다. 이와 유사한 속담들은 다양하게 전해지고 있는데 제2장의 인간의 욕구와 관련된 속담에서 이미 살펴보았으므로 여기서는 생략하기로 한다.

흔히 사람들은 물건에 대해서는 헌것보다 새것을 좋아하고 사람에 대해서는 오래 사귈수록 정이 가고 인간미를 느낀다고 하는데, 이와 관련된 속담으로 '옷은 새 옷이 좋고 님은 옛 님이 좋다.'라는 것이 있다. 물건은 새롭고 신선한 것일수록 가치가 높지만 사람과의 관계는 오래 될수록 깊은 정을 느끼고 다정해진다는 말이다. 따라서 물건은 함부로 버리고 새것으로 바꾸어도 무방하지만 사람의 정은 쉽게 저버리고, 사람을 쉽게 버리는 것은 삼가야 한다. 사물에 대한 관계는 사람과의 관계와는 전혀 다르기 때문에 인간을 사물의 잣대로 평가해서는 안 된다. 그런데 현대사회에서는 물질주의가 만연되다 보니 사람과의 관계도 물질적으로 평가하는 풍조가 난무하고 있다. 돈이면 무엇이든지 다 할 수 있다는 생각이 대세가 되었고, 금전만능주의가 많은 것을 바꾸어 놓았다. 돈으로 사람도 살 수 있고, 사람도 마음대로 부릴 수 있으며, 심지어는 돈으로 사랑도 살 수 있다고 생각하는 사람이 많다. 실제로 요즘은 결혼할 때 상대방의 경제력을 가장 우선시하는 경향이 있으며, 사랑해서 결혼한 커플도 살면서 돈을 벌지 못해 이혼하는 경우가 많다.

과학기술의 발달은 물질주의를 더욱 부채질하고 있으며, 제품은 점점 더 좋아지고 신제품이 쏟아져 나오면서 물질에의 유혹을 가속화시키고 있다. 또한 과학은 인간의 수명을 연장시키고 있으며, 로봇이 인간을 대체하는 시대가 펼쳐지고 있다. 인간이 발달시킨 과학기술의 물질이 인간을 압도하고 있는 것이다. 최근에 인공지능 컴퓨터인 알파고와 국내 최고수 바둑기사인 이세돌의 바둑 대결에서 알파고가 이세돌을 꺾고 승리한 사실을 우리는 잘 알고 있다. 원래 물질은 인간의 생활을 위한 수단이었는데 지금은 인간의 목적으로 바뀌었을 뿐 아니라 오히려 인간을 지배하려고 한다. 이러한 인간성이 사라져 가고 있는 상황에서 인문학 열풍이 불고, 대학에서는 인성교육의 중요성을 깨달아 인성을 중심으로 한 교양교육이 다시 중요해지고 있는 실정이다.

돈을 싫어하는 사람은 없을 것이다. 본능적으로 하고 싶은 일을 하기 위해서 그리고 사고 싶은 것들을 사기 위해서는 돈이 있어야 하기 때문이다. 이와 관련된 속담으로 '똥 마다는 개 없다.'라는 것이 있는데, 똥은 개가 좋아하는 먹잇감으로 먹이를 싫어하는 동물은 없다. 동물이나 사람이나 다 본능적으로 먹이나 돈을 좋아하는 것이다. 심리학에서는 돈과 같은 유인물을 2차 강화물이라고 하는데, 좋아하는 것을 돈을 통해 해결할 수 있기 때문이다. 돈이라고 하면 연상되는 것이 뇌물이고, 돈은 부정부패로 연결된다. 2016년에는 소위 김영란법으로 불리는 「부정청탁금지법」이 시행되어 공직자 및 교육자들에게 적용되는 일까지 벌어졌으니 우리나라에서 부정부패가 얼마나 심했는지 짐작해 볼 수 있다. 2016년에는 또한 우리나라를 뒤흔든 국정농단 사태가 벌어져 대통령을 중심으로 기업과 고위 공무원들이 연루되어 대통령이 탄핵까지 받았으며, 법조계를 대표하는 판사들, 검사들도 돈 앞에서는 무력해지고 있음을 적나라하게 보여 주었다.

사람들은 미워하는 사람이 있으면 그 사람과 관련된 사람까지 미워하는 경향이 있다. 이와 관련된 속담으로 '며느리가 미우면 손자까지 밉다.'라는 것이 있다. 결혼으로 형성된 가족관계를 통해 전혀 알지 못했던 사람들이 시어머니와 며느리, 장모와 사위 등의 관계로 맺어진다. 그런데 시어머니가 반대했던 사람이 며느리로 집안에 들어오게 되면 집안이 시끄러워진다. 며느리가 하는 행동마다 시어머니는 마음에 들지 않게 되고 며느리가 더욱 미워진다. 옛날에는 시어머니와 며느리가 함께 사는 경우가 많았고, 하루 종일 얼굴을 맞대고 사니까 미운 며느리가 곱게 보일 수가 없었을 것이다. 미운 사람에 대한 적대감이 쌓여 며느리에 대한 감정은 더욱 악화되고, 며느리가 낳은 손주에게까지 미움의 감정이 투사되어 그대로 전이된다. 이러한 양상은 TV 속 드라마나 주위에서 흔히 볼 수 있는데, 요즘은 출가한 자녀와 함께 사는 경우가 그리 많지 않고 명절 때나 집안 일이 있을 때 마주하게 되니 사사건건 부딪히는 일도 없을 것이고, 시어머니와 며느리의 관계가 예전과는 많이 달라졌다. 이 속담은 가족이나 친척 관계에 있는 사람들과 사이가 좋지 않으면 그에 따른 감정이 평생 갈 수도 있으니 사이좋게 지내라는 교훈을 준다.

　어떤 대상에 대해 한 번 놀란 경험이 있는 사람은 그와 비슷한 것만 보아도 놀라게 된다. 우리 속담에 '대가리 보고 놀란 놈은 꼬리만 봐도 놀란다.'는 것이 있는데, 이것은 학습에 대한 설명에서 다루었던 자극 일반화 현상이다. 이와 유사한 속담으로는 '자라 보고 놀란 가슴 솥뚜껑 보고도 놀란다.'가 있다. 한 번 경험을 하면 유사한 자극에 같은 반응을 반복적으로 보이게 되는 것이다. 나쁜 짓을 한 사람은 들킬까 봐 사소한 자극에도 깜짝깜짝 놀라곤 한다는 것을 풍자한 속담이라 할 수 있다.

　'속에 옥을 지닌 사람은 허술한 옷을 입는다.'는 속담이 있는데, 이는 훌륭한 사람은 자신이 굳이 세상에 알려지기를 원하지 않고 될 수 있으면 자신을 감추려 한다는 것을 의미한다. 부자는 밖으로 부자인 척하지 않고, 덕을 쌓은 사람은 잘난 티를 내지 않는다. 보여 주지 않아도 자기 속에 자랑할 만한 것을 지니고 있기 때문이나. 여기서 말하는 옥이란 물질적인 것이 아닌 질적인 사람의 인격을 말하는 것으로 비유적으로 사용되고 있다. 요즘 세상에서는 품위가 있는 사람은 굳이 화려하게 차려입지 않아도 되는 반면 화려하게 차려입어야 안심이 되는 사람이 있으며, 실력도 능력도 없는 사람이 부자인 척을 하기 위해 고가의 명품만 찾는 것을 빗대어 표현한 속담이라고 할 수 있다.

사람들은 자기가 가지고 있거나 자신이 하는 일보다 남이 가진 것이나 남이 하고 있는 일을 보면 더 좋게 보여 타인을 따라 하고 싶어 한다. 예전부터 이런 경향을 경계하기 위해 나온 속담이 바로 '절에 가면 중 되고 싶고 마을에 가면 속인이 되고 싶다.'이다. 사람의 마음은 간사하기 때문에 약간의 자극을 받거나 자기 일이 잘 안되면 용기가 꺾이고 포기하고 싶어진다. 요즘처럼 취업이 어려운 시기에 어떤 사람은 어렵게 들어간 직장에서 1년도 안 되어 자신이 생각하는 직장생활이 아니라고 퇴직을 한다. 대학생들의 경우도 진로를 결정한 후 꾸준히 취업 준비를 하지 못하고 다른 학생들이 무슨 자격증을 취득했다고 하면 그 학생들을 따라서 자신의 진로에 상관없는 자격증을 따려 하고, 누가 무슨 학원을 다닌다고 하면 자신도 따라 다닌다. 또 장사를 하는 사람도 누구네 가게가 잘된다고 하면 자신의 업종을 포기하고 잘된다는 업종으로 바꾼다. 위의 속담은 이러한 경우와 같이 자신이 주관을 가지고 꾸준히 그리고 끈기 있게 무엇을 하기보다는 이리저리 방황을 하는 사람들을 빗대어 표현한 것이라 할 수 있다.

사람의 욕심은 끝이 없다고 한다. 권력을 잡아 본 사람은 권력을 한없이 추구하고 부자가 된 사람은 돈을 더 벌려고 애를 쓰듯, 만족을 모르는 사람의 마음은 인간의 기본 속성일지 모른다. 물질의 세계는 끝이 있지만 사람의 마음에는 끝이 없다. 이를 잘 나타낸 속담

이 바로 '골짜기는 메우기 쉬워도 사람의 마음은 메우기 어렵다.'는
것이다. 인간의 욕망은 한없이 많지만, 옛날에는 매우 단순했다.
힘이 가장 중요한 문제로 권력과 지배욕이 대부분을 차지하고 있
었다. 영웅은 영원하지 않았으며 다음 영웅에 의해 정복되고, 왕의
운명은 귀족이나 승려들이 득세함으로써 권력을 배분하지 않을 수
없었다. 오늘날의 민주주의는 권력의 독점을 허용하지 않고 국민
들의 선거에 의한 정권 교체를 제도화했다. 현대에는 제도에 의한
권력 싸움이 이어지고 있는 상황이다.

'물에 빠지면 지푸라기라도 잡는다.'는 속담이 있다. 위급한 처지
에 놓인 사람은 다급한 나머지 손에 잡히는 아무거나 붙들고 구호
를 요청하게 된다는 의미의 속담이다. 위급 상황에서는 심리적으
로 매우 흥분된 상태이고, 감정적이고 비이성적인 상태가 되어 공
황 상태에 빠지게 되는 것이다. 이러한 상황에서는 남의 유혹에 잘
빠지게 되어 사기당하기 쉽고 이용당하기 쉽다. 감정적 흥분 상태
에 있기 때문에 이성적 판단을 할 수가 없는 것이다. 이러한 상태를
보여 주는 속담이 있는데 '홧김에 서방질한다.'는 것이다. 화가 난
다는 것은 감정적 흥분 상태로 서방질이라는 윤리적이지 못한 행
동도 서슴지 않고 하게 된다는 것이다.

우리 속담에 '꼬리 치는 개는 때리지 않는다.'는 것이 있다. 사람
은 아첨하는 사람이나 굽실거리는 사람에 대해서는 모질게 할 수
가 없다. 설령 잘못이 있다 하더라도 웃으며 상냥하게 구는 사람은
용서해 준다는 의미의 속담이다. 사람은 항복하거나 자기 아래로
들어오려는 사람에게는 관대한데, 이는 사람에게 타인을 지배하려
는 욕구가 있기 때문이다. 우리 역사를 보면 왕이나 높은 관직에 있

는 사람들은 자신에게 굽실거리고 아첨하는 사람들을 내치지 못하
고 자기 밑에 두려고 했다. 오히려 자신에게 바른 말과 옳은 이야
기를 해 주는 사람을 좋아하지 않고 멀리하는 경우가 많았는데, 이
것은 매슬로의 욕구 위계설에서 주장했던 인정의 욕구와 무관하지
않다. 리더로서 인정받고 싶은 욕구 때문에 자신에게 꼬리 치는 사
람을 물리치지 못하고, 온갖 아첨과 뇌물을 갖다 바치는 사람을 좋
아할 수밖에 없었던 것이다. 이런 양상은 요즘 사회에서도 별반 다
르지 않게 나타나고 있다. 자기보다 지위가 높은 사람에게 뇌물을
주고 부정청탁을 하는 일들을 자주 접하고 있지 않은가!

　인간관계에서 매우 친밀한 사람도 이해관계가 얽히면 다투게 되
는데, 이와 관련된 속담으로 '한 솥의 밥 먹고도 송사한다.'는 것이
있다. 이는 매우 가까운 사람들도 이해관계가 관련되면 싸우게 되
고 부모-자식, 형제자매 관계도 허물어지게 된다는 뜻이다. 특히
돈이 연관되면 이러한 현상은 더욱 강하게 나타나고, 부모와 자식
간에도 칼부림이 나고 형제들끼리 소송에 휘말리는 경우를 주변에
서 자주 볼 수 있다. 친구끼리도 마찬가지로, 친구관계에서도 돈 거
래는 하지 말라고 하는 말들을 많이 한다.

　'번개가 잦으면 벼락 친다.'는 속담이 있는데, 이는 어떤 특정 행
동이 자주 발생하면 결국 우려하는 행동이 일어나게 된다는 뜻이
다. 올바르지 못한 행동도 자주 하게 되면 대수롭지 않게 생각하고
후에 큰 잘못을 저지르게 된다. 아이들을 양육하면서 사소한 잘못
을 했을 때 부모가 눈감아 주면 그것이 반복되어 습관적인 행동으
로 나타나고, 결국 학습된 행동이 될 것이다. 이는 심리학에서의 학
습 원리 중 조작적 조건형성의 강화 원리에 해당된다고 할 수 있다.

잘못된 행동을 했을 때 처벌을 주지 않고 넘어간다는 것은 일종의 정적 강화로 작용하게 되어 그 행동이 학습되는 것이다. 예전에는 초등학교나 중고등학교에서 학생들이 잘못된 행동을 하게 되면 선생님들이 학생들에게 체벌을 하곤 했는데, 요즘은 체벌금지법으로 인해 어떠한 체벌도 할 수 없게 되었다. 따라서 잘못된 행동 뒤에 따라오는 처벌과 같은 부적 강화가 드물어서 잘못된 행동을 수정하기가 어렵고, 좋은 행동을 했을 때 칭찬이나 격려를 하는 정적 강화로 행동을 학습하도록 하는 훈육 방식을 활용할 수밖에 없게 되었다.

훌륭한 사람은 아무리 곤란을 겪는 상황에 처하더라도 자신의 본분을 지킬 줄 안다는 의미의 속담으로 '봉은 굶어도 좁쌀은 먹지 않는다.'라는 것이 있다. 큰 인물은 큰 인물답게 자신의 체면을 지키고 구차한 일에 사로잡히지 않는다. 이와 유사한 속담으로 '닷새를 굶어도 풍잠 멋으로 산다.'가 있다. 군자는 될 수 있으면 있는 척하고 잘난 티를 내고 자존심을 세워야 한다는 것이다. 남자가 큰소리를 칠 때는 큰소리를 쳐야 하고 호연지기를 잃지 말아야 한다는 의미로도 볼 수 있다.

반면에, '양반도 사흘 굶으면 도둑질한다.'는 속담도 있다. 이 속담은 아무리 점잖은 사람이라도 사흘 굶게 되면 도둑질도 서슴지 않고 하게 된다는 의미이다. 사람은 기본적인 욕구를 가지고 태어났기 때문에 먹지 않고서는 살 수가 없다. 이와 유사한 속담으로 '열흘 굶어 군자 없다.'라는 것도 있다. 옛날 양반들이 상민 앞에서는 위신을 세우고 체면을 차린다고 큰소리를 지지만, 먹는 것이 부족하면 도둑질이라도 해서 먹고 살아야 한다는 것을 강조한 속담이다. 이것은 인간의 행동이 환경의 지배를 받고 있다는 것을 보여 주는 것이기도 하다. 또한 옛 선조들은 정신문화를 중요시하고 물질적인 측면을 중시하지 않았다는 일반적인 생각과는 다르게, 인간의 기본적인 욕구를 무시할 수 없다는 것을 보여 주는 속담이라 할 수 있다.

　사람의 마음은 알 수가 없다고들 한다. 즉, 사람은 변덕이 심하다고 할 수 있는데, 이와 관련된 속담으로 '뽕 따러 갈 적 마음 다르고 올 적 마음 다르다.'라는 것이 있다. 이는 사람의 마음이 일관되고 안정성을 유지하는 것이 매우 어렵다는 것을 보여 주는 속담이라고 할 수 있다. 심리학에서는 사회심리학의 태도와 행동의 불일치로 설명하고 있다. 예로부터 언행일치를 중시해 왔듯이 태도와 태도 변화의 관계는 말과 행동, 그리고 사람의 한결같은 마음과 행동을 보여 주는 것이라 할 수 있다. 또한 말은 그럴듯하게 하면서 행동으로 옮기지 못하는 허풍쟁이의 모습도 들여다볼 수 있다. 이와 유사한 속담들은 꽤 많은 편인데 다음과 같은 것들이 있다.

- 겉 다르고 속 다르다.
- 못 먹는다 못 먹는다 하면서 껍질까지 다 먹는다.
- 헛바닥 세 치로 오만 생색 다 낸다.
- 물에 빠진 놈 건져 주니 보따리 내놓으라고 한다.
- 입으로는 못할 일 없다.
- 말에 꽃이 피는 사람은 마음에 열매가 없다.
- 맘이 앞서지 일이 앞서는 사람 없다.
- 말은 앞에 가지 말고 뒤따라야 한다.
- 말만 비단짝 같은 것이 행동은 개차반이라.

　사람에게는 양심이 있으니 잘못된 일은 하지 말라는 뜻의 '양 어깨에 동자보살이 있다.'는 속담이 있다. 양 어깨에 동자보살이 있다는 것은 몸에 동자보살이 따라다닌다는 것으로, 이것이 양 어깨에 달려 있으니 늘 감시를 받고 있다는 의미이다. 심리학에서는 양심을 프로이트가 제시한 성격의 요소 중 초자아에서 언급하고 있다. 초자아는 성격의 도덕적인 부분으로 양심과 자아이상이라는 하부체계를 가지고 있으며, 원초아의 맹목적인 충동을 억제하고 도덕적인 목표를 가지도록 권하고 노력하게 한다고 하였다. 서양에서는 기독교를 기본 신앙으로 하여 인간에게는 하나님의 명령인 양심이 있다는 것을 당연하게 생각해 왔으며, 양심은 자신을 감시하고 자기에게 올바른 방향으로 행동하도록 종용하고 의무를 강요하는 자기이며 선악을 판단하는 주체라고 보았다. 그러나 동양에서는 자아나 양심이라는 말이 없고, 성인군자들의 말을 통해 사람의 도를 강조해 왔다. 사람의 도란 예의범절, 즉 군자의 길이나 선비정신이라는 것으로 사람들이 추구해야 할 올바른 길이라고 보았다.이것이 서양에서 말하는 양심과 같다고 할 수 있다.

제7장

속담 속 심리학

방어기제

프로이트는 성격구조들 간의 갈등으로 생기는 불안에 관심을 가졌고, 세 가지의 불안을 제시하였다. 첫째, 신경증적 불안(neurotic anxiety)은 자신의 본능적 충동이 자신의 통제를 벗어나서 처벌받을 수 있는 행동을 일으킬까 두려워하는 것이다. 둘째, 현실적 불안(reality anxiety)은 외부세계에서 현실적인 위험에 대하여 느끼는 두려움이다. 셋째, 도덕적 불안(moral anxiety)은 개인의 행동이나 생각에서 받아들일 수 없다고 느껴지는 것들에 관한 양심의 가책이나 죄책감과 관련된 불안이다. 불안은 고통스러운 긴장 상대로, 유기체는 이러한 불안을 감소시키려고 노력하게 된다. 현실적인 방법으로 불안에 효과적으로 대처할 수 없을 때, 유기체는 비현실적인 방어를 하게 된다.

방어기제(defense mechanism)는 개인의 본능적 동기나 갈등을 숨기거나 위장하는 역할을 한다.

방어기제는 원초아와 초자아가 갈등을 일으킬 때 자아가 취하는 안전 장치를 말한다. 인간에게는 갈등과 불안을 해소하고 안전을 추구하려는 욕구가 있다. 방어기제는 그 갈등과 불안에 대한 개인의 대응책이라고 볼 수 있다. 초기 심리치료에서 방어기제는 신경증적인 내담자들의 '병리적 특성'으로 인식되었으나, 최근에는 정상인들도 공유하는 현상으로 이해되고 있다. 또한 여러 가지로 위협적인 현실 속에서 자아를 보호하는 순기능을 갖기도 하는 것으로 여겨지고 있다.

방어기제가 부적응을 의미하는가에 대한 논란도 있는데, 오히려 어느 정도는 자신의 세계에 몰두하게 하는 긍정적인 역할을 하고 있다고 볼 수 있다. 이런 모습은 그것이 비록 방어기제의 소산이라 할지라도 자신의 삶의 질을 높이는 데 기여한다. 썩 사교적이지 못해서 자칫 소극적이 되기 쉬운 생활을 적극적이고 주도적으로 이끌어 주고 있기 때문이다. 존재하는 사회 속에서 살아가는 인간은 누구나 자신의 '본능적 충동'이 그 '사회적 규칙'과 부딪히면서 빚어내는 갈등 때문에 불안을 느낀다. 그런데 그때마다 독특한 방어기제를 생성하면서 삶의 평형을 유지해 간다.

앞서 언급했듯이 현실적인 방법으로 불안에 효과적으로 대처할 수 없을 때 유기체는 비현실적인 방어를 하게 되는데, 이를 방어기제라고 한다. 개인의 본능적 동기나 갈등을 숨기거나 위장하는 역할을 수행하는 방어기제는 우리 속담에도 다양하게 표출되고 있다. 한국인이 사용해 왔던 전래 속담에서 과거 한국인 특유의 문제

해결 방식이나 자아방어 방식을 발견할 수 있다. 속담은 오랜 세월 동안 민중의 생활 속에서 발생하고 구전되어 오면서 그 나라 국민의 특성과 정신이 담겨져 있는 것이다(송재선, 1983). 또한 속담에는 신화나 전설, 동화에서와 같이 무의식적 사고로서 유아적 욕구와 이에 대한 해결책과 자아방어 방식이 제시되어 있다(Brenner, 1973). 이러한 점에서 미루어 볼 때 한국인이 사용해 왔던 전래의 속담에서 과거 한국인 특유의 문제해결 방식이나 자아방어 방식을 발견할 수 있으리라는 기대에 따라 몇몇 연구자가 전래의 속담 가운데 자아방어기제와 연관되는 속담을 분석하였다(박영숙, 1993). 이 장에서는 방어기제의 종류와 방어기제와 관련된 속담을 살펴보자.

1. 전치 또는 치환

전치(displacement)는 전위된 공격, 즉 다른 대상에게 충동을 분출하는 것으로 치환(substitution)이라고도 한다. 원래의 목표에서 대용 목표로 전환하여 긴장을 해소하는 경우를 말하는데, 원래의 사물이나 사람을 취득하기 어려울 때 다른 사물이나 사람에게 에너지가 향하는 것을 치환이라고 하고, 다른 대상에게 충동을 분출하는 것을 전치라 한다. 이와 관련된 속담으로는 '꿩 대신 닭'이 있는데, 이는 원래 원하는 사람이나 물건이 없을 때 그만은 못하나 그와 비슷한 정도의 것으로 대신한다는 뜻으로 치환과 연결된다. 그리고 '양반 못된 것 장에 가 호령한다.'는 속담은 양반을 공격하고 싶지만 그것이 안 되니까 다른 대상에게 충동을 분출하는 전치를 나타낸다고 볼 수 있다. 역사적으로 어떤 한 나라가 다른 나라를 공격하고 싶은데 그 나라가 너무 강하면 그 나라를 공격하지 못하고 그 옆에 있는 약한 나라를 공격하는 경우도 이에 해당된다고 할 수 있다.

2. 감정전이

감정전이(transference)는 대상을 바꾸어 감정을 표출하는 경우를 말한다. 예컨대, 어머니에게 꾸중을 들은 아이가 어머니에 대한 분노를 개에게 표출하는 것을 말한다. 즉, 윗사람에게 꾸지람을 듣고 그 화풀이를 애매한 다른 사람이나 대상에게 하는 경우나, 자신에게 화가 나는 상황에서 화풀이를 엉뚱한 데 하는 경우가 이에 해당된다고 할 수 있다. 본능의 표현 대상을 재조정해서, 위협을 많이 주는 대상에서 위협을 덜 주는 대상으로 방향을 전환하게 한다. 교사에게 꾸중을 들은 학생이 같은 반 친구에게 화를 낸다거나, 부모에게 꾸지람을 들은 아이가 동생을 때리거나, 개를 발로 차고, 장난감을 부순다. 또는 교장·교감에게 좋지 않은 소리를 들은 교사가 배우자나 아이들의 하찮은 자극에도 버럭 화를 낸다. 이러한 것들이 흔히 볼 수 있는 감정전이의 예이다.

학생들에게는 분노의 대상이 감정전이가 되는 경우가 많다. 학급마다 공격적인 행동으로 분위기를 어지럽히는 학생들이 꼭 한두 명씩 있다. 수업 시간에는 산만하고 쉬는 시간에는 급우들을 위협하거나 다치게 해 괴롭히니 그야말로 골칫덩어리이다. 흔히 그런

학생들의 마음은 자신에 대한 분노나 권위에 대한 분노로 가득 차 있다. 아버지나 교사 같은 권위 있는 인물에게는 부조리를 발견하더라도 항의하기가 어렵다. 그래서 거기서 쌓인 분노를 간직했다가 만만한 친구들에게 발산하는 것이다. 이런 경우 학생의 가정환경에 대한 이해가 필요하며, 혹시 분노를 건설적으로 표현하는 방법을 전혀 모르고 있는 건 아닌지 살펴보아야 한다.

다음은 감정전이와 관련된 속담이다.

- 제 얼굴 못나서 거울 깬다.
- 종로에서 뺨 맞고 한강에서 눈 흘긴다.
- 시어머니 역정에 개밥 구유 찬다.
- 서울서 매 맞고 송도서 주먹질한다.
- 관가에서 곤장 맞고 집에 가서 제 계집 친다.
- 시어머니에게 역정 나서 개 배때기 찬다.
- 종로에서 뺨 맞고 한강에 가서 눈 흘긴다.
- 영에서 뺨 맞고 집에 와서 계집 친다.
- 종로에서 뺨 맞고 행랑 뒷골에서 눈 흘긴다.

3. 반동형성

자아는 때로 본능적 충동과 정반대되는 행동을 하여 그 금시된 충동이 표출되지 못하게 자신을 조절하거나 방어하기도 하는데, 이를 반동형성(reaction formation)이라고 한다. 반동형성은 두 가

지 단계를 거친다. 첫째는, 받아들여질 수 없는 충동을 억압하는 것
이며, 둘째는, 그와 반대되는 행동을 의식 차원에서 표현하는 것이
다. 미움은 사랑으로, 잔인함은 자비로움으로, 고집불통은 순종으
로, 더럽히려는 욕망은 결벽증과 청결함으로 바뀌어 나타난다. 친
자를 데리고 재가한 계모가 친자보다 의붓자식에게 더욱 관심을
쏟고 세심하게 보살피는 경우가 있다. 과연 친자보다 의붓자식을
더 사랑해서일까? 그보다는 의붓자식에 대한 부담을 갖고 있고 그
것을 양심이 용납하지 않기 때문에 본능적 충동을 원천봉쇄하고
자신의 윤리관을 실천하려는 노력에서 그렇게 행동하는 것으로 보
는 것이 정확하다. 그러나 청소년들에게는 반동형성이 위의 예들
과는 다른 양상으로 드러나는 게 보통이다. 사랑에 대한 반동형성
으로 미움이 순종을 대신해 고집불통이 나타나는 것이다. 반동형
성은 자아가 어떤 측면을 위협으로 느끼는가에 따라 달리 표현되
기 때문이다. 예를 들어, 사랑을 드러내는 것이 위험하다고 느낀다
면 사랑을 감추고 증오나 저항이 섞인 행동을 하려 할 것이다.

　여학생의 경우 좋아하는 남자 선생님에 대해 일관된 태도를 보
이지 못하는 경우가 많다. 어느 때는 남들도 눈치챌 정도로 좋아하
는 감정을 드러내다가, 갑자기 교사에게 반항적으로 행동하는 등
갈피를 잡을 수 없다. 이런 안정되지 못한 모습은 자신의 동요하는
내면이 그대로 반영된 것이다. 남자 선생님을 무척 좋아하지만 그
와 자신은 왠지 한 쌍의 애인이 되기는 어려울 것 같다. 또 그 교사
를 좋아하는 친구들이 여럿 있다는 것을 알고 있다. 여러모로 거부
받을 가능성이 많은 자신의 애정을 그대로 표현하는 데에는 많은
모험이 따른다. 거부에 따른 자존심도 지켜야 하고, 필연적으로 올

것 같은 이별의 아픔에도 미리 대비해야 하기 때문이다. 청소년들
은 누군가를 좋아하는 자신의 모습을 긍정적으로 바라보며 진솔한
감정을 왜곡되지 않게 표현하는 성인으로 자라는 과도기에 있다.
건전한 자아개념과 애정관을 가진 성인으로 자라기 위해서 따뜻한
보살핌을 받을 필요가 있는 사춘기이다.

　반동형성은 억압된 소망을 정반대의 것으로 표출하는 것, 즉 무
의식적인 염원에 정반대되는 행동을 하는 것으로, 더 깊은 감정이
위협받을 때 이런 감정을 부인하기 위해 정반대되는 행동으로 은
폐하는 것을 말한다. 예를 들면, 지나친 사랑을 표현한 말로 '사랑
에 질식사시킨다.'를 들 수 있다. 억압된 감정을 있는 그대로 표출
하는 것이 아니라 그와 정반대되는 것으로 감정을 표출해서 해소
한다는 의미의 반동형성으로 볼 수 있는 속담들은 다음과 같다.

- 빛 좋은 개살구.
- 예쁜 자식 매로 키운다.
- 빈 수레가 더 요란하다.
- 가난할수록 기와집 짓는다.
- 귀한 자식 매 한 대 더 때린다.
- 겁 많은 개 먼저 짖는다.
- 귀한 자식 매로 키운다.
- 부서진 칼 자루에 옻칠한다.
- 냉수 먹고 갈비 트림한다.
- 서푼짜리 집에 천 냥짜리 문.
- 기지도 못하면서 뛰려고 한다.

• 봇짐 내어 주면서 하룻밤 더 묵으라 한다.

• 미운 놈 떡 하나 더 준다.

4. 합리화

합리화(rationalization)는 현실을 왜곡하여 해석함으로써 자존심을 지키기 위한 방어기제이다. 불합리한 행동을 합리적이고 정당한 것처럼 보이게 하려고 현실을 왜곡하여 제시한다는 점에서 합리화는 '불합리한 추리'인 셈이다. 자주 인용되는 합리화의 예가 이솝 우화에 등장하는 신포도 이야기이다. 여우가 키가 작아서 딸 수 없는 포도를 맛이 '신' 포도라서 일부러 건드리지 않았노라고 애써 변명한다는 내용의 이야기이다. 학생들 가운데에는 "학교 공부는 아무 의미도 없다." "이런 공부는 사회에 나가 아무 쓸모도 없다."라고 주장하는 경우가 종종 있다. 이런 경향은 대다수의 학생이 어려워하는 수학이나 외국어 과목에 대한 언급에서 두드러진다. 생활에 필요한 수학은 더하기, 빼기, 곱하기, 나누기면 된다. 방정식, 미적분이 우리가 살아가는 데 무슨 도움이 되겠는가. 영어도 마찬가지이다. 영어를 사용해서 생활하는 사람이 몇 명이나 될까? 그럴듯한 이야기이다. 그럼에도 시험 점수에 관심이 없거나 성적이 떨어졌을 때 풀 죽지 않는 학생은 거의 없을 것이다.

억압된 생각의 재해석으로, 어떤 일이 자기 뜻대로 되지 않았을 때 또는 자신이 무엇인가 잘못을 했을 때 무의식적으로 자기에게 편리하고 유리하게 그럴듯한 이유를 붙여 변명거리를 만드는 것을 말하는 합리화와 관련된 속담으로는 '엎어진 김에 쉬어 간다.' '핑계 없는 무덤 없다.' '사흘 굶어 담 아니 넘을 놈 없다.' '제 논에 물대기' 등이 있다.

5. 부정

　부정(denial)은 자기에게 주어지는 위협을 피할 수도 없고 공격할 수도 없을 때 생겨나는 것으로 위협을 거부하는 것, 즉 사실을 그대로 받아들이지 않고 부정하는 것을 말한다. 예를 들면, 파출소에 아들이 잡혀 있다고 전화가 왔을 때 부모가 우리 아이는 아니라고 생각하는 것을 들 수 있다. 당면한 상황을 받아들이기 어려울 때 일단 부인하게 되는 것을 말하는 부정과 관련된 속담은 다음과 같다.

- 눈 가리고 아웅.
- 닭 잡아먹고 오리 발 내민다.
- 꿩은 머리만 풀에 감춘다.
- 모르면 약이요, 아는 게 병.
- 꿩은 머리만 풀에 감춘다.
- 개구리 올챙이 적 생각 못한다.
- 모르는 것이 부처.
- 떡 먹은 입 쓸어치듯 한다.
- 건너 산 쳐다보기.
- 거지가 도승지를 불쌍타 한다.

6. 투사

투사(projection)는 자신의 숨겨진 욕망을 타인에게 돌리고 자기의 문제를 남의 탓으로 돌리는 것을 말한다. 예를 들면, 내가 당신을 갈망하는 것이 아니라 당신이 나를 갈망한다고 생각하는 것이다. 간단히 말해, 상황이나 남을 탓하는 것이 투사이다. 투사는 스스로 용납할 수 없는 자신의 충동, 태도, 행동을 타인이나 상황 때문이라고 생각하는 것으로, 자신의 결점을 다른 사람이나 사물을 통해 비난하는 형태를 띤다. 시험 준비를 충분히 하지 못해 만족할 만한 성적을 받지 못한 학생이, 그것이 시험 문제가 분명하지 않았기 때문에 혹은 다른 학생들이 부정행위를 했다거나 선생님이 핵심을 찌르는 강의를 하지 못했기 때문이라고 말하는 경우를 종종 볼 수 있다. 이처럼 사신의 실패 원인을 외부로 전가하는 것이 투사의 전형적인 예이다. 학교생활을 열심히 해 왔기 때문에 기대를 받아 오던 학생이 성적이 좀 떨어지는가 싶더니 어느 날 대학을 포기하겠다고 선언하는 경우가 더러 있다. 그러면서 "대학생들도 커닝하고 벼락치기 하는 등 윤리적으로 타락했기 때문이다." "학점 잘받으려고 서로 경쟁하면서 자기 이익만 추구하는데, 그런 대학생이 돼서 뭐하냐."라고 하는 것이다. 이 경우 성적이 떨어진 후 더욱경쟁의식이 생겨 성적을 올리는 방법들을 찾다 잠시나마 자신의가치관에 맞지 않는 불법적인 생각들을 하게 된 적은 없었는지, 그로 인해 괴로워하는 것은 아닌지 알아보고 도와줄 필요가 있다.

　자신의 숨겨진 욕망을 타인에게 돌리고 자신의 문제를 남의 탓으로 돌리는 행위를 뜻하는 투사와 관련된 속담은 다음과 같다.

- 숯이 검정 나무란다.
- 봉사가 개천 나무란다.
- 글 못한 놈 붓 고른다.
- 선무당이 장고 탓한다.
- 샛바리 짚바리 나무란다.
- 안 되면 산소 탓.
- 똥 묻은 개가 겨 묻은 개 나무란다.
- 문비 거꾸로 붙이고 환쟁이 나무란다.
- 봉사가 개천 나무란다.
- 가랑잎이 솔잎더러 바스락거린다고 한다.
- 제 얼굴 못나서 거울 깬다.

- 겨울바람이 봄바람 보고 춥다 한다.
- 제 흉 열 가지 가진 놈이 남의 흉 한 가지 본다.

7. 보상

보상(compensation)은 어떤 분야에서 탁월한 인정을 받음으로써 다른 부분의 실패나 약점을 보충하여 자존심을 고양시키는 것을 말한다. 예를 들면, 돈 없는 골목대장과 같은 경우가 해당된다. 보상은 자신의 부족한 점을 감추기 위해 약점을 지각하지 않으려 하거나 다른 정적 특성을 내세우는 것으로, 한국인의 성격 특성 중 허세와 체면 중시 성향도 보상심리에 해당된다고 볼 수 있다. 관련된 속담으로는 '없는 놈이 있는 체, 못난 놈이 잘난 체한다.' '가난한 집 족보 자랑한다.' '가난할수록 기와집 짓는다.' '든 거지 난 부자' 등이 있다.

8. 억제

억제(suppression)는 해롭고 바람직하지 못한 생각과 충동에 대하여 신중히 의식적으로 통제하는 것으로, 의식의 유무에 따라 다음에 나오는 억압(repression)과 구분된다.

9. 억압

억압(repression)은 위협을 주는 내용을 의식에서 밀어냄으로써 자아를 방어하는, 즉 무의식 속으로 억압하는 기제이다. 억압은 무의식적인 성적(性的)·공격적 충동을 완전히 차단하여 이를 의식하지 못하도록 하는 것으로, 흔히 '선택적 망각'이라 부른다. 개인은 이 억압을 통해 불안을 유발하는 갈등의 실체와 정서적으로 충격을 준 과거 사건을 잘 기억하지 못할 수 있다. 이렇게 억압된 충동은 무의식 속에 남아 계속 밖으로 표현되려는 경향이 있기 때문에, 그 부정적인 충동을 누르고 또 누르느라 자아의 에너지를 소모하게 된다.

어린 시절 성폭행을 당한 여학생을 예로 들어 보자. 사건 자체를 전혀 기억하지 못하는 경우도 있고, 폭행의 결정적인 부분에 대한 기억을 억압하여 그 부분만 망각하는 경우도 있다. 믿고 따르던 남자에게 당한 성폭행을 당해서 이제 더 이상 그 남자를 신뢰하지도 않고 그와 만나기조차 싫어졌지만, 억압에 의한 망각 때문에 도대체 왜 자신의 마음이 이렇게 변했는지 모를 수도 있다. 또 어렴풋이 성폭행을 당한 기억은 나지만 젖가슴을 만지는 정도에서 끝난 것인지, 아니면 옷을 벗기고 성기를 삽입하기까지 했는지 잘 기억하지 못할 수도 있다. 특히, 성폭행 가해자와의 관계가 소원해져서는 자신의 생존이 불가능한 경우, 그 모든 기억을 무의식 속에 철저히 가둬 버리고 오랫동안 망각하며 지내는 것이다.

성 충동이 강하면서도 그것은 고결하지 못한 것이라고 어설프게 생각해 버리는 대개의 사춘기 학생은 '성'에 대한 이야기를 꺼내면

과잉반응을 보인다. 특히, 성폭행을 당한 적이 있는 여학생이라면 더욱 민감하게 반응할 것이다. 성 이야기를 자주 꺼내는 교사를 무시하거나 혐오하고, 좋아하는 남자 교사에게 과도한 거부 반응을 보이기도 하며, '성'이 언급되는 교과목을 싫어하고 그 수업에 태만하게 임하는 등 여러 양상을 보인다. 지나치게 행동하는 학생을 이해하는 데에는 많은 어려움이 따른다. 그러나 남아 있는 앙금을 처리하지 못해 괴로워할 학생의 마음을 들여다볼 필요가 있다. 우리 사회는 아직도 성폭행 피해가 드러날 경우 피해자의 이미지에 더 큰 손상이 생기는 사회이다. 성폭행 피해자는 가해자에 대한 분노와 자신에 대한 수치심을 마음 놓고 표현했을 때 생길 수 있는 내·외적 혼란 때문에 자신을 억압하며, 자아의 효능성과 창조성을 소모시키는 희생자가 되는 셈이다.

10. 승화

승화(sublimation)는 사회적으로 용납될 수 없는 욕망을 용인될 수 있는 형태로 변형하는 것으로, 누드화 같은 경우가 해당된다. 인류의 지적·문화적 성취의 동력이 되는 것이라고 할 수 있다. 승화는 사회에 적응하는 데 적절하도록 하기 위해, 이드의 충동을 사회적으로 용납된 생각이나 행동으로 바꿔 표현함으로써 충동의 표현방법을 전환하는 것이다. 승화는 충동의 표현을 억제하는 것이 아니라 목적이나 대상을 변화시켜서 표현하기 때문에, 문제 있는 충동을 건전하고 건설적인 방법으로 다루어 나가는 전략이다.

청소년기에 자위행위가 불안을 일으키는 원인이 된다면, 그 충동을 축구, 수영, 학업 등 사회적으로 인정된 행동으로 승화시킬 수 있다. 남자 청소년들은 자위행위로 인한 불안을 호소하는 전화상담을 많이 요청한다. 자위행위는 도덕적으로 옳지 못한 것 아닌가, 자위를 하면 키가 크지 못하는 것은 아닐까, 신체가 허약해져서 생식 능력을 잃는 것은 아닐까 등의 불안을 갖고 상담실에 전화를 한다. 상담실에서는 이런 청소년에게 흔히 안심하라는 위로와 함께 승화된 활동을 권유한다.

프로이트는 성 본능의 승화가 서구문화와 학문 발전의 원동력이 되었다고 주장한다. 대변을 가지고 노는 어린아이의 경우를 생각해 보자. 이러한 아이의 소망은 부모에 의해 심하게 저지된다. 그러면 아이는 대변을 가지고 노는 것을 포기하고 대신 진흙이나 점토를 가지고 놀게 된다. 이와 같은 대리적인 활동들은 대변을 가지고 놀고 싶던 원래의 유아기 충동을 어느 정도 충족시켜 준다. 원초아의 충동은 진흙이나 점토 놀이에 열중하는 마음 속에서 무의식화되어 사회적인 인정을 받는 방향으로 변형된 것이다.

11. 동일시

동일시(identification)는 중요한 타인과 같은 존재로 행동하는 것을 말한다. 예를 들면, 나치 포로수용소에서 겪었던 공격자를 동일시하는 경우이다. 주요 인물의 태도와 행동을 자기도 모르게 닮아 따라 하게 되는 것으로, 동일시는 공격자 동일시, 병적 동일시, 전이 동일시 그리고 공감 동일시로 구분할 수 있다. 다음은 동일시와 관련된 속담이다.

- 친구 따라 강남 간다.
- 과부 사정은 홀아비가 안다.
- 가재는 게 편이라.
- 비단 올이 춤을 주니 배 올도 춤을 춘다.
- 남의 속에 든 글도 배운다.
- 남이 장 간다고 하니 거름 지고 나선다.
- 독서당 개가 맹자 왈 한다.
- 마른 나무를 태우면 생나무도 탄다.
- 웃물이 맑아야 아랫물이 맑다.
- 대신 댁 송아지 범 무서운 줄 모른다.
- 며느리 늙어 시어미 된다.

12. 퇴행

퇴행(regression)은 이미 획득했던 발달적 과제의 역행을 말한다. 예를 들면, 동생이 태어나자 형이 다시 대소변을 못 가리는 경우가 해당되는데, 이는 부모의 사랑을 찾고자 하는 본능 때문이라고 할 수 있다. 퇴행은 현재의 발달단계에서 수행해야 할 과제를 이루어 내기 어려울 때 나타난다. 흔히 무조건적 의존이 허용되던 어린 시절의 방식을 사용하여 현재의 욕구를 충족시키고 당면한 갈등을 해소하려는 시도를 퇴행이라고 한다. 교사의 일상적인 어투나 합리적인 처벌에도 뾰로통해져서 말을 안 하거나 쉽게 울어 버리는 여학생의 모습은 학교에서 흔히 볼 수 있는 퇴행의 한 형태이다. 교사의 권위에 폭력적으로 반항하거나 기물을 파괴하는 남학생의 경우도 마찬가지이다.

청소년의 퇴행이 심하게 나타나는 곳은 정서적 긴장이 충분히 이완되는 가정에서이다. 자녀가 등교 거부를 하여 불면증에 시달리는 어머니가 호소하는 사례를 보자. 고등학교 3학년 남학생 자녀를 둔 어머니였다. 학생은 2학년 2학기 때부터 학교 가기를 꺼리기 시작했다. 3학년이 되자 등교 시간에 두통을 호소하여 열흘 정도 결석하기까지 했다. 1학기가 끝나갈 즈음 이런 경향이 심해져 현재는 방학 중에 실시되는 자율학습에 나가지 않고 있다. 일주일 후면 방학이 끝나서 정식으로 등교해야 하는데, 그때도 학교에 안 가겠다고 할까 봐 어머니의 걱정은 이만저만이 아니다. 담임교사 또한 여러 차례 집으로 전화도 하고 학생을 달래 보기도 했지만 별 성

과가 없었다고 한다. 심한 경우 한번 잠들면 이삼일이 가기도 하는
데, 그때는 먹지도 않고 화장실에도 가지 않아 어머니가 학생의 소
변을 닦아 내곤 한다는 것이다. 이 학생은 두통으로의 '도피'를 거
쳐 항문기로의 '퇴행'을 통해 현재의 긴장된 생활로부터 자아를 방
어하는 것으로 보인다.

13. 도피

도피(escape)란 현실의 불쾌한 상태로부터 도망침으로써 불안을
감소시키려는 방어기제이다. 과중한 수업 부담과 입시경쟁 속에서
쾌락을 위한 행위를 전면 유보, 금지당하는 우리 청소년들에게는
도피가 자주 발생한다. 즉, 이들은 괴로운 현실로부터 도피하는 것
이다. 전날 밤 충분히 잠을 잤는데도 수업 시간이면 잠이 쏟아지는
학생, 책을 펴들면 잡념이 떠올라 공상으로 시간을 보내는 학생, 습
관적으로 자위행위를 하는 학생, 술담배를 일삼는 학생 등이 그 예
이다. 도피를 통해 순간이나마 직면한 과제로부터 벗어나 보려는
것이다.

도피가 가출이나 등교 거부의 형태로 나타나면 문제가 더욱 복
잡해진다. 공부가 부담스러워지는 인문고 학생에게 가정과 학교에
서 가하는 압력은 도피의 원인이 된다. 이들은 책과는 거리가 먼 생
활을 하면서 자녀에게만 공부를 강요하는 부모들을 위선적이라 여
기고, 학생들이 좋은 점수를 내서 실적 올리기를 희망하는 교사는
탐욕스럽기 때문에 같이 지내기 싫다고 당당히 주장한다. 그리하

여 반복적으로 가출, 등교 거부를 감행하는 것이다.

이상의 방어기제 외에도, 히스테리(hysteria)는 힘든 사태를 벗어
날 수 있는 신체 증상을 발달시키는 것이다. 예를 들면, 명절날 갑자
기 손에 마비가 오는 현상이 있는데 이는 생물학적으로는 정상이
라고 할 수 있다. 그리고 주지화(intellectualization, 지성화)는 정서적
으로 위협이 되는 상황을 추상적이고 지적인 용어를 사용함으로써
초연하게 보이려는 시도를 하는 것이다.

방어기제는 수용적 태도로 이해해야 할 필요가 있다. 인간 행동
을 이해할 때 하나의 방어기제만으로는 설명되지 않는 상황이 많
다. 서너 살 된 어린아이가 동생을 보게 된 경우를 생각해 보자. 그
아이는 동생에게 어머니의 사랑과 관심을 빼앗겼다고 생각하고 어
린 동생이 없어져 버리기를 바랄 수도 있다. 그러나 곧 동생을 미워
하면 어머니로부터 환영받지 못한다는 것을 알게 된다. 그래서 아
이는 어머니의 사랑을 잃을 것이 두려워 방어기제를 동원하는 것
이다. 이때 주로 사용하는 방어기제가 '억압'이다. 이 경우 아이의
적대적인 충동은 자아에서 제외되고, 지속적인 작업에 의해 의식
에서 차단된다. 동생에 대한 적대적 충동이 의식에서 사라지면서
동시에 어느 정도의 애정을 보이게 되는데, 이는 반동형성의 일종
으로 설명할 수 있다.

학생들이 방어기제를 보일 때 반드시 염두에 두어야 할 사항은
방어기제는 무의식적으로 일어난다는 것이다. 알면서 '……인 체
하는 것'과는 차원이 다르다. 학생의 그런 모습을 보면 교사는 가르
쳐야 한다는 유혹에 빠지기 쉽다. 주로 학생의 본분을 다하지 않으
면서 이유 없이 반항하거나, 남을 헐뜯거나, 자신을 합리화하거나,

현실로부터 도망치는 것과 같은 모습을 보이기 때문이다. 그러나
이때 일대일로 만나서 왜곡된 점을 지적하거나 충고하는 것은 역
효과를 거두기 쉽다. 지적이나 충고는 더욱 큰 불안을 유발하는데,
불안은 방어기제를 더욱 견고하게 하기 때문이다. 굳이 충고가 필
요하다면 여럿이 불안을 공유할 수 있도록 개인이 아닌 집단을 대
상으로 하는 것이 현명하다. 수많은 학생을 만나 가르치면서 그들
의 방어기제까지 수용하는 것은 쉽지 않다. 더욱이 교사의 수용적
태도가 학생의 마음에 전달되어서 학생으로 하여금 자신의 본연의
모습을 보게 하는 것은 참으로 어려운 일이다. 그럼에도 불구하고
청소년들은 무한한 '성장 가능성'을 가지고 있다. 성인들보다는 비
합리적인 기제를 통해 현실을 왜곡하는 일이 잦지만, 그들에게는
이를 극복할 가능성이 있고, 현재의 심리적인 곤란이 적절하게 다
루어지기만 한다면 오히려 더 큰 성장의 영양분이 될 수도 있다.

　지금까지 방어기제의 종류와 방어기제와 관련된 속담을 살펴보
았다. 개인이 주로 사용하는 자아방어기제는 오랜 시간의 경과와
더불어 개인의 인격 발달과 환경 변화에도 불구하고 일관성 있게
유지된다는 사실이 밝혀짐으로써 성격적 요소로서, 지속적인 갈등
해결 방식이나 적응 방식으로서 인식되어 왔다(Blatt, 1974; Vaillant
1981). 따라서 자아방어기제 유형을 신뢰성 있게 평가할 수 있다면
개인의 갈등해결 방식이나 성격 유형을 이해함에 있어서, 더 나아
가서는 동일한 사회문화적 환경 내에 있는 구성원들이 공통적으로
지니고 있는 적응 방식이나 문제해결 방식을 이해함에 있어서 도
움을 줄 수 있다는 판단 아래 객관적인 방어기제 검사가 제작되어
왔다(Brenner, 1973).

제4부

속담은 사람들의 경험이 응결되어 이루어진 하나의 생활철학으로, 여기에는 민족의 정신이 반영되어 있으며 민중의 꿈과 슬기가 녹아 있다. 이렇게 볼 때, 속담은 세계를 끊임없이 관찰하고 인식하는 건강한 정신 활동의 산물이라고 할 수 있다. 세상에 대한 믿음 내지 지식에는 다음과 같이 세 가지 형태의 세상에 대한 인식이 다 포함되어 있다고 할 수 있다. 첫째는, 한 시대, 한 민족에게 자연발생적으로 생겨나 전통을 통해 전수되어 나가는 인식이고, 둘째는, 개별적인 학문들의 탐구 성과이며, 셋째는, 경험적인 지식과는 원리적으로 무관한 철학적 탐구의 선천적 인식이다. 이렇게 볼 때, 세계관이란 세계 및 그 의미에 대한 통일적이고도 총체적인 인식뿐만 아니라, 그 세계 속에서의 사람의 삶 전체에 대한 통찰 및 가치 판단과 이를 바탕으로 하는 실천적 행위의 영역에 대한 태도까지도 포괄하는 것으로 이해할 수 있다.

속담,
경제심리학과
만나다

심리학에서 속담으로 설명할 수 있는 이론이나 개념을 앞에서 많이 살펴보았듯이, 속담에는 풍부한 삶의 지혜와 경제 원리가 담겨 있으며, 속담을 통해 설명할 수 있는 경제 현상이 많이 있다. 최근에 경제학에서도 심리학이 적용된 행동경제학(behavioral economics)이 떠오르고 있는 분야라 할 수 있다. 속담으로 경제학과 관련된 이론과 경제 현상을 잘 설명해 놓은 『속담 속의 경제학』(노상채, 2008)이라는 저서와 『경제심리학』(김원호 역, 2010)이라는 저서를 참고하여 제8장의 내용을 정리하였다. 제4부의 제8장에서는 경제와 관련된 이론과 현상을 속담으로 설명하고 그 속에서 작용하는 인간의 심리적 기제를 살펴보며, 제9장에서는 전통적인 속담에서 나타난 한국인의 소비생활과 관련된 내용을 정리해 본다.

제8장

속담 속 심리학
경제관

우 리 조상들은 현대의 경제학이라고 할 정도
는 아니지만, 사람들의 생활 속에서 많은 속
담을 통해 경제와 관련된 가치나 의식, 경제이론이나 현상을 설명
할 수 있는 다양한 삶의 모습을 보여 주었다. 이 장에서는 경제학에
서 다루고 있는 다양한 이론과 현상들을 속담을 통해 살펴보고 그
속에 담겨 있는 심리학적인 기제들도 정리해 보았다.

1. 경제 기초

　'흘러가는 물도 떠 주면 공 된다.'는 속담이 있다. 이는 그냥 흘러
가는 물은 나와는 아무 상관이 없지만 누군가 그 물을 나에게 떠 준
다면 마시거나 다른 용도로 사용할 수 있어서 나에게 도움이 된다
는 뜻이다. 즉, 산골짜기나 강에 흐르는 물을 끌어다가 소독 등 정
수과정을 거치면 그 물은 유용한 수돗물이 되는 것이다. 사람에게
효용을 주는 실체를 가진 물건을 재화라고 한다. 그중 대가를 치르
지 않고 얻을 수 있는 재화를 자유재라고 하는데, 공기나 햇빛, 밤
하늘의 반짝이는 별, 시원한 바람 등이 자유재라고 할 수 있다. 그
러나 최근에는 상황이 바뀌어 물과 공기는 자유재의 지위를 잃고
수돗물이나 정화된 공기처럼 대가를 지불해야 얻을 수 있는 경제
재가 되었다. 인간이 세상을 살아가며 생존의 욕구를 충족시키기
위해서 필수적인 음식, 옷, 집 등은 대부분 경제재라고 할 수 있다.
산업이 발달하면서 대부분의 자유재는 경제재로 변하고 있다. 그
과정에서 자유재를 경제재로 변화시켜 많은 돈을 벌고 있는 사례
도 볼 수 있는데, 가장 대표적인 것이 생수라고 할 수 있다.
　사람의 욕구는 끝이 없다는 의미의 속담으로 '바다는 메워도 사
람 욕심은 못 메운다.'는 것이 있고, 이와 유사한 것으로 '세 살 먹은
아이도 제 손의 것 안 내놓는다.'라는 속담도 있다. 반면에, 자원의
유한함을 보여 주는 '강물도 쓰면 준다.'와 같은 속담도 있다. 한없
이 흘러가는 강물이어서 무한정 사용할 수 있을 것으로 생각했지
만, 최근에는 물 부족 현상이 지구촌 곳곳에서 나타나 심각한 문제

로 대두되고 있다. 머지않아 물도 석유처럼 아주 비싼 가격에 팔고
사는 시대가 올 수 있을 것이다. 따라서 물도 이제는 합리적으로 소
비해야 할 시대가 되었다.

사람의 끝없는 욕망에 비해 그것을 충족시켜 줄 자원은 부족하
다. 이러한 의미로 '개똥도 약에 쓰려면 귀하다.'라는 속담이 나왔
다고 할 수 있다. 사람의 욕구가 끝이 없는 데 반해 자원은 상대적
으로 부족한 현상을 희소성이라고 한다. 자원의 희소성을 보여 주
는 대표적인 자원으로는 석유를 들 수 있는데, 석유는 확인된 매장
량으로 보면 약 40년 후 바닥나게 된다고 한다. 최근 석유를 대체
할 수 있는 자원을 만들어 내기 위한 여러 국가의 노력이 있지만 아
직 개발 단계이고, 화력 발전을 대체할 수 있는 원자력뿐만 아니라
풍력이나 태양광 발전이 증가하고 있지만 이 또한 충분치 않은 상
황이다.

'티끌 모아 태산'이라는 속담은 오늘날 자본주의가 발달하게 된
배경을 말해 주는 속담이라고 할 수 있으며, '곡식은 주인의 발자국
소리를 듣고 자란다.'는 속담도 유사한 의미를 담고 있다. 근면과
성실은 부를 만드는 지름길이라는 의미를 가진 속담이라고 할 수
있다.

'개도 돈만 있으면 첨지'라는 속담이 있는데, 이는 개도 돈만 있
으면 높은 벼슬명으로 불린다는 것을 비꼬는 의미이다. 여기서 첨
지란 낮은 벼슬이 아니라 조선시대 정삼품 무관의 벼슬인 첨지중
추부사를 말한다. 첨지가 얼마나 높은 벼슬인지는 이순신 장군의
사례에서 알 수 있을 것 같다. 이순신 장군이 임진왜란에서 큰 공을
세우고 받은 벼슬자리가 바로 첨지였다. 이 속담은 배금주의, 즉 돈

이 제일이어서 돈을 모으는 것이 인생의 목적이라고 생각하는 것을 경계하는 말이다. 배금주의는 황금만능주의나 물질만능주의라고도 하는데, 배금주의 사회에서는 돈을 숭배하며, 돈이 있는 자가 강자이고 돈이 없는 자는 약자이다. 이러한 사회 풍토에서는 '유전무죄 무전유죄' 현상이 나타난다. 그래서 돈이 없는 사람들은 수단과 방법을 가리지 않고 돈을 벌려고 하고, 돈이 많은 사람들은 더 많은 돈을 벌려고 애쓴다. 사회의 법과 규범은 지켜지지 않고, 결과만 좋으면 과정은 문제 삼지 않는 분위기가 팽배해지기 마련이다. 이런 배금주의는 자본주의 사회의 가장 큰 단점이라고 할 수 있다.

한편, 자본주의 사회에서 분배와 나눔의 문제가 중요한 사회적 이슈로 떠오르고 있는데, 이와 관련된 속담으로 '개 잡아먹다가 동네 인심 잃고, 닭 잡아먹다가 이웃 인심 잃는다.'라는 것이 있다. 이 속담은 이웃들과 어떻게 살아가야 하는지를 가르쳐 준다. 원래 개는 몸집이 커서 한 마리를 잡으면 동네 사람들이 나누어 먹을 수 있고, 닭 또한 개보다는 작지만 이웃집과 나누어 먹을 수 있다. 개를 잡으면 그 냄새가 동네에 퍼져 동네 사람들이 다 알게 되고 닭을 잡으면 그 소리에 이웃이 알게 되는데, 인색하게 자기 식구들끼리만 개나 닭을 먹어치운다면 인심을 잃게 된다는 것이다. 우리 조상들은 이 속담을 통해 나눔을 가르치고 있다.

소비자가 재화를 구입하려는 욕구를 수요라고 하고, 생산자가 판매하려는 욕구를 공급이라고 한다. 수요와 공급이론은 누구나 다 아는 아주 쉬운 경제이론이다. 수요에 영향을 미치는 여러 가지 요인 중에서 가장 중요한 것이 가격인데, 이와 관련된 속담으로 '삼촌네 가게 떡이라도 싸야 사먹지.'라는 것이 있다. 가격은 가장 크고 직접적으로 수요에 영향을 미치는데, 재화의 가격이 하락하면 수요가 증가하고 가격이 상승하면 수요가 감소한다. 삼촌네 가게 떡이라도 가격이 비싸면 수요가 감소하게 되는 것이다.

재화의 가격은 시장에서 수요와 공급 원리에 따라 결정되며, 시장에서 결정된 가격은 일반적으로 재화의 가치를 반영하게 된다. 우리 조상들은 시장에서 결정된 가격을 신뢰한 것 같은데, 이를 반영하고 있는 속담으로 '물건을 모르거든 금새를 보고 사라.'가 있다. 여기서 금새란 가격을 말하는 것이다. 이와 유사한 속담으로 '서푼짜리 소는 이빨도 들춰 보지 말랬다.'가 있다. 서푼이라는 소 값은 거의 공짜나 다름없는 매우 낮은 가격으로, 무슨 기대를 가지고 소의 이빨까지 들춰 보며 사겠느냐는 의미이다. 즉, 물건의 품질이 좋고 나쁜지를 모를 때는 그 물건의 가격을 보고 어느 정도 짐작할 수 있다는 것이다.

소비를 하면 할수록 한계효용이 감소되어 가는 현상을 한계효용 체감의 법칙이라고 한다. 예를 들어, 피자 한 판을 먹는다고 하면 한 조각 한 조각 더 먹어 감에 따라 마지막 조각이 주는 효용은 점차 감소하게 된다는 것이다. 우리 선조들도 이러한 한계효용 체감의 법칙을 잘 알고 있었던 것 같고, 이를 보여 주는 속담들도 꽤 많은 편이다. '듣기 좋은 노래도 석 자리 반이다.'라는 속담이 있는데, 이는 아무리 듣기 좋은 노래도 계속 들으면 싫증이 난다는 뜻으로 한계효용 체감의 법칙을 나타내는 대표적인 속담이라고 할 수 있다. 이 외에도 관련 속담으로 '비지로 캐온 배 고량신니 마다한다.' '비짓국 잔뜩 먹은 배는 약과도 싫다고 한다.' '맛있는 음식도 늘 먹으면 싫다.'가 있다. 배가 부르면 그것보다 맛있는 음식도 싫다고 하고, 듣기 좋은 이야기도 자꾸 들으면 싫다는 것이다. 심리학에서도 지각적 특성에서, 자극의 강도와 관련된 설명에서 이와 유사한 내용을 볼 수 있다.

경제이론에 '페테르부르크의 역설' 현상이 있는데, 이는 한계효용 체감의 법칙으로 설명할 수 있으며, 심리학에서는 의사결정 법칙에 나오는 상실의 두려움(fear of loss)이라는 것으로 설명할 수 있다. 우리 속담에 '드는 줄은 몰라도 나는 줄은 안다.'라는 것이 있는데, 여기서 '드는'이란 재산이 들어오는 것을 말하고 '나는'이란 재산이 나가는 것을 말한다. 즉, 재산이 불어나는 것은 잘 몰라도 재산이 없어지는 것은 금방 알게 된다는 뜻이다. 사람들의 심리가 손해 나는 것에는 민감하고 금방 알아차린다는 것인데, 놓친 고기가 더 커 보인다는 것도 유사한 말이라고 할 수 있다. 옛 제정 러시아의 수도인 상트페테르부르크는 귀족적이고 화려한 도시로 도박이 성행했는데, 그 도박 중에 기대수익이 무한대인 것도 있었지만 그것을 하는 사람이 없었던 것에서 나온 말이다. 페테르부르크의 역설 현상이다. 즉, 유리한 내기인데도 도박에 참여하기를 기피하는 현상을 페테르부르크의 역설이라고 한다. 이는 의사결정 시 자기가 소유하고 있는 것보다 더 비싼 것을 친구가 주겠다고 하면서 자신이 가지고 있는 것 중에서 더 싼 것을 바꾸자고 해도 대다수 사람은 거절하게 된다는 것이다. 이것을 경제학에서는 한계효용 체감의 법칙으로 설명한다. 앞서 예를 든 도박의 경우, 사람들은 돈을 따서 얻게 되는 재화의 효용보다 잃게 되는 재화의 효용을 더 크게 느끼는 것이다.

최근에 웰빙 열풍이 불면서 일반 두유보다 검은콩 두유가 더 잘 팔리고, 흑미가 일반미보다 더 비싸게 팔리고 있다. 우리 속담에도 '같은 값이면 검은 소 잡아먹는다.'라는 것이 있다. 이는 어떤 두 재화의 값이 같으면 효용이 큰 재화를 고르는 것이 합리적이라는 의미로, 우리 선조들도 합리적인 소비를 했다는 것을 말해 준다. 즉, 효용을 극대화하는 소비를 한다는 것이다. 이와 유사한 것으로 우리가 잘 알고 있는 '같은 값이면 다홍치마'라는 속담도 있다. 같은 값이면 효용이 가장 큰 것을 선택한다는 뜻으로, 많은 대안 중에서 선택을 해야 할 때 대안별 효용을 계산한 후 가장 효용이 큰 대안을 선택하는 주관적 효용모형이라 할 수 있다. 심리학에서 의사결정은 가능한 모든 해결책을 알고 그 가운데서 최선의 선택을 하는 것이 목적이다. 의사결정이 어려워지는 이유 중 하나는 선택 대안들이 여러 가지 속성을 가지고 있기 때문이다. 여러 속성 중 하나가 별로 마음에 들지 않을 때 그 대안을 제거해 버려야 하는지, 아니면 다른 속성들은 매력적이니까 계속 고려할 것인지를 결정해야 한다.

　선택과 결정의 과정에는 귀납적 추리가 많이 개입된다. 선택과 결정에 대한 인지심리학적 연구 결과에 의하면 인간은 완전한 논리적 사고자가 아니다. 인간의 인지 체계는 주의 용량, 작업기억 용량, 활용할 수 있는 지식의 유형 등에서 한계가 있다. 나아가 제한된 시간 내에 문제를 해결해야 하는 상황적 제약도 있다. 그런데 이러한 한계를 지니고 있으면서도 매 순간 입력되는 수많은 자극 정보를 적절히 파악하고 처리하여 환경에 적응할 수 있어야 한다. 따라서 인간은 비논리적인 편향을 도입하여 사고의 정확성을 희생하면서라도 최대한 효율적 정보 처리를 추구하는 경향이 강하다. 즉,

인간은 최소한의 정보 처리 시간과 노력을 들여서 최적의 결과를 도출하려 하는 '인지적 경제성'을 추구하는 인지적 절약자(Nisbett & Ross, 1980)임이 드러났다.

많은 경우 사람들은 과거의 경험에 기초하여 여러 대안 가운데 최선의 것을 선택하는 귀납적인 방식으로 결론에 도달한다. 그렇다고 해서 귀납 추리에 근거한 의사결정이 쉬운 것만은 아니다. 우리가 무엇인가를 선택해야 하는 상황에서 자주 사용하고 있는 선택모형 중 대표적인 것을 살펴보자. 인간은 합리적이므로 선택 대안들 중에서 가장 효용이 큰 대안을 선택한다. 이를 규범적 모형이라 하는데, 이를 다시 주관적 효용모형과 다속성 효용모형으로 구분할 수 있다.

우선 주관적 효용모형에서는 선택 대안별로 속성별 효용을 계산하여 효용이 가장 큰 대안을 선택하고, 다속성 효용모형에서는 속성별 효용을 구한 다음 그 속성의 중요도에 따라 가중치를 결정하고 효용에 가중치를 곱해 각 대안들의 전체 효용을 구한 다음, 여러 대안 중 가장 효용이 큰 대안을 선택한다. 그러나 이런 귀납적 방식으로 실제적인 문제를 결정하는 것은 생각만큼 단순한 일이 아니다. 일상생활에서 접하는 문제들은 단순하지도 않고 수학적 분석이 불가능한 경우도 많기 때문이다.

대안들이 여러 차원에서 비교되는 경우 또는 비교해야 할 선택 대안들의 속성이 너무 많아 일일이 그 효용을 계산하는 것이 어려울 경우 사용할 수 있는 방법으로 측면제거법(elimination by aspect)이 있다(Tversky, 1972). 이 방법은 여러 가능한 대안 가운데 특정 차원에서 기준에 미달하는 매력적이지 못한 대안을 단계적으로 제거해 나감으로써 최종적인 선택을 하는 방법이다. 예를 들어, 배우자 후보감을 결정할 때 미모를 첫째 조건으로 하여 미모에서 부족한 후보자들은 머리가 좋든 학벌이 좋든 돈이 많든 상관없이 무조건 제외하고, 둘째 단계로 미모에 합격한 사람 중에서 학벌을 고려하여 기준에 미달하는 사람을 제외하는 방식으로 최종 후보를 결정해 간다면, 이는 측면제거법에 따른 의사결정이라 할 수 있다.

2. 소비 행태와 관련된 속담

우리 속담에 '좋은 약은 입에 쓰다.'라는 것이 있는데, 이는 좋은 충고는 귀에는 거슬리지만 몸가짐을 바르게 하는 데는 이롭다는 것을 비유한 속담이다. 좋은 약이 입에 써서 사람들이 먹기 싫어하는 것처럼, 개인의 자유에 맡기면 바람직한 양만큼 소비하지 않는 재화를 가치재라고 한다. 즉, 효용 가치는 있지만 자발적으로 소비하려 하지 않는 재화가 가치재이다. 일상생활에서 의무가 들어가는 단어는 가치재에 속한다고 볼 수 있다. 우리나라의 의무교육인 초등교육과 중등교육, 대학의 기초교양 과목들을 가치재라고 할 수 있다. 그리고 우리가 어려서부터 자주 들어 온 어머니의 잔소리도 하지 말라고 하거나 싫은 것이 많은데, 어머니의 잔소리야말로 삶의 자양분이 되는 최고의 가치재라고 할 수 있다.

보완재와 관련된 속담도 있다. '보리밥에는 고추장이 제격이다.'라는 속담은 보리밥을 먹을 때는 고추장을 넣고 비벼야 제맛이 난다는 뜻이다. 바늘이 있으면 실이 있어야 바느질을 할 수 있다는 의미의 '바늘 가는 데 실 간다.'라는 속담도 있다. 이 속담들은 모두 두 가지를 동시에 소비할 때 효용을 발휘하는 재화들을 보여 준다.

반면에, 대체재와 관련된 속담도 있다. '꿩 대신 닭'이라는 속담은, 어떤 재화나 서비스는 다른 것으로 대신 소비를 해도 동일한 만족을 얻을 수 있다는 것을 의미한다. 고속버스 대신 열차를 타는 것, 코카콜라 대신 펩시콜라를 마시는 것과 같은 경우이다.

한편, 위치재나 지위재를 보여 주는 속담도 있다. '갓 쓰면 양반 된다.'는 속담이 그 예이다. 갓은 조선시대부터 양반이 외출할 때 사용하는 것으로, 중인 이상의 신분 층에서만 사용하였기 때문에 양반의 상징이었다. 그래서 생겨난 속담인데, 오늘날에도 어떤 특정한 재화와 서비스는 그 소유만으로 사용자의 신분을 나타내거나 상대적으로 유리한 지위를 확보하기도 한다. 갓을 쓰면 양반이 되는 것처럼, 다른 사람이 소비하는 것과의 차이로 인해 사용자의 지위를 높여 주는 재화를 위치재 또는 지위재라고 한다. 최근에 사교육 열풍이 거센데, 내 자식이 일반 학생들과는 달리 상위 성적을 받고, 피아노도 잘 치고, 영어도 잘하게 해 주는 사교육도 위치재라고 할 수 있다.

사람에게는 모방 심리가 있는데, 우리 속담에 '친구 따라 강남 간다.'는 말이 있듯이 '이웃이 장에 가니 퇴비 짐 지고 따라간다.'는 속담도 있다. 사람들은 다른 사람과 같은 것을 싫어하기도 하지만 다른 사람을 모방하는 심리도 가지고 있다. 사람에 따라 다른 사람을 따라서 소비하기도 하고 다른 사람과 다르게 소비하기도 한다. 즉, 소비가 외부의 영향을 받을 수 있다는 것인데, 라이벤스타인(Leibenstein)은 이를 동행 효과 또는 편승 효과라 했다. 동행 효과는 밴드왜건 효과라고도 하는데, 밴드왜건이란 서커스단이나 악단의 선두에 서서 행렬을 이끌고 가는 선도차로서 이 선도차가 서커스단의 행렬 앞에서 트럼펫을 연주하면서 나아가면 다른 차량과 아이들이 줄을 서서 졸졸 따라다니는 것을 말한다. 이런 양상은 소비에서도 일어난다. 청소년 소비자들이 연예인들의 옷차림이나 액세서리를 따라 사는 것처럼 다른 사람이 소비하는 것을 보고 자기도 소비를 늘리는 것을 동행 효과라고 한다. 이를 나타내는 속담으로는 '이웃이 장에 가니 씨나락 오쟁이 지고 따라 나선다.' '남이 은장도를 차니 나는 식칼을 찬다.' 등이 있다. 이 속담들은 모두 자기 주관 없이 다른 사람을 따라 행동하는 것을 의미한다. 이와 반대되는 현상은 스놉 효과(snob effect)라 한다. 이는 다른 사람들이 재화를 많이 소비하고 있을 때 자신은 차별화를 위해 소비를 줄이는 현상을 말한다.

　남에게 과시하기 위해 어울리지 않게 치장하는 것을 비꼬는 것으로 '돼지우리에 주석 돌쩌귀'라는 속담이 있는데, 돼지우리의 문에 비싼 돌쩌귀를 사용한다면 어울리지 않는다는 뜻이다. 이와 유사한 속담으로 '머리칼 세 올에 한 냥짜리 은비녀'가 있다. 이러한 속담은 재화의 가격이 오르는데도 수요가 감소하지 않고 오히려 증가하는 현상을 설명하는 것으로 베블린 효과(Veblen effect)를 말한다. 미국의 경제학자 베블린이 소비의 과시 효과를 설명한 것으로, 사치품 등의 가격이 상승할수록 그 제품을 구입하여 사회적 지위를 과시하는 현상이 있다는 것이다. 유사한 속담으로는 '개 발에 편자' '거적문에 돌쩌귀' '짚신에 국화 그리기' 등이 있다.

　최근에 인터넷 쇼핑이 급증하고 있는데, 이런 현상도 옛 속담에서 찾아볼 수 있다. '권에 못 이겨 방갓 산다.'라는 속담이 있는데, 방갓이란 상을 당한 사람이 쓰는 삿갓을 말하며 상중에만 쓰는 모자라 평소에는 전혀 사용할 일이 없는 물건이다. 이 속담은 옆에서 권한다는 이유만으로 아무 소용도 없는 물건을 사는 어리석은 행동을 말하는 것이다. 요즘 다양한 광고와 매체로 인해 권에 못 이겨 방갓 사는 일이 흔히 일어나는 것을 표현한 속담이라고 할 수 있다. 충동구매가 이에 해당된다고 할 수 있는데, 최근에 광고나 다양한 매체를 통한 마케팅이 발달하여 드라마에서 등장하는 제품들이나 홈쇼핑이나 인터넷 쇼핑으로 소비가 증가하고 있다. 이러한 충동구매가 증가하는 현상이 '권에 못 이겨 방갓 산다.'는 속담을 보여 준다고 할 수 있다.

3. 생산성과 관련된 속담

우리는 살아가면서 혼자 일하는 경우보다 누군가와 함께 일하거나 어떤 집단에 속해서 공동으로 과제 수행을 해야 하는 경우가 더 많을 것이다. 집단의 생존을 위해서는 집단의 과제를 성공적으로 수행하는 일이 무엇보다 중요하다. 실제로 제품의 생산, 문제해결 및 의사결정 등의 중요한 활동들은 개인 혼자가 아닌 집단에서 이루어지는 경우가 많다. 이는 집단이 개인보다 더 생산적이고, 효율적으로 문제를 해결하며, 보다 나은 의사결정을 내린다는 우리의 기대를 반영하는 것이기도 하다.

집단으로 일하면 혼자 일할 때보다 과연 생산적일까? '백지장도

맞들면 낫다.'는 속담처럼 여러 사람이 함께 일하면 혼자서 일할 때
보다 생산적인가? 아니면 '사공이 많으면 배가 산으로 간다.'는 속
담처럼 여러 사람이 함께 일하면 오히려 생산성이 떨어지는가? 이
물음에 대한 답은 다양한 측면에서 살펴볼 수 있다. 예를 들어, 해
크먼과 모리스(Hackman & Morris, 1975)의 집단 생산성 모형에 따
르면 집단의 생산성에 영향을 미치는 투입 요인들은 크게 개인 요
인(예: 구성원들의 기술 수준, 태도, 성격 특성 등), 집단 요인(예: 집단
구조, 집단 규모 등) 및 환경 요인(예: 보상의 구조, 과제 특성, 스트레스
유발 요인 등)으로 구분된다. 여기서 중요한 것은 이들 세 가지 투입
요소가 집단 생산성에 미치는 영향은 집단의 상호작용 과정에 의
해서 매개된다는 것이다. 투입 요소들은 집단 생산성에 직접적으
로 영향을 미치는 것이 아니라, 투입 요소들의 다양한 조합에 의해
서 창출되는 집단 내 상호작용 과정이 집단 생산성을 결정한다. 따
라서 개인, 집단 및 환경 투입 요인들이 모두 잘 갖추어져 있다고
하더라도 집단 내 상호작용 과정이 생산성을 저해하는 방향으로
이루어지면 집단의 생산성은 낮을 수밖에 없다.

　일을 할 때 그 일에 맞는 적당한 도구와 적절한 수의 노동력이 있
어야 일이 잘 진행된다. 집 한 채를 짓는 데 너무 많은 목수가 있으
면 방해가 되기 쉽다. '목수 많은 집이 기울어진다.'는 속담이 바로
이를 뜻하는 것으로, 참견하는 사람이 너무 많으면 일이 잘 진행되
지 않는다는 것을 의미한다. 앞서 언급했듯이 생산 요소 투입의 증
가로 한계생산물이 감소하는 현상을 한계생산 체감의 법칙이라고
한다. 기계와 공장의 면적은 한정되어 있는데 노동자만 늘어나면
생산성은 떨어지게 마련이다. 목수 많은 집이 기울어지는 것과 같

은 맥락으로 볼 수 있다. 유사한 속담으로 '상좌중이 많으면 가마솥 깨뜨린다.'와 '사공이 많으면 배가 산으로 올라간다.'가 있다.

일을 할 때 여럿이 모여 일하면 잘되는 경우가 있고 오히려 방해가 되는 경우가 있다. 어떤 일이냐에 따라 다르겠지만, 위의 속담은 사람 수가 많아서 일이 잘 안 되는 것을 보여 주는 속담이었고, 반면에 여러 명이 모여서 일이 잘되는 경우를 보여 주는 속담도 있는다.

- 백지장도 맞들면 낫다.
- 종이도 네 귀를 들어야 바르다.
- 손이 많으면 일도 쉽다.
- 모기도 모이면 천둥소리 난다.

집단의 생산성은 집단 수행 과제의 유형에 따라서도 크게 영향을 받는다. 이에 대해서는 스타이너(Steiner, 1972)가 체계적으로 논

의하였다. 그가 제안한 집단 과제의 분류에 따르면, 대부분의 집단
이 수행하는 과제들은 크게 가산적 과제, 접합적 과제 및 비접합적
과제 중의 하나에 해당한다.

먼저, 가산적 과제(additive task)는 집단 생산성이 개개 노력의 합
계인 과제이다. 예들 들어, 친구들이 몇 명 모여서 고장 난 트럭을
밀어서 도로 옆으로 치우는 작업을 하는 경우를 들 수 있다. 가산적
과제에서 집단 생산성은 어떤 개인의 노력보다도 일반적으로 더
우수하다. 집단이 이 가산적 과제를 수행할 때는 사회적 태만 현상
이 나타나서 구성원의 개인별 수행을 합한 수준에 미치지 못하는
경향이 있다. 그러나 사회적 태만의 정도가 극단적으로 높은 경우
가 아닌 한, 이 과제에서 집단의 수행은 동일한 과제를 수행하는 개
인보다는 우월하다(Latane, Williams, & Harkins, 1979). 다음은 이와
관련된 속담이다.

> • 뭉치면 살고 흩어지면 죽는다.
> • 먹기는 혼자 먹어도 일은 혼자 못한다.
> • 천 입으로 천금 녹이고, 만 입으로 만금 녹인다.

두 번째로, 접합적 과제(conjunctive task)는 집단이 성공을 거두
기 위해서는 모든 집단 구성원이 성공해야만 하는 과제이다. 집단
줄넘기를 예로 들 수 있는데, 집단 줄넘기에서는 한 명이라도 못하
면 탈락하게 되는 것이다. 이 과제에서는 구성원 모두가 각자 맡
은 임무에서 성공하지 못하면 집단 전체가 성공하기가 불가능하
다. 접합적 과제에서 집단의 전체 수행은 집단에서 가장 수행이 낮

은 사람에 의해서 결정되는데, 그 이유는 수행이 가장 저조한 구성
원이 집단의 전체 수행을 전반적으로 끌어내리기 때문이다. 따라
서 집단에서 가장 일을 못하는 사람의 수행 수준이 어느 정도인지
에 따라서 집단의 수행이 동일한 과제를 수행하는 개인보다 낮게
나타나기도 한다(Steiner & Rajaratnam, 1961). 이와 관련된 속담으로
'뜬 소 울 넘는다.' '어물전 망신은 꼴뚜기가 시킨다.' '미꾸라지 한
마리가 온 강물을 흐린다.' 등이 있다. 이 속담들은 동료들의 망신
은 못난 사람이 시킨다는 뜻으로, 집단에서 누구 하나가 꾀를 부리
거나 능력이 모자라면 그 사람 때문에 과제 수행이 어렵게 되므로
접합적 과제 수행과 관련된다고 할 수 있다.

마지막으로, 비접합적 과제(disjunctive)는 집단이 성공을 거두기
위해서 단 한 사람만이라도 문제를 해결하면 되는 과제이다. 예를
들면, 어떤 연구 집단이 복잡한 등식을 풀고자 노력할 때는 정답을
가진 어떤 한 사람이 집단의 효능을 보장할 수 있다. 따라서 집단
의 수행은 가장 유능한 구성원의 기술에 달려 있다. 비접합적 과제
는 집단 구성원 가운데 능력이 가장 뛰어난 사람에 의해서 집단 전
체의 수행 수준이 결정되는 과제이기 때문에 집단이 항상 최적의
생산성을 보이는 것은 아니다. 비접합적 과제에서 집단의 생산성
이 최적에 이르지 못하는 주된 원인은 집단 내 상호작용 과정이 이
를 방해하는 방향으로 이루어지는 데서 찾을 수 있다. 이처럼 집단
의 최적 수행을 방해하는 집단 내 상호작용에 따라서 집단 수행이
떨어지는 현상을 과정 손실(process loss)이라고 한다(Steiner, 1972).
이와 관련된 속담은 다음과 같다.

- 닭이 천이면 봉이 한 마리
- 재주는 곰이 넘고 돈은 호인이 받는다.
- 남의 떡에 설 쇤다.
- 원님 덕에 나팔 분다.

이 속담들은 능력 있는 한 사람이 문제해결을 하면 과제 수행이 완료되는 경우에 다른 사람들은 무임승차하게 되는 비접합적 과제를 보여 준다고 할 수 있다.

우리 속담에 '산토끼 잡으려다 집토끼 놓친다.'는 것이 있는데, 이는 기회비용을 설명하는 속담이다. 자원을 어떤 용도에 사용한다는 것은 다른 용도에 사용하는 것을 포기한다는 것을 뜻한다. 즉, 기회비용이 발생한다는 것이다. 기회비용이란 어떤 하나를 선택할 때 그 선택으로 인해 포기해야 하는 다른 것의 가치를 말한다. 기회 상실 비용으로 이해하면 쉬울 것이다. 모든 경제 활동에는 기회비용이 발생하며, 경제 활동을 할 때는 자원을 그 용도 말고 다른 용도로 사용했을 때 얼마나 가치가 있을 것인가를 염두에 두어야 한다. 유한한 자원으로 생산과 소비 등 경제 활동을 하기 위해서는 어떤 선택이 있어야 하고, 그 선택에 따라 어떤 것을 포기하게 되는 희생이 따르기 때문이다. 이와 관련된 속담으로 '산돼지 잡으려다 집돼지 잃는다.'가 있다.

엎질러진 물처럼 한번 손에서 떠나가면 두 번 다시 돌아오기 힘든 것을 의미하는 속담이 '청산에 매 놓기'이다. 이미 지출하여 회수할 수 없거나 다른 용도로 바꿔 쓸 수 없는 돈은 주워 담을 수 없는 물과 같다. 그 돈은 청산에 놓아준 매처럼 어디론가 사라져 버린 것이다. 유사한 속담으로 '게 잡아 물에 놓았다.'가 있다. 이미 지출되어 회복할 수 없는 비용을 경제학에서는 매몰비용이라고 한다. 매몰비용은 일단 지출 후에는 기업의 의사결정 과정에서 고려의 대상이 아니고 또 아니어야 한다. 심리학에서는 우리가 어떤 결정이나 계획을 해 놓고 옳지 못한 결정임을 알면서도 집착을 하게 되는 경우를 투여 효과(sunk-cost effects)라고 한다. 이는 이미 투여한 것이 너무 많기에 목표 변화를 주저하여, 과거에 투여한 것이 잘못되었다 생각하면 과거의 것을 무시하고 행동을 취해야 하는데 그러지 못한다는 것이다. 즉, 결정이 가져올 결과에 따라 결정하는 것이 아니라 과거에 따라 결정하게 되고, 이미 투자한 양 자체가 추가 투자할 것을 정당화한다고 생각한다는 것이다. 예를 들어, 새 비행기를 생산하는 계획을 세운 회사가 새 비행기 생산에 이미 900만 달러를 투입했으나, 그 결과가 나쁘게 나올 것을 예상했으면서도 추가로 100만 달러를 마저 투자하려고 결정하는 경우이다. 이는 900만 달러를 손해 봤으면 추가로 투입하는 100만 달러에 대한 손해를 그 절대적 가치(100만 달러만 손해 보는 것)에 따라 판단하는 것이 아니라 상대적 추가 손실의 양(100/900)으로 생각하고 과소평가하여 이미 당한 손실에 함께 묻어 버리게 되고, 추가로 100만 달러를 투여하여 쓸모없는 상품을 만들게 된다는 것이다.

또한 집착 효과(endowment effect)라는 것이 있는데, 이는 A를 이미 자기가 갖고 있다는 이유 때문에 보통 때면 A보다 더 선호했을 B를 취득하기 위해 A를 버리지 못하는 경우이다. 예를 들어, 5달러짜리 골동품 우표를 내가 가지고 있는데 누가 그것을 100달러 내고 사겠다고 하면, 보통 때면 그 우표를 자기가 다시 사기 위해

35달러조차 안 낼 것이면서도 안 판다는 것이다. 이러한 현상이 벌어지는 것은 조망이론으로 설명이 가능하다. 이 이론에 따르면 우리 인간은 손실(loss)에 대한 주관적 가치가 획득(gain)에 대한 주관적 가치보다 크다고 생각하기 때문에, 주어 버리거나 포기하는 것의 손실 가치가 실제보다 더 커 보인다. 신통치 않다고 생각해서 헤어지려던 애인이 다른 남자와 결혼할지도 모를 가능성이 생기니까 다시 접근하는 경우가 그 예라 할 수 있다. 이러한 현상들은 망상(illusion)이라고 할 수 있는데, 현재 행동과정에서 나타난 결과의 변이성에 대한 고려를 하지 못하는 데서 비롯된 결과이다. 사람들은 확실성 효과 때문에 모험을 회피하는데, 이는 착각이다. 계획의 변화, 특히 목표(goal)의 변화가 개입된 경우에는 자신이 타인으로 대치되는 것(자기의 상실, partial death)으로 비춰지며, 손실에 대한 두려움(fear of loss) 정서가 더욱 크게 개입되어 더 큰 집착 효과가 나오는 것이라 할 수 있다.

　우리 속담에 '도랑 치고 가재 잡는다.'라는 것이 있다. 이는 도랑에 물이 잘 흐르도록 자갈을 걷어 내면 그 밑에 사는 가재를 잡는 부수입도 올릴 수 있게 된다는 것으로, 농사를 잘 짓기 위해 도랑을 치면서 가재까지 잡게 되는 일석이조를 의미한다. 도랑을 치면서 가재를 잡듯이 기업은 관련 있는 재화 여러 가지를 동시에 생산하여 효율성을 높이기도 하는데, 이처럼 두 가지 이상의 생산물이 동일한 생산 기술과 생산 요소에 의해 생산되는 것을 결합생산이라고 한다. 결합생산을 나타내는 속담은 다음과 같다.

• 밥 위에 떡 찌기.

• 떡 삶은 물로 풀한다.
• 마당 쓸고 돈 줍고.
• 님도 보고 뽕도 따고.

이들 속담은 결합생산과 같은 일석이조를 장려하는 우리 선조들
의 지혜를 엿볼 수 있는 속담이라고 할 수 있다. 결합생산은 대부분
범위의 경제를 실현시킨다. 범위의 경제란 두 가지 이상의 생산물
을 따로따로 독립된 기업에서 생산하는 것보다 한 기업이 동시에
생산하는 것이 유리하다는 것을 말한다. 즉, 결합생산을 통해 이득
을 얻는 것을 범위의 경제라고 한다. 흔히 얘기하는 시너지 효과라
는 말이 바로 범위의 경제를 의미하는데, 이와 관련된 속담으로 '호
박이 넝쿨째 들어왔다.'와 '잘되는 집은 가지에 수박 열린다.' 등이
있다.

개미 한 마리의 힘은 매우 약하지만 여러 마리가 힘을 합하면 큰
일을 해낼 수 있다. 이와 관련된 속담이 '개미가 천 마리면 절구통
도 물어 간다.'는 것이다. 경제학에서는 이를 노동집약적 생산이라
고 할 수 있는데, 이는 자본보다는 노동을 상대적으로 많이 투입하
여 생산하는 방식을 말한다. 즉, 노동집약적 생산이란 기계 설비 같
은 자본력보다는 인간의 노동력을 주로 하여 재화를 생산하는 방
식이다. 최근 각종 첨단산업이 발달하고 있지만 노동이 중요한 산
업이 아직 많이 있다. 물론 많은 설비나 시스템을 자동화하고 로봇
이나 자동화 기기가 인간을 대신하고 있는 분야가 계속 증가하고
있는 실정이다. 앞의 집단 생산성에 대한 설명에서 집단 수행이 촉
진되는 경우를 나타내는 속담으로 언급한 바 있다. 이와 유사한 속

담으로 '백지장도 맞들면 낫다.' '손이 많으면 일도 쉽다.' '모기도 모이면 천둥소리 난다.' 등이 있다.

옛날 우리 조상들은 자식들에게 돈을 물려줄 생각 말고 글을 가르치라고 했는데, 이와 관련된 속담은 '천만 재산이 서투른 기술보다 못하다.'이다. 아무런 기술도 가르쳐 주지 않고 많은 재산만 자식에게 물려준다면, 그 재산이 언젠가는 없어져 버릴 것이니 무슨 소용이 있겠는가. 그러나 기술을 가르치면 재생산이 가능하기 때문에 재산을 계속 유지할 수 있을 것이다. 더구나 불로소득으로 물려받은 재산이라면 흥청망청 써 버릴 수 있지만, 자신이 땀 흘려 얻은 소득을 탕진하는 사람은 많지 않을 것이다. 이러한 속담을 통해 옛 선조들이 가르쳐 준 것을 요즘 세대들도 귀 기울여 새겨들어야 할 것이다. 이는 경제학적 관점에서 보면 기술 개발이 중요하다는 것을 의미한다고 볼 수 있다. 유사한 속담으로는 '국수 못 하는 년이 피나무 나무란다.'와 '서투른 목수가 대패 탓만 한다.'가 있다.

우리 속담에 '소리개도 오래면 꿩을 잡는다.'라는 것이 있는데, 이는 사냥 기술이 떨어지는 소리개가 오랫동안 사냥 기술을 연습하면 꿩을 사냥할 수 있다는 것을 말한다. 아무리 재주 없는 사람도 한 가지 일을 오래 지속하면 그 일을 잘할 수 있게 된다는 의미이다. 이와 유사한 속담으로 '서당 개 삼 년이면 풍월을 읊는다.'와 '독서당 개가 맹자 왈 한다.' 등이 있다. 이는 누구나 부단히 연습하면 이룰 수 있다는 세상 이치를 가르치는 속담들이라고 할 수 있다. 경제학적 관점에서 보면 전문화에 해당된다고 할 수 있다. 현대는 전문화, 즉 프로페셔널의 시대이다. 프로라는 것은 어떤 분야에서 오랫동안 일을 하여 그 분야의 지식을 보유하고 경쟁력을 갖추고 있는 자이다. 생산과정에서 전문화는 분업을 통해 이루어진다고 할 수 있으며, 특히 사회적 분업을 전문화라고 할 수 있다. 이러한 분업을 통한 전문화를 보여 주는 속담은 다음과 같다.

- 범 잡는 포수 따로 있고, 꿩 잡는 포수 따로 있다.
- 말상 볼 줄 안다고 쇠상도 보랴.
- 호랑이는 포수가 잡고 귀신은 무당이 잡는다.
- 구멍을 뚫는 데는 도끼가 끌만 못하고, 쥐 잡는 데는 호랑이가 고양이 만 못하다.

이는 누구나 쓰일 곳은 한정되어 있으며, 한쪽에 능력이 있으면 다른 한쪽은 무능한 게 이치라는 의미로, 분업에 의한 전문화를 나타내 주는 속담이라고 할 수 있다.

4. 기업 경영과 관련된 속담

인적 자본의 중요성을 강조한 속담이 있다. '팔백 금으로 집 사고 천금으로 이웃 산다.'는 속담인데, 이는 집 사는 데 들어가는 돈보다 더 많은 돈을 들여 이웃을 산다는 것으로 사람이 중요하다는 것을 가르치는 것이다. 이 속담은 집도 중요하지만 사람을 양성하는 것이 더 중요하다는 것을 강조하고 있다. 자본재를 기계자본이라고 하고 노동력을 인적 자본이라고 한다. 인적 자본이란 단순히 노동자만을 얘기하는 것이 아니라 교육 투자를 통해 문제해결 능력이 높아진 인력을 말하는 것이다. 인적 자본은 경제 발전의 원동력이고, 미래를 위한 투자는 사람에게 이루어질 때 가장 효과가 크다고 할 수 있다. 기술 진보가 인적 자본에 대한 투자와 결합하여 일어나기 때문이다. 대학이라는 곳은 인재를 양성하는 곳이어야 하는데, 최근 국내의 대학들은 취업을 위한 인력 양성소와 같은 기능을 하는 것 같아 안타까운 마음이다.

우리 조상들은 '보기 좋은 떡이 먹기도 좋다.'고 했다. 이 속담은 디자인의 중요성을 언급한 속담이라고 할 수 있다. 현대의 제품들도 디자인이 경쟁력을 좌우한다고 할 수 있는데, 세계적인 명품들은 대부분 우수한 디자인과 품질을 갖춘 것으로 평가받고 있다. 특히 디자인이 명품의 생명력을 좌우한다고 해도 과언이 아니다. 명품으로 알려진 제품들은 그것의 모양과 무늬 그리고 로고 등이 멋지거나 품위가 있는 것들이다. 이제 디자인은 명품뿐 아니라 모든 제품의 경쟁력에 매우 중요한 요소라 할 수 있다.

우리 속담에 '뒤주 밑이 긁히면 밥맛이 난다.'라는 것이 있는데, 이는 가난해서 배고프던 시절에는 쌀이 거의 떨어져서 뒤주 밑이 긁히는 소리가 나면 그 밥이 귀하고 맛이 있다는 것을 나타낸 것이다. 무엇이든 풍족할 때는 귀한 줄 모르다가 희소해지면 귀하게 여기는 사람의 마음을 나타낸 속담이라 할 수 있다. 유명한 맛집이라고 소문난 식당에 가면 사람이 바글바글하기 마련인데, 아무리 사람이 많아도 오늘 준비된 음식의 양이 떨어지면 더 이상 팔지 않고 손님을 돌려보낸다. 이를 요즘은 희소성 마케팅이라고 하기도 한다. 소비자심리학에서도 희소성은 소비자들의 구매 욕구를 자극하는 매우 중요한 수단이 되곤 한다. 예를 들면, 백화점이나 마트에서 한정 수량만 판매한다고 하면 줄을 서서 기다리는 고객들을 흔히 목격할 수 있고, TV 홈쇼핑에서도 이와 같은 판매 방식을 가끔 목격할 수 있다.

소비자들은 희소한 것이 더 가치가 있다고 지각한다. '무언가를 사랑하려면 그것이 사라질 수도 있음을 깨달으면 된다.'라는 말이 있다. 상실에 대한 두려움은 인간에게 그것이 더 가치 있는 것으로, 그래서 더 소유하고 싶은 것으로 느끼게끔 한다. 희소성의 법칙은 희귀한 정도에 따라 우리가 부여하는 가치가 달라지는 것이다. 심리학자 린(Lynn)에 따르면 일반적으로 쉽게 얻어지지 않는 것은 상대적으로 그 가치가 높다는 인식이 우리에게 잠재되어 있다. 또한 어떤 대상의 가치는 그것의 이용 가능성(availability)이라는 기준으로 결정된다. 점점 희귀해져 간다는 것은 점점 이용 가능성이 줄어드는 것이고, 이는 그 대상에 대한 선택의 자유도 줄어든다는 것을 의미한다. 이것이 우리가 이미 누리고 있는 자유가 제한당할 수도 있다는 두려움을 갖게 하고 이 특권을 되찾기 위해 행동하도록 한다. 이러한 심리적 과정을 체계적으로 정리한 이론이 바로 심리학자 브렘(Brehm)이 제기한 '심리적 저항이론(psychological reactance theory)'이다. 이 이론에 따르면 어떤 대상에 대해서 선택의 자유가 제한되거나 위협당하게 되면, 그 자유를 유지하기 위한 동기가 유발되어 우리는 그 자유를 이전보다 더욱더 강렬하게 원하게 된다. 그리하여 만일 어떤 대상이 점차 희귀해져서 선택의 자유가 침해되면 우리는 그 대상을 이전보다 더 강력하게 소유하려는 심리적 저항을 하게 된다. LG전자에서 나온 '아트 캔 유'는 이런 희소성의 법칙을 잘 활용한 사례이다. 유명 화가, 만화가 등이 직접 디자

인한 '휴대폰 작품'을 소유할 수 있는 기회가 한정적이라는 메시지
는 인터넷을 통한 세 차례 예약 판매에서 400대가 1시간도 안 돼 모
두 판매되는 기록을 창출하였다. 다른 제품에서도 희소성의 법칙
을 활용한 마케팅 사례는 흔히 볼 수 있다. 브리티시 아메리칸 토바
코 코리아(BAT 코리아)는 창립 100주년을 맞아 '던힐 시그너처 컬렉
션(Dunhill Signature Collection)을 한정 판매하였고, 폭스바겐코리
아는 '골프 GTI 파렌하이트(Golf GTI Fahrenheit)'를 전 세계적으로
1,200대, 국내에선 50대만을 한정 판매하여 마니아들의 관심을 끌
었다.

이처럼 희소성의 법칙으로 소비자를 유인하는 방법은 수량을 한
정하거나 구입 시기를 한정하는 것이다. 그러나 값어치를 올리거
나 더 잘 팔리게 하기 위해서 실제로 정말 구하기 힘든 희귀 상품일
필요는 없다. 단지 소비자들이 그렇다고 믿게만 만들면 그것으로
충분하다. 소비자들에게 자신이 사려고 하는 물건이 구하기 어렵
다거나 혹은 한정된 기간에만 살 수 있다는 식의 메시지나 정보를
흘리는 것만으로도 그 물건의 가치는 높일 수 있다.

한 가지 일로 두 가지 이익을 보는 것을 말해 주는 것이 '꿩 먹고
알 먹는다.'라는 속담이다. 유사한 뜻의 한자어는 일거양득(一擧兩
得)인데, '한 번 움직여 두 가지를 얻는다.'라는 뜻이다. 시장에서
소비자들을 자사 상품의 고객으로 묶어 두기 위해서 서비스를 제
공하는 방법 중에 마일리지 서비스가 있는데, 이를 나타내는 속담
이라고 할 수 있다. 처음으로 마일리지 서비스를 도입한 곳은 항공
사이지만, 최근에는 다양한 분야의 상품들에서 마일리지 서비스를
도입하여 소비자들을 자사의 고객으로 끌어들이고 있다. 은행, 카

드, 캐피탈 등과 같은 금융업뿐 아니라 각종 식음료, 통신업종 등 다양한 영역에서 이 마일리지 서비스를 도입하여 마케팅 전략으로 활용하고 있다. 이용 실적에 따라 포인트를 제공하고 쌓아 놓은 포인트를 현금처럼 사용할 수 있도록 한 것이다. 이뿐만 아니라 기업에서도 사내 직원들에게 마일리지 서비스를 제공하는 지식 마일리지 서비스도 활용되고 있다. 사내 게시판을 통해 자신이 알고 있는 지식이나 정보를 올려 다른 직원들에게 공유할 수 있게 하여 외부 정보나 노하우를 제공한 직원에게 마일리지를 부여하는 제도이다. 이러한 지식 마일리지 제도는 직원들 개개인의 자기계발 기회뿐 아니라 조직 전체의 효율성 제고에도 효과적으로 활용되고 있다.

조선시대의 암행어사는 무서운 존재로 비밀리에 임시로 파견되는 벼슬이었다. '어사는 가어사가 더 무섭다.'라는 속담이 있는데, 이는 가짜 어사인 가어사가 진짜 어사보다 세력을 빙자하여 유세를 부리며 더 혹독한 짓을 한다는 것을 의미하는 속담이다. 이는 요즘 유명 상표의 모조품인 짝퉁이 전 세계적으로 기승을 부리고 있는 상황을 나타내는 속담이라고 볼 수 있으며, 또한 과대 허위 광고가 가어사처럼 소비자에게 피해를 끼치고 시장 질서를 어지럽히고 있는 상황을 나타내는 속담이라고 볼 수도 있다.

팔이 안으로 굽듯이 가까운 사람끼리 서로 돕는 것은 인지상정인데, 이는 기업 활동에서도 마찬가지이다. 이와 관련된 속담으로 '팔은 안으로 굽는다.'는 것이 있다. 이는 대기업 집단의 내부거래를 뜻한다고 할 수 있다. 문제는 부당 내부거래가 시장 질서를 무너뜨리거나 제3자에게 손해를 입힐 수 있다는 것이다. 부당 내부거래는 상품의 가격, 거래 조건 등에서 계열회사에 유리하게 차별거래

를 하거나 정당한 이유 없이 비계열사와의 거래를 기피하는 것을
말한다.

5. 기타 경제 현상과 관련된 속담

우리 속담에 '누이 좋고 매부 좋다.'라는 것이 있는데, 이는 시장
에서 기업들이 독점하고 있을 때 시장 독점 기업들이 담합을 하는
경우를 나타내는 속담이라고 할 수 있다. 담합이란 기업들이 자기
들의 이익을 위해 재화의 가격, 생산량, 판매 방식 등에 대해 합의
하는 것을 말한다. 담합은 주로 독과점 시장에서 일어나는데, 과점
기업이 담합을 하는 이유는 독점 기업처럼 행동에서 이윤을 증대
시키거나 새로운 경제 기업의 시장 진입을 저지하기 위해서이다.
담합은 해당 기업에는 이익이 되지만 소비자에게는 손해가 된다.

주식 시장에 적용되는 속담으로 '꼬리가 몸통을 흔든다.'라는 것
이 있다. 이는 말 그대로 개의 꼬리가 몸통을 흔든다는 뜻으로, 주
객이 전도되었다는 것을 의미한다. 꼬리가 몸통을 흔드는 이러한
현상이 실제 주식 시장에서 일어나기도 하는데, 이를 꼬리-개 효
과라고 한다. 꼬리-개 효과란 주식 시장에서 주식의 선물 가격이
현물 가격에 미치는 효과를 말한다. 선물 상품이란 파생된 상품으
로 꼬리에 해당되는데, 이 파생 상품이 몸통인 현물 상품에 영향을
미치는 것이다. 시장이 투기장화되거나 거대 자본에 장악되면 이
런 양상이 나타날 수 있다. 그렇게 되면 선물 시장이 현물 시장의
단점을 보완하는 것이 아니라 오히려 교란시키게 된다. 개가 꼬리

를 흔드는 것이 아니라 꼬리가 몸통을 흔드는 꼬리-개 효과가 나타나는 것이다.

사람들은 실패를 경험하고 나면 다음에는 그 실패를 기억하고 되풀이하지 않으려고 한다. 우리 속담에 '소 잃고 외양간 고친다.'라는 것이 있는데, 이는 시행착오를 거친 다음 고치는 경우를 뜻한다. 인생이 시행착오의 연속인 것처럼 기업의 경영 활동도 시행착오와 게임 상황을 계속 이어 가게 된다. 특히, 단일 시장에서 경쟁을 벌이는 과점 산업에서는 기업들의 상호 의존성이 높아서 이런 일이 자주 일어난다. 각 기업은 자사의 행동을 결정하기 전에 경쟁사의 반응을 고려하여 결정하게 되고, 과점 시장은 기업에 게임 상황을 만들어 준다.

우리는 흔히 신중하게 행동하는 것을 보고 '돌다리도 두드려 보고 건넌다.'고 한다. 이와 유사한 속담으로 '뉭굴 자리 보고 씨름판에 나간다.'라는 것이 있는데, 신중하고 소극적인 사람의 행동을 나타내는 속담이라고 할 수 있다. 이 속담은 씨름에 져서 넘어지더라도 크게 다치지 않겠다는 확신이 있을 때에 씨름에 응한다는 뜻이다. 기업의 경영 활동에서도 마찬가지로 뉭굴 자리가 안전한가를 살펴보고 씨름판에 나가는 행동을 최소극대화 행동이론이라고 한다. 유사한 속담으로 '밑져야 본전'이라는 것이 있다.

우리 속담에 '맞은 놈은 자고 때린 놈은 오그리고 잔다.'라는 것이 있다. 이는 남에게 못된 짓을 한 사람은 마음이 불안해서 다리를 오그리고 자고 맞은 사람은 다리를 펴고 잔다는 뜻으로, 죄 짓고는 못 산다는 말이다. 경제학에서도 이와 비슷한 현상을 죄수 딜레마(prisoner's dilemma)라는 것으로 설명하고 있으며, 심리학에서도 협

동과 갈등을 설명할 때 이 딜레마를 인용하고 있다. 이 죄수 딜레마
는 두 용의자가 지방 검사에게 따로 취조받는 일화에서 유래된 것이
다. 검사는 두 용의자가 공범인 것을 알지만 경범으로 판결할 정도
의 증거밖에 없었다. 그래서 검사는 사적으로 자백하도록 각 용의
자에게 보상을 주는 방법을 생각하였다. 만일 죄수 A가 자백하고 죄
수 B는 자백하지 않으면, 검사는 A는 풀어 주고 A의 자백을 근거로
B에게 최대 형량을 구형할 것이다. 물론 그 반대도 고려하였다. 만
일 둘 다 자백하면 각각은 적절한 형벌을 선고받게 될 것이고, 만일
누구도 자백하지 않으면 각각은 경범으로 선고받고 가벼운 처벌을
받게 될 것이다. 많은 사람은 이 상황에서 서로 침묵하는 것이 서로
자백하는 것보다 가벼운 형벌을 받게 하는데도 면제 혜택을 받기
위해 자백을 할 것이라고 보았다. 아마도 이것은 다른 죄수가 무슨
결정을 하든 그와 상관없이 각각 유죄판결을 받는 것보다는 자백하
는 것이 낫기 때문일 것이다. 만일 상대방이 자백을 하더라도 형량
은 적절한 것이 될 것이고, 만일 상대방이 자백하지 않는다면 자신
은 풀려날 것이다. 이렇듯 서로가 협동하게 되면 이득이 큰 데도 사
람들은 왜 모든 상황에서 협동하지 않을까? 그 이유 중 하나는 자원
획득을 둘러싼 인간 간 상호작용의 결과로서 나오는 손익의 구조
자체가 손쉽게 양보를 했다가는 큰 손해만 보게 되는 상황이 너무
나 많기 때문이다.

　어떤 거래든 상대방의 입장도 고려해야 쉽게 성립될 수 있다. 가
격은 품질 대비 저당한지, 소비자의 신호 경향은 어떤지를 고려하
여야 할 것이다. 이와 관련된 속담이 '가는 말이 고와야 오는 말도
곱다.'라고 할 수 있다. 미국의 경제학자 존 내시(J. F. Nash)는 서로

에게 최선이 되어야 거래가 균형을 이룬다고 하였다. 이를 내시 균형이라고 하는데, 이는 서로에게 최선이 되는 전략의 짝을 말하는 것으로, 자신과 상대방이 최선의 전략을 선택할 때만이 성립할 수 있다는 것이다.

　국내 경제에서도 성장과 분배 문제가 주요 과제로 자주 언급되고 있는데, 성장이 우선인가 분배가 우선인가 하는 것이다. 이 문제는 닭이 먼저냐 계란이 먼저냐 하는 문제만큼이나 논쟁을 불러일으키는 사회적 과제이다. 우리 속담에 '광에서 인심 난다.'는 것이 있는데, 이는 성장이 우선인 쪽의 손을 들어주고 있다고 할 수 있다. 광에 곡식이 있어야 인심을 쓸 수 있다는 것이다. 그러나 있는 사람이 가진 것을 내어놓는다는 것이 그리 쉬운 일은 아닐 것이며, 오히려 더 가지려고 욕심을 부리는 경우를 더 많이 보아 왔다. 그런데 세계 최고의 부자인 빌 게이츠의 나눔은 광에서 인심 나는 모습을 보여 주는 본보기라고 할 수 있다.

　콩 심은 데 콩 나고, 팥 심은 데 팥이 난다는 것은 자연의 이치라고 할 수 있다. '씨는 뿌린 만큼 거둔다.'라는 속담이 있는데, 이 또한 자연의 이치라고 할 수 있다. 씨 뿌린 만큼 거두듯이 소득도 일한 만큼 얻는다고 할 수 있다. 신고전학파 경제학자들은 노동이나 자본 등 각 생산 요소가 생산에 기여한 만큼 소득을 올린다고 주장하는데, 이를 소득분배이론으로 볼 수 있다. 소득분배이론이란 노동과 자본 등 생산 요소의 소득이 어떤 원리로 결정되는가를 연구하는 이론이다. 완전경쟁 시장을 전제로 하는 이 이론의 핵심은 이윤 극대화를 추구하는 기업이 생산 요소를 사용할 때 그 요소의 한계생산물의 가치만큼 사용하고 그만큼의 대가를 지급한다는 것이다. 즉, 생산에 사용된 요소는 그 요소가 생산에 기여한 만큼 분배를 받아 간다는 생각이다.

우리 속담에 '부자 집 나락이 먼저 팬다.'는 것이 있다. 나락이라는 것은 벼를 말하며, 부자 집 벼 이삭이 먼저 올라온다는 것은 부자 집에서는 적당한 시기에 파종하고 햇볕도 잘 들게 하고 물도 제때 공급해 주기 때문에 이삭이 먼저 올라오고 수확도 먼저 하게 될 것이라는 뜻이다. 즉, 부자 집에 햅쌀을 먼저 안겨 준다는 의미이다. 이 속담은 부익부 빈익빈 현상을 보여 주는 것이라고 할 수 있다. 부익부 빈익빈 현상은 부자는 더욱 부자가 되고 가난한 사람은 더욱 가난해지는 사회 현상을 말하는 것으로, 자본주의 경제의 문제 중 하나이다.

우리 사회에서는 소득 양극화로 인해 소득 격차가 커지면서 부익부 빈익빈 현상이 더욱 가속화되고 있다. 부자는 더욱 부자가 되고 빈곤층은 더욱 늘어나고 있는데, 빈곤과 관련된 속담으로 '배고픈 건 참아도 배 아픈 건 못 참는다.'라는 것이 있다. 배고픈 설움은 겪어 보지 않은 사람은 모르는데, 배고픈 것보다 더 서러운 것은 이웃은 부자인데 나는 가난하다는 것이다. 이 속담에서 배고픈 것은 자기가 가난해서이고, 배 아픈 이유는 이웃이 잘 살아서이다. 가난해서 내가 못 사는 것은 참을 수 있지만 이웃이 잘 사는 것은 참기 어렵다는 것이다. '사촌이 논을 사면 배 아프다.'라는 속담과 맥을 같이한다고 볼 수 있다. '배 아픈 것은 못 참는다.'에서 배 아프다는 것은 상대적 빈곤을 의미하는 것이다.

어떤 일의 성과가 관련이 없는 다른 사람에게 돌려져서 그가 감사를 받거나 칭찬을 받는 경우가 있다. 이와 관련된 속담이 '비는

하늘이 주고 절은 부처가 받는다.'이다. 이는 일하지 않고 얻는 소
득, 즉 불로소득을 뜻하는 말로 '재주는 곰이 넘고 돈은 호인이 먹
는다.'라는 속담과 유사한 의미의 속담이라고 할 수 있다.

　우리 속담에 '부는 이웃을 살리고 덕은 만인을 살린다.'는 것이
있다. 부자가 자기가 가진 부를 나눌 수 있다면 이웃은 도움을 받게
되고 마음을 나누어 덕을 베풀면 만인에게 도움을 줄 수 있다. 이
속담은 한국판 노블레스 오블리주(noblesse oblige) 정신을 보여 주
는 것이다. 노블레스 오블리주란 높은 사회적 신분에 상응하는 도
덕적 의무를 뜻하는 말이다. 노블레스는 원래 고귀한 신분이란 뜻
이고, 오블리주는 책임이라는 뜻이다. 노블레스 오블리주 정신을
보여 주는 좋은 사례가 우리 조상 중에도 있는데, 바로 경주 최부자
집이라고 할 수 있다. 요즘 재벌들 중에는 예전 최부자 집과 같이
노블레스 오블리주를 잘 보여 주는 사례를 찾기 어렵다는 것이 아
쉽다고 할 수 있다.

　현대의 경제는 화폐의 경제라고 할 수 있다. 크고 작은, 그리고
개인 간이나 국가 간에도 모든 경제 활동이 화폐를 통해 이루어진
다. 그런데 화폐란 개인적으로는 많으면 많을수록 좋지만, 국가
적으로는 그렇지만은 않다. 경제의 여건에 비해 화폐가 너무 많이
풀려 있으면 인플레이션이 발생하고, 반대로 지나치게 적으면 경
제 활동이 위축된다. 따라서 한 나라에 유통되는 통화량은 적당해
야 한다. 이와 잘 맞는 속담이 '많으면 탈 적으면 병'이라는 것이다.
『논어』에서는 이와 관련해서 과유불급이라는 말이 나오는데, 이는
너무 많은 것이나 너무 적은 것 모두 좋은 것이 아니라는 말이다.
한 나라의 통화량은 과유불급이라고 할 수 있다. 너무 많아도 문제

이고, 너무 적어도 문제인 것이다. 이와 유사한 현상을 잘 보여 주는 이론으로 심리학에서도 정서 상태와 수행 수준을 설명하는 최적각성이론이 있다. 사람들은 추리소설을 읽거나, 공포영화를 보거나 혹은 놀이공원에서 높은 수준의 흥분을 유발하는 오락 기구들을 이용하기도 하고, 기타 여러 가지 새로운 도전을 찾는다. 이러한 행동은 각성이나 흥분을 감소시키기보다는 오히려 증가시키는 경향이 있다. 즉, 우리는 생리적 요구들이 충족되어 있는 상황에서도 자극을 경험하려는 충동이 있다. 자극이 없으면 지루함을 느끼고 어떤 최적 수준으로 각성이나 흥분을 증가시키는 방법을 찾는다. 최적각성이론에서 사람들은 각성이 너무 높으면 그것을 감소시키려 하고, 너무 낮으면 그것을 증가시킴으로써 최적의 각성 상태를 유지하려는 경향이 있다고 주장하였다. 인간 행동의 동기는

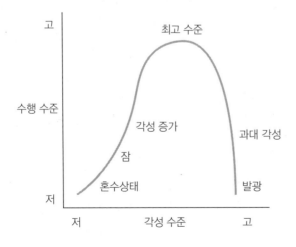

[그림 8-1] 각성과 수행 수준

최적 수준의 각성은 잠잘 때보다는 높고, 신경이 곤두서서 정신이 없을 때보다는 낮은 중간 정도의 수준일 것임.

이러한 각성 수준의 증가 또는 감소 욕구의 여부에 따라 발생하는 것이다.

호랑이를 잡으려면 호랑이굴에 들어가야 하듯이, 높은 수익을 바란다면 놓은 위험을 감수해야 한다. 이와 관련된 속담으로 '범을 잡으려면 범의 굴에 들어가야 한다.'는 것이 있는데, 이는 위험성이 크지만 높은 수익을 얻을 수 있는 채권이 고수익 채권이라는 것을 나타낸다. 번지점프와 같은 위험한 활동을 즐기는 사람을 위험 선호자(risk lover, risk taker)라고 하는데, 위험 선호자는 고위험 고수익 채권을 좋아하는 성향을 가지고 있다.

요즘 로또 열풍이 다시 불기 시작했는데, 경제 사정이 안 좋을수록 복권이 더 많이 팔린다고 한다. 또한 뉴스를 통해 불법 도박 사이트 운영으로 엄청난 돈을 벌다가 처벌을 받는 사람들과 해외 원정 도박을 했다가 적발된 연예인들 기사도 심심치 않게 보인다. 옛말에 '노름판에 딴 놈 없다.'는 것이 있는데, 예나 지금이나 도박을 해서 돈을 따는 경우보다 하면 할수록 손해를 보게 되는 경우가 더 많다.

도박과 관련해서 심리학에서는 학습이론 중 조작적 조건형성의 강화계획에서 설명을 하고 있다. 강화란 원하는 행동을 이끌어 내기 위해 강화물을 사용하는 것으로, 강화물을 어떤 방식으로 제공하느냐는 강화계획에 따라 달라진다. 강화를 주되 어떻게 주느냐에 따라 그 효과는 다르게 나타난다. 모든 반응에 강화를 주는 것을 연속강화라고 하는데, 일상생활에서 연속강화가 주어지는 경우는 매우 드물고 대부분의 행동은 부분적으로 강화된다. 스키너 상자 (skinner box) 속의 쥐가 지렛대를 누를 때마다 먹이를 받는다면 이것은 반응할 때마다 100%의 강화가 주어지는 계속적 강화 혹은 연속강화이다.

부분강화 혹은 간헐적 강화는 반응할 때마다 강화를 주지 않고 실험자가 적절하게 간헐적으로 강화를 주는 경우이다. 많은 연구를 보면 연속강화는 학습을 촉진시키는 반면에 강화가 중지되면 소거가 빨리 오고, 부분강화는 연속강화보다 소거가 느린 것으로 나타났다. 이러한 원리에 따른다면 처음 학습 시에는 연속강화 계획으로 가다가 완전히 학습한 뒤에 부분강화 계획으로 바꾼다면 긍정적이고 바람직한 행동이 쉽게 소거되지 않을 것이다.

도박과 관련된 강화계획은 변동비율 강화계획으로, 강화를 얻는 데 필요한 반응의 양(수)이 일정하지 않다. 즉, 강화물을 받기 위해 요구되는 반응 수가 시행에 따라 변하는 것이다. 피험자들은 강화를 받은 다음에도 휴식을 취하지 아니하고 장기간 높은 반응률을 보이는 경향이 있다. 이들은 언제 강화가 일어날지를 알지 못하기 때문에 계속하여 시도한다. 대표적인 예가 바로 도박이다. 계속 도박을 하면 언젠가는 보상이 따르기 때문에 계속 하게 되지만, 언제 보상이 주어질지가 불규칙적으로 나타나므로 돈을 잃고 있어도 멈추지 못하게 되는 것이다. 이 외에도 복권 당첨이나 병뚜껑, 포장지에 숨어 있는 사은품 등도 이 계획에 해당된다. 도박이나 환락에 빠져 재산을 탕진하는 사람을 가리켜 '짓 독에 바람이 든다.'고 한다. 짓 독은 김치항아리를 말하는 것으로, 도박하는 사람은 결국 살림을 탕진하여 짓 독에 바람 들게 하는 사람이라는 것이다.

우리 속담에 '방아 찧을 때는 옆에서 고개만 끄덕여 줘도 도움이 된다.'는 것이 있다. 옛날에는 추수한 곡식의 알갱이를 내거나 가루를 만들기 위해 방아를 찧었는데 방아 찧는 일이 여간 힘든 일이 아니었다. 방아를 찧는 중에 마침 이웃이 와서 옆에서 이야기도 하고 절구 공이나 디딜방아의 오르내림에 따라 고개라도 끄덕여 주면 심리적으로 힘이 된다. 그래서 이러한 속담이 나온 것이다. 이것을 경제 용어로 외부경제 효과라고 하는데, 이는 어떤 기업의 생산 활동이 다른 사람에게 대가 없는 이득을 가져다주는 것을 말한다. 유사한 속담으로 '명주옷은 사촌까지 덥다.' '남의 팔매에 밤 주워 먹기' '남의 불에 게 잡는다.' 등이 있다.

　우리가 익히 알고 있는 속담에 '윗물이 맑아야 아랫물이 맑다.'는 것이 있다. 이는 윗사람이 잘해야 아랫사람도 잘한다는 뜻이다. 어른이나 지도자가 정직하면 아랫사람이나 제자도 그 본을 받아 정직하게 자란다는 의미로, 강물도 윗물이 맑아야 아랫물이 깨끗할 것이다. 공해로 상류가 오염이 되면 하류의 물도 당연히 오염이 된다. 지구 온난화가 진행되면서 해수면이 높아져 침수 우려가 되는 국가가 발생할 것이라고 염려들을 하고 있다. 공해 대책으로 유명한 코즈 정리(coase theorem)에 의하면, 오염의 대상이 되는 공유재의 소유권을 누군가에게 주면 오염이 적절한 수준으로 감소할 수 있다. 코즈 정리를 국제적으로 응용한 것이 이산화탄소 거래소이다. 이산화탄소는 온실 효과를 일으키는 온실가스라고 한다. 교토 의정서는 선진국의 온실가스 감축 목표치를 규정하고, 배출권 거래제도를 도입했다. 목표치보다 많이 온실가스를 줄인 나라는 초과 달성한 양을 다른 나라에 팔 수 있고, 목표에 미달한 나라는 미달한 양만큼 배출권을 돈을 내고 사야 한다. 온실가스 배출권을 상품처럼 거래하는 배출권 거래 시장이 개설된 것이다. 이런 온실가스 배출권 시장을 보통 탄소거래소라고 한다.

'앉아 주고 서서 받는다.'라는 속담이 있는데, 이는 돈을 꾸어 주고 그것을 다시 받기가 매우 어렵다는 것을 뜻한다. 일단 돈을 꾸어 주고 나면 그다음부터는 받아야 할 사람이 저자세가 되는 것이 세상사이다. 즉, 화장실 들어갈 때 마음과 나올 때 마음이 다른 것이다. 이는 곧 도덕적 해이로 볼 수 있다. 도덕적 해이는 거래 당사자에게 손해를 끼치는 것은 물론이고, 시장 실패를 초래하여 사회적 비용을 발생시킨다. 그리하여 정부에서도 도덕적 해이를 줄이려는 노력을 하고 있다. 유사한 속담으로 '앉아 준 돈 서서도 못 받는다.'와 '뒷간 갈 적 마음 다르고 올 적 마음 다르다.'가 있다.

최근 국내뿐 아니라 국제적으로도 유동성 위기라는 말이 자주 언급되고 있다. 케인즈(J. M. Keynes)는 정부가 화폐를 공급해도 경제가 움직이지 않는 때가 있다고 주장하고, 이를 유동성 함정 또는 위기라고 했다. 이와 관련된 속담으로 '밑 빠진 독에 물 붓기'라는 것이 있다. 이자율이 매우 낮아 아무도 채권을 사려 하지 않게 되면 정부가 통화를 공급하게 되는데, 그 돈은 모두 사람들의 지갑 속으로 사라지게 된다. 이런 경우를 '화폐 수요가 무한대'라고 한다. 화폐 수요가 무한대일 경우, 정부 입장에서 보면 돈을 푸는 족족 함정에 빠진 것처럼 어디론가 사라져 버린다. 즉, 유동성이 함정에 빠지는 상황이 벌어지는 것이다. 이자율이 매우 낮아 사람들이 채권을 구입하지 않고 현금만 보유하기 때문에 화폐 수요가 무한대인 현상을 유동성 함정이라고 한다. 케인즈는 유동성 함정이 경기 침체기에 나타난다고 했는데, 유동성 함정이 존재하는 경우 통화 공급을 증가시켜도 이자율을 하락시키지 못하고 기업의 투자에도 영향

을 미치지 못하게 된다. 즉, 유동성 함정하에서는 통화정책이 소용
없게 된다.

아끼고 절약해서 생활하는 것은 누가 뭐라고 해도 미덕이다. 두
차례 세계대전을 치른 독일 국민들이 보여 준 절약생활은 유명하
다. IMF 금융위기를 맞게 된 우리 국민들도 금 모으기뿐 아니라 많
은 절약을 통해 위기를 극복한 바 있다. 그런데 절약이 무조건 긍
정적인 결과만을 가져오지 않고 부정적인 결과를 일으킬 수도 있
다. 개인의 입장에서는 절약해서 저축을 늘리는 것이 미덕이지만
사회 전체로는 악덕이 될 수도 있다는 것이다. 이와 관련된 속담으
로 '기와 한 장 아끼려다 지붕 내려앉는다.'라는 것이 있다. 케인즈
의 설명에 의하면, 모든 사람이 절약해서 저축을 늘린다면 소비가
감소한다. 소비가 감소하면 생산이 감소하므로 국민소득이 감소하
게 된다. 그렇게 국민소득이 감소하게 되면 저축도 감소하게 된다.
저축을 늘리면 국민소득을 감소시키고, 결과적으로 저축마저 감소
시킨다는 것이다. 저축을 늘리면 오히려 저축이 감소하게 되는 이
러한 모순을 절약의 역설이라고 한다. 절약의 역설은 최근에 그 위
력을 발휘하고 있다. 최근 우리 경제가 침체되어 있는데, 소비 침체
로 인한 경기불황이 일어나고 있는 것이다. 특히, 우리나라는 청년
층의 실업률이 최고로 나타나고 있고 40~50대마저도 지갑을 닫고
있다. 이런 상황에서는 '소비가 미덕'인 것이다. 케인즈의 유효수요
이론에 의하면 소비는 미덕에 해당되는데, 실제로 소비를 비롯하
여 기업의 투자와 정부 재정 지출은 민간 부문의 생산 활동을 촉진
시켜 경기를 상승시키는 것으로 알려져 있다. 유사한 속담으로는
'기와 한 장 아끼려다 대들보 썩힌다.'가 있다.

　우리 속담에 '나무를 보면 숲을 알 수가 있다.'라는 것이 있는데, 다른 한편에서는 '나무만 보아서는 숲을 알 수 없다.'라는 말도 한다. 일반인들에게는 이것이 그리 심각한 문제는 아니지만, 경제학자들은 이 말에 매우 심각한 반응을 보인다. 이 문제에 대해 논쟁이 있는 것은 경제학자들의 구성의 오류에 대한 견해가 다르기 때문이다. 어떤 원리가 부분적으로는 성립해도 전체적으로는 성립하지 않을 수 있다. 부분적으로 성립하면 전체적으로도 성립한다고 단정함에 따라 발생하는 오류를 구성의 오류라고 한다. 이와 관련하여 심리학에서는 일부 정보만을 가지고 전체를 판단하는 오류를 후광 효과로 설명하기도 한다. 사람에 대한 일부 정보를 가지고 그 사람에 대한 전체 이미지를 판단하게 되는 경우이다. 특히, 첫인상이 좋으면 계속 긍정적으로 보려 하고, 첫인상이 나쁘면 계속 부정적으로 보려 한다는 것이다. 선입견이나 편견도 이와 유사한 것이라고 할 수 있다.

　자연의 섭리나 경제 원리는 크게 다르지 않다. 경제 원리라고 해서 자연의 섭리를 벗어나서 특별한 어떤 원리가 있는 것이 아니다. 경제에 있어서도 '콩 심은 데 콩 나고 팥 심은 데 팥 난다.'는 속담이 해당된다고 할 수 있다. 이러한 원리들이 모여 전체 자연의 질서를 형성하는 것인데, 그 질서는 매우 정교해서 누군가 무대 뒤에 숨어서 조정하는 것처럼 보인다.

　길에 오르막길이 있고 내리막길이 있듯이, 인생에도 오르막이 있으면 내리막이 있기 마련이다. 우리 속담에도 '오르막이 있으면 내리막이 있다.'는 것이 있는데, 잘 풀릴 때는 역경을 대비해야 할 것이고 어려울 때는 언젠가는 풀릴 것이라는 희망을 가지고 준비하는 것이 인생의 지혜라고 할 수 있다. 경제에서도 오르막과 내리막 현상이 나타난다. 흔히 경기가 좋다느니 나쁘다느니 하는 말은 경제에서의 경기 변동을 말하는 것이다. 경제에서는 생산이나 소비와 같은 경제 활동이 활발한 호경기와 경제 활동이 침체되는 불경기가 번갈아 발생하게 된다.

거시경제 정책의 과제는 인플레이션 억제와 실업 감소인데, 두 마리 토끼를 다 잡기는 어렵고 하나를 잡으면 하나를 놓치기 쉽다. 이러한 상황과 관련된 속담이 '사랑을 따르자니 스승이 울고 스승을 따르자니 사랑이 운다.'이다. 심리학에서는 이러한 갈등의 유형을 접근-접근 갈등이라고 하는데 두 가지가 다 매력적일 때, 둘 다 얻고 싶은데 하나만 취해야 할 때 일어나는 갈등이다. 경제학적으로 볼 때 인플레이션 억제와 실업 감소는 둘 다 취해야 할 정책이지만, 인플레이션을 억제하면 실업이 증가하고 실업을 해소하면 인플레이션이 발생하기 때문에 어느 한쪽을 포기해야만 하는 것이다.

이러한 상황에서 두 마리 토끼를 잡으려는 경제정책, 즉 실업 증가 없이 인플레이션을 제거하기 위해 도입된 정책이 소득정책이다. 소득정책이란 정부가 중요한 상품의 가격 및 임금의 과도한 상승을 규제함으로써 인플레이션을 억제하고 고용 수준을 유지하려는 정책을 말한다. 소득정책 중 하나가 조세기초 소득정책이다. 이는 조세제도를 이용해 물가 상승을 억제하려는 정책으로, 조세 수단을 이용하는 방법에는 당근 접근법과 채찍 접근법이 있다. 당근 접근법은 정부가 설정한 임금 인상 기준을 준수하는 기업과 노동조합에 세금 혜택을 주어서 물가 안정을 유도하는 방법으로 유인 접근법이라고도 한다. 반면에, 채찍 접근법은 정부가 설정한 기준

을 준수하지 않는 기업에 대해 세금을 추징함으로써 물가 상승을
억제하려는 방법으로 처벌 접근법이라고도 한다. '중매 잘하면 술
이 석 잔, 잘못하면 뺨이 석 대'라는 속담이 이를 나타낸다고 할 수
있다. 심리학에서는 당근과 채찍을 교육 장면에서 보상과 처벌 효
과로 설명하는데, 정적 강화와 부적 강화 방법으로 설명하기도 한
다. 바람직한 교육 방식으로 정적 강화인 보상을 주로 사용하고 가
능하면 처벌은 최소한으로 사용하는 것이 좋다고 한다.

　지금까지 주요 경제 현상을 속담에 비유하여 설명하였고, 관련
된 심리학적 설명을 덧붙여 보았다. 우리가 어렵다고 생각하는 경
제 이론이나 현상을 우리가 익히 알고 있는 속담과 연결하여 쉽게
이해할 수 있도록 하였고, 이를 심리학적으로 연관된 이론이나 현
상과 관련지어 보았다. 일부는 다소 매끄럽지 못할 수 있겠지만, 이
러한 시도를 해 본 것은 의미 있는 접근이라고 할 수 있다.

제9장

속담 속 심리학
돈과 소비생활

속담은 오랜 세월을 통하여 사람들의 생활 경험 가운데에서 자연적으로 발생하여 입에서 입으로 전해지면서 굳어진 언어 형식이다. 즉, 민중의 경험과 지혜와 교훈에서 우러난 진리를 지닌, 간결하고 평범하며 은유적인 관용어라고 할 수 있다. 또한 속담은 사람들의 경험이 응결되어 이루어진 하나의 생활철학이다. 속담 속에는 민족의 정신이 반영되어 있으며 민중의 꿈과 슬기가 녹아 있다. 이렇게 볼 때, 속담은 세계를 끊임없이 관찰하고 인식하는 건강한 정신 활동의 산물이라고 할 수 있다.

사람들의 일상생활에서 돈과 관련되지 않은 것이 없을 정도로 돈은 우리 인간의 삶 속에서 필수적인 요소라 할 수 있다. 인류가 생존을 위한 생활을 시작하면서부터 어떤 형태가 되었든 재화라는 것이 교환의 수단으로 활용되어 왔고, 돈의 형태로 발전되었다.

1. 돈과 관련된 속담 속의 심리

여기서는 돈 관련 속담에 나타난 한국인의 의식구조를 분석하여 정리해 보고자 한다. 돈 관련 속담의 자료는 상당히 많은데 방운규(2002), 송재선(1998)의 연구에 수록된 항목들을 중심으로 정리하였으며, 속담 자료를 통해 분석한 의식구조가 현실 세계에서 어떤 모습으로 투영되어 있는가를 살펴보았다. 속담은 역사적 흐름 속에서 사회 상태를 나타내 줌으로써 미래의 사회 경향 및 변화를 예측할 수 있게 해 주고, 이렇게 속담에 내재된 사회의 의식구조는 일반적인 정신 현상임을 이해하는 데 도움이 될 수 있을 것이다.

돈과 관련된 속담에는 서로 대립되는 내용의 속담들이 있다. 예를 들면, '돈만 있으면 처녀 불알도 산다.'는 속담은 돈이면 무엇이든지 다 할 수 있다는 한국인의 의식을 보여 주고 있으나, 이에 맞서는 것으로 '처녀 불알은 돈을 주고도 못 산다.'는 속담은 돈으로도 안 되는 일이 있음을 뜻한다. 이런 속담을 보면 한국인들은 돈으로 무엇이든지 다 할 수 있다는 생각과 그럴 수 없다는 생각을 동시에 가지고 있다고 봐야 할 것이다. 그러나 다음과 같이 돈만 있으면 다 할 수 있다는 표현의 속담이 많이 있다는 것은 눈여겨봐야 한다.

- 돈만 있으면 저승길도 바꾼다.
- 돈만 있으면 염라대왕 문서도 고친다.
- 개도 돈만 있으면 멍첨지라고 한다.
- 돈만 있으면 과거에도 급제한다.

반면에, '처녀 불알은 돈을 주고도 못 산다.'는 속담은 돈이면 다할 수 있다는 배금주의 또는 황금만능주의를 꼬집고 경계하는 구실을 한다고 볼 수 있다. 그러나 일반적으로 보았을 때 우리 조상들이나 현대를 살고 있는 우리도 돈만 있으면 무엇이든지 다 할 수 있다는 의식을 가지고 있음을 엿볼 수 있다. 따라서 속담 자료를 통해 분석한 의식구조가 현실 세계에서 어떤 모습으로 투영되어 있는가를 살펴볼 수 있고, 역사적 흐름 속에서 사회 상태를 나타내 줌으로써 미래의 사회 경향 및 변화를 예측할 수 있으며, 속담에 내재된 사회의 의식구조가 일반적인 정신 현상임을 이해할 수 있을 것으로 본다.

우리는 돈이 없으면 하루도 살아갈 수 없다. 삶은 곧 돈이라고 할 수 있으며, 돈은 우리의 삶 전체를 지배한다고 해도 지나치지 않을 것이다. 이렇듯 돈이 일상생활에서 차지하는 비중은 너무도 크다. 그러면 이러한 삶의 수단인 돈의 의미는 무엇일까? 사전적 정의와 경제적 정의로 나누어 살펴보고자 한다. 우선『우리말 큰사전』(한글학회, 1992)에서는 ① 일반인들이 두루 사물의 값어치를 헤아리는 기준으로 삼고 어떤 사물의 대가로 주고받을 수 있도록 나라에서 일정한 모양에 일정한 값을 표시해 만든 물건, ② 물건의 값, ③ 재물이나 재산으로 정의 내리고 있다. 배선영(1998)의 연구에서는 일

반적 수용성을 가진 전문적인 지급 수단으로 통용되는 재화로 정
의 내리면서 다음과 같이 돈의 기능을 다양하게 정리하고 있다. 교
환의 매개 수단으로서의 기능, 본래부터 의도하는 교환을 위하여
수행하는 징검다리의 역할, 판매 시발의 주요한 수단으로서의 기
능, 경제재의 판매자에게 그것을 제시하거나 이전시킴으로써 경제
재의 판매를 시발시키는 수단 내지 방편, 일반적인 지급 수단으로
서의 기능. 다른 재화는 지극히 제한된 범위 안에서만 지급 수단이
될 수 있는데 반해서, 돈은 일반적인 수용성을 가지는 전문적인 지
급 수단, 계약 이행 수단으로서의 기능, 거래가 발생할 때에만 돈의
흐름이 있는 것이 아니라 거래가 종결된 이후에도 돈의 흐름이 추
가적으로 발생하게 하는 수단, 가치의 저장 수단으로서의 기능, 가
치 또는 부를 저장하는 수단 등이 될 수 있다.

　위의 사전적 정의와 경제적 정의를 비교해 보면 표현 방식만 다
를 뿐 그 의미는 거의 비슷하다. 사전적 정의 가운데 '일반인들이
두루 사물의 값어치를 헤아리는 기준으로 삼고 어떤 사물의 대가
로 주고받을 수 있도록'이라는 표현은 거래 수단으로서의 돈을 의
미하며, 경제적 정의인 '일반적 수용성을 가진 전문적인 지급 수단
으로 통용되는 재화'라는 표현도 이와 같은 의미라고 볼 수 있다.
좀 더 쉽게 풀이하자면, 돈은 거래 수단으로서의 재화라고 할 수 있
다. 또한 양쪽 정의 모두 돈을 재물 또는 재산의 저장 수단으로 보
고 있는데, 이것은 돈을 부의 저장 수단인 재화로 인식하는 것이라
고 할 수 있다. 이 두 가지 정의를 바탕으로 할 때, 돈은 '거래 수단
과 재산(부)의 저장 수단으로 통용되는 재화'라고 할 수 있다. 따라
서 이 절에서는 이를 돈의 정의로 보고자 한다.

송재선(1998)은 돈과 관련된 속담 5천여 가지를 돈 편, 가난 편, 부유 편으로 나누어 수록하였다. 여기서는 송재선(1998)이 제시한 자료를 참고하여 정리하는데 가난 편과 부유 편은 돈에 대한 직접적인 내용이 아니므로 자료에서 제외한다. 그리고 돈 편에 관련된 속담을 그 내용에 따라 돈 벌기, 돈거래/빚, 돈 소유, 돈의 효용성, 공돈 등으로 다시 분류하여 정리한다.

먼저, 돈 벌기와 관련된 속담들을 살펴보면 다음과 같다. 돈 벌기 관련 속담에서 나타난 한국인의 의식구조는 수단과 방법을 가리지 않고 돈을 벌려고 한다는 것이다.

- 돈독이 올랐다.
- 돈 몇 푼에 살인 난다.
- 돈은 악해야 번다.
- 돈은 부정한 데서 모인다.
- 돈방석에 앉았다.
- 부모 송장 팔아 돈 번다.
- 돈은 쓰는 멋에 번다.
- 악으로 모은 돈 악으로 망한다.
- 돈이 늘면 욕심도 는다.
- 돈이라면 덫에도 들어간다.
- 돈은 벌면 인색해진다.
- 돈에 환장하면 돈밖에 모른다.
- 돈 앞에는 눈이 어두워진다.
- 돈에 환장하면 처자식도 모른다.

- 돈독이 오르면 돈밖에 안 보인다.
- 돈독이 오르면 사람도 보이지 않는다.
- 치부한 사람은 돈 못 쓰고 죽는다.
- 돈은 더럽게 벌어도 깨끗이 쓰면 된다.
- 돈에 맛들이면 의리도 저버린다.
- 돈에 눈이 어두우면 사람도 안 보인다.
- 돈에 미치면 죽는 줄도 모른다.
- 돈에 환장하면 사람도 보이지 않는다.
- 돈은 욕먹고 벌어도 쓰기만 잘 하면 된다.
- 돈이라면 신주도 팔아먹겠다.
- 돈이라면 뱃속에 든 아이도 손 벌린다.
- 돈이라면 처녀도 아이를 낳는다.
- 돈을 준다면 뱃속에 든 아이도 기어나온다.
- 돈 번 자랑 말고 쓴 자랑하랬다.
- 돈에 눈이 어두우면 부모형제도 안 보인다.

이렇듯 돈 버는 것과 관련된 속담들은 너무나도 많다. 그러나 돈을 많이 모으고 나서 그것을 어떻게 쓰느냐가 중요하다. 남을 돕는 데 너무 인색한 것과 관련된 속담으로 '감기 고뿔도 남 안 준다.'가 있다. 이는 괴로움을 주는 병도 남에게는 아까워서 못 줄 정도임을 뜻하는 것으로, 몹시 인색한 사람의 행동을 비꼬는 말이다. 먹고 마시고 입는 데는 돈을 물 쓰듯 하면서도 불우이웃 돕기 성금을 내라고 하면 돈이 없는 척하는 사람들을 말하는 것이다. 돈 버는 것과 쓰는 것과 관련된 또 다른 속담으로 '개같이 벌어서 정승같이 쓴다.'는 것이 있다. 개같이 번다는 것은 나쁜 환경에서 궂은 일, 힘든 일을 가리지 않고 돈을 버는 것을 의미하고, 정승같이 쓴다는 것은 뭔가 뜻있는 일에 아낌없이 돈을 쓴다는 것을 의미한다. 즉, 돈을 벌 때는 가리지 않고 열심히 벌고, 쓸 때는 뜻있는 곳에 쓰는 훌륭한 사람을 말하는 것이다. 최근에도 김밥을 팔아 번 돈으로 장학금을 내놓은 할머니, 구두를 닦아 모은 돈으로 불우이웃 돕기 성금을 낸 사람에 관한 기사들이 나오는 경우가 있다. 돈을 어떻게 벌었느냐에 따라 쓰는 것도 달라진다는 것과 관련된 속담으로 '쉽게 번 돈 쉽게 나간다.'는 것이 있다. 노력해서 번 돈은 가치 있게 쓰지만 쉽게 얻은 돈은 헛되게 낭비하기 쉽다는 뜻이다. 실제로 국내에서 로또 1등에 당첨되어 수십억 원을 받은 사람이 몇 년 안 되어 그 큰돈을 다 날려 버렸다는 사례가 보도된 적이 있다. 복권에 당첨된 사람이 그 큰돈을 끝까지 지키기가 어렵다는 것을 보여 준 사례로, 이 속담의 의미와 일치한다 하겠다. 유사한 의미의 속담으로 '쉽게 뜨거워진 쇠는 쉽게 식는다.'가 있는데, 이 속담 역시 무슨 일이든 시간과 노력을 쏟아야 오래가는 법이라는 의미이다.

　돈 벌기 관련 속담을 통해 나타난 의식구조를 살펴보면, 한국인들은 수단과 방법을 가리지 않고 무조건 많이 벌어야 한다는 의식이 팽배해 있음을 알 수 있다. '돈은 악해야 번다.'는 속담은 남에게 인심을 얻어 가면서 돈을 번다는 것은 힘들기 때문에 야박하게 해야 돈을 벌 수 있다는 뜻이다. '돈은 부정한 데서 모인다.'는 속담은 말 그대로 돈은 깨끗하지 못한 데서 모을 수 있다는 뜻이다. 정상적으로 땀 흘려서 벌기보다는 부정한 방법으로 돈을 벌어야 많이 모을 수 있음을 뜻한다. 그렇게 돈에 집착하다 보면 어느새 돈독이 오르고 처자식도, 부모도 안 보이게 된다. 의리도, 인정도, 체면도 그리고 도덕도 없다. 돈이라면 조상의 신주도 팔아먹을 수 있으며, 처녀도 아이를 낳을 수 있으며, 뱃속의 아이도 기어나올 수 있다. 더나아가서는 부모의 송장까지도 팔아 돈을 벌기도 한다. 이와 같이 우리나라 사람들은 대개 수단과 방법을 가리지 않고 돈을 벌어야 한다는 생각에 사로잡혀 있는데, 이것은 돈방석에 앉아 보는 것이 인생 최대의 꿈이기 때문이다.

　무슨 짓이든 가리지 않고 돈을 벌어야 한다는 인식이 팽배한 것은 우리 사회에서는 정당한 방법으로 큰돈을 벌 수 없다는 회의적인 생각 때문인데, 이러한 생각으로 인해 열심히 일해서 돈을 모으겠다는 인식이 흔들리고 있다. 성실하게 일해서 빠듯한 월급을 받는 사람은 부정한 방법으로 큰돈을 버는 사람에 대해 엄청난 상대적 빈곤감을 느낄 수밖에 없다. 이러한 상황에서는 평생 저축해도 집 하나 제대로 마련할 수 없다. 비관적인 심리 작용은 탈세를 부추기고, 뇌물 수수를 조장하고, 부동산 투기도 일으킨다. 편법으로 돈을 벌어야 한다는 생각과 힘들이지 않고 일확천금을 거머쥐려는 생각, 돈벼락을 맞거나 벼락부자가 되려는 생각이 널리 퍼져 있는 것이다.

　이와 같은 분위기로 인해 우리 사회는 거대한 돈바람 속으로 휘말려 든 지 오래되었다. 그리하여 정직하게 돈을 벌겠다는 생각보다는 부정한 방법으로 돈을 벌려고 하는 사람이 많다. 마땅히 내야 할 세금을 줄이거나 누락시키거나, 값싼 고춧가루에 공업용 색소를 첨가하여 판매하거나, 가짜 휘발유를 만들어 팔거나, 폐기 처분하는 참치 머리를 대량 수입해서 횟집에 팔거나, 남의 토지대장을

위조하여 땅을 팔거나, 자신이 근무하는 은행 금고의 돈을 털기도
한다. 심지어는 자신의 장기도 팔 수 있으며, 원하는 사람을 죽여
줄 수도 있다. 이렇듯 돈에 미치면 상상하기조차 어려운 편법과 불
법도 마다하지 않는다. 이러한 의식은 우리 사회를 고질적인 부패
사회로 만들었다.

　게다가 일확천금을 노리는 대박 심리도 대단하다. 경마 · 경륜 ·
경정 · 카지노 · 복권 등은 합법적인 사행성 오락산업이지만, 이를
이용하는 사람의 수나 매출액 규모로 볼 때 이미 오락의 수준을 넘
어섰다. 원래의 목적과는 달리 사행사업으로 전락했다. 이에 따라
많은 사람이 땀 흘려 돈을 벌기보다는 우연한 이익, 즉 한탕주의를
노리게 되었다. 그러한 심리는, 특히 복권에서 두드러지게 나타나
고 있다. 이미 많은 사람이 도박에 중독되어 심각한 사회 문제로 떠
오르고 있다.

　복권제도는 적당히 즐길 수만 있다면 따분한 일상에 작은 활력
소가 될 수 있다. 또한 정부가 복권 수익금으로 다양한 사회 · 문화
사업을 벌여 시민의 삶을 보다 윤택하게 할 수도 있다. 그러나 복권
사업은 기본적으로 서민의 호주머니를 털어 한두 명의 '복권 재벌'
을 탄생시키는 구조이다. 이와 같은 구조는 건전한 근로 의욕을 앗
아가 버리는 아편 같은 성격으로 사회적인 문제가 된다. 복권 재벌
의 신화를 좇는 현상은 '노력한 만큼 보상을 받는다.'는 일반적 정
의의 원리에 대한 중대한 침해이자, 그것을 믿고서 살아가는 많은
사람의 도덕성에 대한 모독이다. 도덕성이 허약한 사회에서는 끊
임없이 대박과 한탕을 지향한다.

　이와 같은 한탕주의는 각종 투기 열풍에서도 나타난다. 투기란

시세가 바뀌는 데서 생기는 이익을 노려서 물건을 팔고 사는 것을 뜻하는 것으로, 기회를 틈타서 큰 이익을 챙기는 행위를 말한다. 그 대표적인 예가 부동산 투기라고 할 수 있다. 부동산 투기는 땅과 집에 집중적으로 이루어지고 있다. 특히, 아파트에 대한 투기는 과열 현상을 뛰어넘은 지 이미 오래되었다. 아파트 한 채를 분양받거나 사들이면 큰돈 벌기란 시간 문제이다. 자고 나면 수천만 원씩 뛰어오르다 보니 국민들이 아파트 투기에 혈안이 되고 있다. 땅 투기도 마찬가지이다. 어느 곳이 개발된다고 하면 그곳은 이내 투기장으로 변한다. 그렇게 하여 사 놓으면 엄청난 시세 차익을 얻을 수 있다. 이러한 상황에서 땀 흘려 돈 번다는 것은 사회적 웃음거리에 지나지 않는다. 우리 사회는 언제부터인지 위와 같은 반사회적이고도 비윤리적인 돈 벌기를 암묵적으로 수용하거나 용인하고 있는 듯하다. 앞서 제시한 속담은 이와 관련한 우리 사회의 정신구조를 잘 보여 준다고 할 수 있다.

수단과 방법을 가리지 않고 큰돈을 만져 보겠다는 의식을 갖고 있다면, 정당한 방법으로 떳떳하게 돈을 버는 과정에서 나타나는 보람과 희열을 느낄 수 없다. 노력하여 번 한 푼 한 푼의 가치를 모르기 때문이다. 악으로 벌고 부정한 방법으로 번 돈이기 때문에 한 푼의 소중함을 모르는 것이다. 돈의 진정한 가치를 모르기 때문에 그 사람은 돈의 노예가 되며 비인격적인 미물로 전락하게 된다. 돈은 출세나 치부의 수단적 가치밖에는 되지 않으며, 자신은 놀부처럼 돈을 제대로 쓸 줄 모르는 수전노일 수밖에 없다.

이와 같이 떳떳하지 못한 돈 벌기를 경계하고 훈계하려는 속담도 있는데, '악으로 모은 돈 악으로 망한다.' '돈 번 자랑 말고 쓴 자

랑 하랬다.' '돈은 쓰는 멋에 번다.' 등이 이에 속한다. 이들 속담은
우리나라 사람들의 전체적인 의식을 반영하는 것이라기보다는, 돈
은 부정하게 벌어서는 안 되며 돈은 버는 것보다 쓰는 것이 더 중요
함을 일깨워 주기 위해 나온 것이라고 볼 수 있다. 이와 같은 의식
은 우리 민족 전통의 인생관에서 연유한 것으로 볼 수 있다. 한국인
의 삶에 대한 일반적인 관념 중에 현실주의적 인생관과 낙관주의
적 인생관이 있다. 전자는 오래오래 살면서 풍성한 삶을 누리는 것
이며, 후자는 심판 사상이 없다는 것이다. 무슨 짓을 하든지 오래
살고 많이 갖는 것이 축복이 된다. 이러한 관념은 착한 사람은 천당
에 가고 악한 사람은 지옥에 간다는 불교의 인과응보 사상과는 거
리가 있다. 선과 악이 문제가 되지 않기 때문에 수단과 방법을 가리
지 않고 돈을 버는 것이며, 이에 따라 부정부패가 끊이지 않고 과거
의 잘못을 되풀이하고 있는 것이다.

　돈거래와 빚은 우리 주변에서 자주 볼 수 있는 여러 가지 사건을
야기하는 경우가 많다. 이와 관련된 속담 중 돈거래와 관련된 속담
은 다음과 같다.

- 돈은 앉아 주고 서서 받는다.
- 돈 빌려주는 날이 친구 잃는 날이다.
- 돈은 웃고 주고 싸우며 받는다.
- 돈 빌려주면 돈도 잃고 사람도 잃는다.
- 돈 주고 병 얻는다.
- 돈 주는 날이 의 상하는 날이다.
- 돈 잃고 친구 잃는다.

- 돈 줄 때는 부처고 받을 때는 야차다.
- 돈은 꾸어 주기는 쉬워도 받기는 힘들다.

한편, 빚과 관련된 속담도 많다.

- 꿈에 쓴 빚이다.
- 꿈에 준 돈이다.
- 빚보증은 서지 말랬다.
- 돈 두고도 빚 안 갚는 난봉이다.
- 빚은 웃고 얻고 성내고 갚는다.
- 돈 보증 서는 자식은 낳지도 말랬다.
- 빚쟁이 거짓말하듯 한다.
- 묵은 빚은 본전만 주어도 좋아한다.
- 빚 주고 뺨 맞는다.
- 빚 준 사람은 안 잊어도 빚 진 사람은 잊는다.
- 장인 돈 떼어먹듯 하다.
- 빚진 놈치고 거짓말 않는 놈 없다.
- 주는 날이 받는 날이다.
- 빚을 줄 때는 부처님이요, 받을 때는 염라대왕이다.
- 빚이 많으면 악만 남는다.
- 집 마련에는 빚 좀 져도 괜찮다.
- 빚이 많으면 뼈도 녹는다.
- 빚이 많으면 걱정도 커진다.
- 빚은 잠도 안 잔다.

- 범보다 무서운 것이 남의 변돈이다.
- 빚은 이자도 늘고 걱정도 는다.
- 빚을 얻을 때는 공돈 같고, 갚을 때는 생돈 같다.
- 빚도 많으면 갚을 생각보다 떼먹을 생각을 하게 된다.
- 빚 준 사람은 오금을 못 펴고 자도 빚진 사람은 두 다리 뻗고 잔다.

돈거래 및 빚과 관련된 속담에서 드러난 의식구조를 살펴보면 다음과 같다. 여기에서는 돈을 빌려주고 빌리는 행위를 돈거래, 갚아야 할 돈을 빚이라고 하고, 이와 관련된 속담에 나타난 의식구조를 분석한다. 돈의 흐름은 피의 흐름과도 같다. 사람이 건강하려면 피가 몸 구석구석을 잘 돌아야 한다. 잘 흐르지 못하고 어느 한 곳이 막히면 여러 문제가 발생할 수 있는데, 방치할 경우 심각한 병으로 이어질 수 있다. 돈도 마찬가지여서 나라 전체가 돈이 잘 돌아야 경제가 활기를 띨 수 있다. 개인이든 회사든 일시적으로 돈이 없거나 모자라는 경우가 있는데, 이때 할 수 있는 방법은 다른 사람에게서나 은행에서 돈을 빌리는 것이다. 그렇게 해야 문제를 해결할 수 있다.

돈거래에 관련된 속담을 살펴보면, 빌려주고 빌리는 단계에서는 아무런 문제가 없지만 돌려받거나 돌려주어야 하는 단계에서는 적지 않은 문제가 있음을 알 수 있다. 돈을 빌려준 사람은 그 돈이 자신의 돈이기 때문에 마땅히 받아야 하고, 돈을 빌린 사람은 자신의 돈이 아니기 때문에 마땅히 돌려주어야 한다. 그런데도 빚진 사람은 기한이 되어도 갚지 않는다. 문제의 발단은 여기서 비롯된다. 돈을 갚지 않기 때문에 싸우기도 하며, 친구도 잃으며, 심하게는 병까지도 얻는다. 실제로 이런 일들은 비일비재하다. 평생 모은 돈을 남에게 빌려주고 받지 못해 엄청난 금전적·정신적 피해를 입는다. '빚 준 사람은 오금을 못 펴고 자도 빚진 사람은 두 다리 뻗고 잔다.'라는 속담이 보여 주듯이 돈을 빌려준 사람은 극도로 불안한 반면 빌린 사람은 느긋하다. 빚이 많으면 아예 못 갚으려니 하고 떼어 먹기 일쑤다. 이것이 한국인들의 돈거래 모습이다.

돈거래 및 빚에 관련된 이러한 사고방식은 심각한 사회 문제로 이어지고 있다. 불성실한 돈거래와 빚은 사회질서를 파괴하고 경제를 불안하게 하며 위축시킨다. 빚을 갚지 않는다고 말다툼을 벌이다 격분하여 채무자를 죽이기도 하고, 빚 독촉을 하는 채권자를 죽이기도 하고, 고액의 카드 빚을 갚지 못해 고민하다가 은행에서 돈을 훔치기도 하고, 그것도 여의치 않으면 스스로 목숨을 끊기도 한다. 무엇보다도 심각한 것은 신용불량자가 날이 갈수록 급증하고 있다는 점이다. 경제활동인구 10명 중 1명이 신용불량자로 등록되어 금융기관 이용과 같은 경제 활동에 제약을 받고 있는데, 이들 가운데 2명 중 1명은 신용카드 관련 문제 때문이다. 능력도 없이 돈을 빌려 쓰고 갚지 못하게 되자, 다른 신용회사에서 돈을 빌려 그 빚을 갚고, 남은 빚은 또 다른 회사에서 빌려서 갚고, 그렇게 돌려 막기를 하다가 빚의 악순환으로 결국 법원에 개인파산 신청을 하게 된다. 개인파산 제도가 부채를 감당하지 못하게 된 개인이 법원의 허가를 받아 남은 부채에 대한 책임을 면제받을 수 있게 한 제도이기는 하지만, 여기에는 빚은 갚아야 하는 것이라는 생각보다는 면책받을 수도 있다는 생각이 깔려 있다. 그러나 신용불량자가 급증하고 있는 수치는 어디까지나 공식적인 현황일 뿐이다. 개인적인 거래와 사채 시장의 거래에서 발생한 경우까지 고려한다면 그 규모는 훨씬 클 것으로 보인다.

빚을 제때 갚지 않게 되자, 금융권에서는 오래전부터 보증제도를 도입하여 운영하고 있다. 이것은 채무자가 빚을 갚지 못할 경우를 대비하여 연대채무자를 설정해 돈을 환수할 수 있게 하는 제도이다. 그러나 이렇게 하여도 남의 돈을 우습게 여기는 의식이 팽배해 있기 때문에 여러 가지 부작용이 속출하고 있다. 이 제도의 가장 큰 희생자는 연대채무자, 즉 빚보증을 서 준 사람이다. '빚보증 서는 자식은 낳지도 말랬다.'라는 속담은 이러한 문제의 심각성을 잘 보여 주고 있다.

역설적으로 보증제도는 채무자를 구원해 주기 위한 것이라고 할 수 있다. 채무자가 빚을 갚지 않을 경우, 연대채무자가 모든 빚을 떠안고 갚아야 하기 때문이다. 일반적으로 빚보증은 잘 아는 사람이 서 주는 것이기 때문에 채무자가 변제하지 못하면 연대채무자는 하루아침에 모든 재산을 잃게 된다. 빚보증으로 인해 친하게 지내던 사이가 적대관계로 변해 등을 돌리고 평생 원수가 되기도 한다. 실제로 이런 예는 너무도 흔하다.

돈거래에서 가장 중요한 것은 신용이다. 빚을 졌으면 무슨 일이 있어도 갚아야 한다. 빚은 내 돈이 아닌 남의 돈이다. 그러나 '빚을 얻을 때는 공돈 같고, 갚을 때는 생돈 같다.'는 속담이 보여 주듯이 한국인들은 빚을 공돈으로 여기려는 의식을 가지고 있다. 빚을 거저 생긴 돈으로 가볍게 여긴다. 그러한 마음으로 빚을 내어 집을 마련하고, 초호화 가구를 사들이고, 외제차를 사고, 해외여행을 하고, 명품 옷을 사 입는다. 결국에는 빚을 내어 빚을 갚거나, 빚 갚기를 포기하기에 이른다. 심지어는 돈이 있어도 갚지 않으려 한다. '빚도 많으면 갚을 생각보다는 떼먹을 생각을 하게 된다.'는 속담은 이와 같은 고의적 상환 불이행 심리를 잘 나타내고 있다.

돈을 꾸어 주면 떼인다는 인식을 잘 반영하는 것으로 '꿈에 준 돈이다.'라는 속담이 있다. 이것은 돈거래가 분명하지 않음은 물론이거니와 받을 가망이 없음을 뜻한다. '묵은 빚은 본전만 주어도 좋아한다.'는 속담을 통하여 우리는 돈거래에 따른 채권자의 마음고생이 얼마나 심한지를 어렵지 않게 헤아려 볼 수 있다. 흔한 예는 아니지만 돈을 빌려 달라는 부탁을 인정상 거절할 수 없을 때, 받지 못할 것으로 판단하고는 요구액의 절반만 빌려주는 현실적 타협을 하는 경우도 있다.

이렇게 남의 돈을 대수롭지 않게 여기는 태도를 경계하기 위한 속담도 만들어졌다.

- 빚이 많으면 뼈도 녹는다.
- 빚이 많으면 걱정도 커진다.
- 빚은 잠도 안 잔다.
- 범보다 무서운 것이 남의 빚돈이다.
- 빚은 이자도 늘고 걱정도 는다.

이들 속담은 빚은 무서운 것이니 책임을 지고 갚아야 한다는 마음의 자세를 환기시키고 있다. 남의 돈을 우습게 보고 안이하게 대하려는 사람들에게 일침을 주는 속담이라고 할 수 있다.

돈거래와 빚 관련 속담에서 나타난 이와 같은 의식은 소유의 경계선이 불분명하기 때문인 것으로 이해할 수 있다. 우리 사회에서 가까운 사람과의 사이에는 개인 소유의 경계가 희박하거나 불분명하다. 따라서 자기 소유권을 강력히 주장하면 개인주의자, 이기주의자로 낙인찍히곤 한다. 네 것도 내 것이 될 수 있으며, 내 것도 네 것이 될 수 있다는 불분명한 소유 관념 때문이다.

　돈 소유와 관련된 속담들을 살펴보면 다음과 같다.

- 벼락부자 사흘 못 간다.
- 놀부 돈제사 지내듯 한다.
- 돈에 녹이 슬겠다.
- 돈 꾸러미가 썩는다.
- 충주 자린고비다.
- 돈에서 곰팡이가 난다.
- 돈 한 푼 쥐고 벌벌 떤다.
- 들어가는 돈은 봐도, 나오는 돈은 못 본다.
- 쥐면 펼 줄을 모른다.
- 음식은 남을 주어도, 돈은 남을 안 준다.
- 돈만 아는 구두쇠다.
- 가난 끝에 돈 번 사람은 인색하다.
- 가진 놈이 더 무섭다.
- 돈주머니를 채우면 인색 주머니가 된다.
- 부자가 하나 나면 세 동네가 망한다.
- 부자 한 집이 있으면 천 집이 이를 미워한다.
- 부자가 망해도 삼 년 간다.

- 똥과 부자는 건드릴수록 구리기만 하다.
- 뒷간 다른 데 없고, 부자 다른 데 없다.
- 부자치고 인색하지 않은 사람 없다.
- 천석꾼이 되면 만석꾼이 되고 싶다.
- 부자와 재떨이는 모일수록 더러워진다.
- 부자는 백 년 못 가고, 권력은 십 년 못 간다.
- 부는 이웃을 살리고, 덕은 만인을 살린다.
- 궤 속에서 녹슨 돈은 똥도 못 산다.

돈 소유와 관련된 속담들에서 나타나는 의식구조를 살펴보면 다음과 같다. 돈은 부(재산)의 저장 수단이다. 즉, 돈은 부를 보유하는 한 가지 수단이 된다. 우리가 돈을 벌어 모으는 것은 궁극적으로 재산을 축적하기 위함이라고도 할 수 있다. 돈을 많이 벌어서 부자가 되는 것이 평생의 꿈이다. 사람인 이상 부의 욕망은 떨쳐 버릴 수 없을 것이다. 아니, 욕망을 완전히 제거하는 것은 불가능할 뿐만 아니라 불필요하기도 하다. 그러나 문제는 욕망 이상의 욕망을 가지고 있다는 것이다. 그것은 탐욕이다.

돈 소유와 관련된 속담을 분석해 보면, 한국인들은 지나치게 돈에 욕심이 많으며 인색하다는 것을 알 수 있다. 다음의 속담이 이를 뒷받침하고 있다.

- 돈에 녹이 슬겠다.
- 돈에서 곰팡이가 난다.
- 충주 자린고비다.

> • 똥과 부자는 건드릴수록 구리기만 하다.
> • 가진 놈이 더 무섭다.
> • 부자가 하나 나면 세 동네가 망한다.

가진 돈은 절대로 나가서는 안 되는 것으로 인식하고 있다. 그래서 돈에 녹이 슬고, 돈 꾸러미가 썩고, 마침내는 곰팡이가 난다. 음식은 남을 줄지언정 돈은 절대로 남을 안 준다. 그렇게 인색한 부자를 똥과 같이 구린내가 나는 지저분한 대상으로 몰아세우기도 한다.

속담에서 나타난 소유욕은 탐욕으로 이어진다. 그래서 돈 한 푼을 쥐고도 벌벌 떨고, 천석꾼이 만석꾼이 되고, 그렇게 해서 부자가 하나 나면 결국 세 동네가 망하게 된다. 이런 상황에서 '부는 이웃을 살리고 덕은 만인을 살린다.' '부자는 백 년 못 가고 권력은 십 년 못 간다.' '벼락부자 사흘 못 간다.'와 같은 속담의 교훈은 돈에 대한 인색함과 끝없는 탐욕을 타이르고 경계하는 데는 역부족일 듯하다.

무언가를 소유하고 있는 사람들은 안정감을 느끼지만, 필연적으로 매우 불안정할 수밖에 없다. 돈에 의존하고 있어서 필연적으로 가지고 있는 것을 잃어버릴까 봐 늘 걱정하기 때문이다. 그래서 많이 가지고 있는 사람들은 대개 도둑과 경제적 변동, 병과 죽음을 두려워한다. 소유하려는 소망은 필연적으로 더 많이, 가장 많이 소유하려는 욕망을 낳게 된다. 탐욕은 소유 지향의 당연한 결과이다. 탐욕스러운 사람은 결코 충분히 가질 수 없으며 만족할 수 없다. 육체적 배고픔은 일정한 포화점에 이르면 없어지지만, 정신적 탐욕에는 포화점이 없다. 탐욕을 완전히 충족시켰다 할지라도 그것이 극복해야 할 내적 공허감은 충족되지 않기 때문이다. 더욱이 소유하고 있는 것은 빼앗길 수도 있는 것이기 때문에 그런 위험에 대비하여 더욱 많이 소유해야만 한다.

이런 까닭에 부자는 남의 것을 빼앗지 않고서는 만족할 수 없으며, 남보다 더 많이 가지지 않고서는 만족할 수 없다. 깊은 탐욕의 수렁에서 헤어나지 못하는 것이다. 대다수의 부자는 돈을 많이 가지고 있는 데서 쾌락을 느낄 수는 있으나, 진정한 기쁨은 느끼지 못한다. 탐욕의 그릇은 채워지지 않기 때문이다. 그렇기에 항상 슬픔에 젖어 있으며, 불안감에 휩싸일 수밖에 없다. 교환의 매개 수단으로 삼은 이래로 돈은 인류 경제사를 지배해 온 핵이었다. 특히, 오늘날의 자본주의 체제 아래에서 돈의 위력은 막강하다. 돈은 현대 사회의 축이며 지렛대이다. 빈자와 부자로 계층을 가르고, 빈국과 부국의 위상을 가름한다. 또한 이것은 인간의 사회적 행위를 통제하고 제약한다.

돈이 이렇게 막강한 힘을 가지고 있다고 하더라도 정작 돈의 가치는 그것을 소유하는 데가 아닌 사용하는 데 있다. 돈의 진정한 가치는 이웃을 위해, 불행한 사람을 위해, 사회와 국가을 위해 사용하는 데 있다는 것이다. 더 나아가 돈은 자기인식을 추구하기 위한 도구가 되어야 한다. 돈은 삶의 의미를 찾고자 하는 가치 있는 사업의 도구가 되어야 한다. 돈 소유와 관련된 속담에서 나타난 탐욕과 인색은 진정한 돈의 가치와는 거리가 멀다. 많은 사람이 배금주의자와 물신숭배자로 전락하여 돈 귀신과 돈의 노예가 되어 버렸다. 그들의 생각은 남에게는 너무도 닫혀 있고 오직 자신들에게만 열려 있다. 다음의 속담이 이를 잘 보여 준다.

- 돈으로 도배를 한다.
- 돈으로 맥질을 한다.
- 돈을 물 쓰듯 한다.
- 돈을 뿌린다.

여간해서는 돈을 쓰지 않지만, 일단 돈을 쓰게 되면 흥청망청 돈을 쓴다는 것이다.

대다수 부유층 사람의 돈 잔치는 사회적 비판이 되고 있지만, 그들의 씀씀이는 변하지 않고 있다. 나라 경제가 어려운데도 퇴폐·보신·향락 등의 호화 사치성 해외여행은 줄을 잇고 있다. 엄청나게 돈을 벌면서도 세금을 내지 않고, 고급 승용차를 소유하고, 고급 주택에 살고 있다. 심지어는 친인척 명의로 재산을 숨긴 채 세금을

내지 않고 호의호식하는 경우도 있다. 백화점은 한 벌에 수백만 원하는 최고급 수입 의류만을 사려는 부유층들로 문전성시를 이루고 있으며, 한 병에 수백만 원인 양주도 '없어서 못 팔 정도'라고 한다. 그런가 하면 사치성 물품인 골프채를 몰래 들여오다 공항 세관에 적발되기도 하고, 심지어는 부모의 저승길을 위해 1억 원짜리 황금 수의를 주문하기도 한다. 이러한 모습은 오직 나의 복만을 한껏 누리려는 비초월적인 가치에 지나지 않는다.

한국인들은 대개 수단과 방법을 가리지 않고 돈을 벌고, 그렇게 하여 부자가 되는 것이 축복이라고 믿고 있다. 이것은 다분히 양적인 개념이다. 돈을 어떻게 값있게 쓰느냐가 아닌, 되도록 많이 벌고 많이 가지고 있는 것이 대다수 한국인의 가치 개념이라고 할 수 있다. 살아서 충만한 삶을 추구한다는 의미의 현실주의적인 인생관이다. 그런데 이러한 재복은 수복을 위한 것으로 이해할 수 있다. 어떠한 일이 있어도 오래오래 살아야 하는데, 꽤 오래 살기 위해서는 돈이 많아야 한다.

돈의 효용성과 관련된 속담들을 살펴보면 다음과 같다.

- 사람 나고 돈 났다.
- 돈 주고도 못 사는 것은 지개다.
- 돈 앞에는 법도 없다.
- 가난하면 천대받고, 돈이 있으면 존대받는다.
- 불공도 돈이 있어야 한다.
- 부처님도 돈이 있어야 영험이 있다.
- 돈에는 부모도 속인다.

- 사내는 뒷간을 가도 돈 열 냥을 넣고 가랬다.
- 첩은 돈 있을 때 첩이다.
- 의붓아비도 돈만 있으면 효도받는다.
- 친구도 돈 있을 때 친구다.
- 지옥도 돈만 있으면 극락된다.
- 돈은 힘이고, 옷은 날개다.
- 개도 돈만 있으면 멍첨지라고 한다.
- 돈이 있어야 극락도 간다.
- 돈 있는 문둥이는 안방에 모신다.
- 돈이면 지옥문도 연다.
- 감옥에서도 돈만 있으면 뒷문으로 나간다.
- 돈만 있으면 과거에도 급제한다.
- 돈만 있으면 도깨비도 부린다.
- 돈만 있으면 바보도 똑똑해진다.
- 돈만 있으면 염라대왕 문서도 고친다.
- 돈만 있으면 저승길도 바꾼다.
- 돈만 있으면 처녀 불알도 산다.
- 돈은 만악의 근본이다.
- 돈이 많으면 부자고, 돈이 없으면 거지다.
- 저승에도 돈이 있어야 간다.
- 집 가지는 것보다 돈 가지는 것이 낫다.
- 부처도 돈 마다하는 부처 없다.
- 처녀 불알은 돈을 주고도 못 산다.
- 재판에서도 돈이 있어야 이긴다.

- 죽어서도 돈이 있어야 제사도 얻어먹는다.
- 돈은 많아야 하고, 말은 적어야 한다.
- 돈 앞에는 웃음이 한 말이요, 돈 뒤에는 눈물이 한 섬이다.

돈의 효용성과 관련된 속담들에서 나타난 의식구조를 살펴보면 다음과 같다. 삶은 일의 연속이다. 마르크스(Mark)에 따르면 사람은 일을 통해 삶의 의미를 얻는다. 일을 함으로써 생존을 유지하고 나아가 삶을 풍요롭게 한다. 또한 일을 통해 사람은 개인적인 차원을 벗어나 사회적인 관계를 맺고 그 속에서 정체성을 확보한다. 다시 말해서, 우리는 일을 통해서 스스로 사람임을 느끼고 사람다운 생활을 할 수 있다. 사람은 삶을 통하여 주체적·능동적으로 일을 처리할 수 있는 능력을 키운다. 작은 일에서 큰일에 이르기까지 그에 적합한 계획을 세우고 실행해 나가는데, 이것은 자신의 의지를 시험할 수 있다는 점에서 매우 중요한 과정이라고 할 수 있다. 그런 과정을 통하여 우리는 보다 성숙한 사회 구성원으로 발전할 수 있다.

그러나 일에는 늘 좋은 결과만 따르는 것이 아니다. 의지와는 다르게 일이 빗나가거나 아예 이루지도 못하는 경우도 있다. 해야 할 일을 이루지 못할 경우, 문제점을 보완하여 다시 시도할 수 있으며 다른 것에 의지해 해결할 수도 있다. 전자는 긍정적인 해결방법을 뜻하고, 후자는 부정적인 해결방법을 뜻한다. 일이 잘 풀리지 않거나 실현 가능성이 없을 때, 우리 사회에서는 그것을 돈으로 해결하려는 심리가 만연되어 있다. 거래 수단과 재산의 저장 수단으로서의 돈의 위력은 대단하다. 인간의 본성은 부와 권력과 안일을 추구하는데, 그 특전을 누리는 사람을 부러워하는 것은 당연하다. 돈이 행사할 수 있는 위대한 힘은 누구도 부정할 수 없다. 돈은 불행과 재난을 구제하고 사람의 생활을 행복으로 인도할 수 있다. 그러나 돈은 이와 같이 긍정적인 측면에서만 위력을 발휘하는 것은 아니다. 악과 부패와 불의가 수반되는, 즉 부정적인 측면에서도 위력을 발휘할 수 있다. 이것은 돈의 힘을 악용하는 것이다.

우리 속담에는 이와 같이 돈의 힘을 악용하려는 의식이 강하게 내재해 있다.

- 돈이 날개다.
- 돈이 있으면 죽을 사람도 살린다.
- 돈 앞에는 법도 없다.
- 재판에서도 돈이 있어야 이긴다.
- 돈만 있으면 귀신도 부릴 수 있다.
- 돈만 있으면 도깨비도 부린다.
- 돈만 있으면 과거에도 급제한다.
- 감옥에서도 돈만 있으면 뒷문으로 나간다.

그리고 '돈만 있으면 처녀 불알도 산다.'와 같은 속담은, 돈만 있으면 현실 세계에서 무엇이든지 다 할 수 있음을 뜻한다. '돈만 있으면 염라대왕 문서도 고친다.' '돈만 있으면 저승길도 바꾼다.' '돈이면 지옥문도 연다.' '지옥도 돈만 있으면 극락된다.'와 같은 속담은, 돈만 있으면 저승에서도 무슨 일이든지 다 해결할 수 있다는 뜻이다. 이렇게 볼 때, 돈은 말 그대로 무소불위의 엄청난 힘을 가지고 있다. 현실적으로 불가능한, 처녀 불알도 돈만 있으면 살 수 있다는 믿음을 가지고 있다. 돈의 위력은 현실 세계에만 국한되지 않는다. 죽음의 세계인 저승으로까지 확대된다. 염라대왕의 문서도 고쳐서 죽을 것을 모면할 수 있듯이, 돈으로 안 되는 일이 없음을 저승으로까지 넓혀서 믿으려 하고 있다. 돈 위력의 극치를 보여 주는 속담들이라고 할 수 있다.

반면, 이러한 맹신적인 배금주의를 꼬집고 경계하려는 속담도 있다.

- 사람 나고 돈 났다.
- 처녀 불알은 돈을 주고도 못 산다.
- 돈은 만 악의 근본이다.
- 돈 주고도 못 사는 것은 지개다.

그러나 이들 속담은 배금주의가 지닌 확고한 믿음을 허물어뜨리기에는 현실적으로 너무도 힘이 약하다. 돈에 대한 맹신적인 사고방식은 우리 사회를 비리와 부정부패로 곪아 썩게 하였다. 사회지도층에 있는 사람들이 아들을 군대에 보내지 않기 위해 병역 담당자에게 거액을 주어 병역 면제를 받게 하기도 하고, 각종 선거에 출마한 후보자가 유권자들에게 돈을 뿌려 당선되기도 하고, 미인선발대회에서 심사위원을 돈으로 매수하여 자신의 딸을 입상시키기도 한다. 또한 유명 대학 유명 학과에 기부금 명목으로 수억 원을 내면 입학할 수도 있으며, 국세청 직원에게 뇌물을 주고 수억 원의 법인세를 부정으로 돌려받기도 한다. 그뿐만이 아니다. 이제는 돈만 있으면 학위논문도 대필할 수 있다. 돈만 있으면 유죄도 무죄로, 무죄도 유죄로 쉽게 바꿀 수 있다. 돈이 법 위에 군림하는 것이다.

앞에서도 말했듯이, 돈의 위력은 동전의 양면과 같아서 두 가지 모습으로 나타날 수 있다. 좋은 쪽으로도 쓰일 수 있으며 나쁜 쪽으로도 쓰일 수 있다. 그런데 속담에서도 볼 수 있듯이 우리는 부정적인 사용에 더 무게를 두어 돈의 위력을 확인하려는 것으로 보인다. 우리 사회에서 이것은 바로 부정으로 이어진다는 점에서 매우 심각하다. 불의가 돈을 업고서 정의를 억누르기 때문에 사회적 불안과 갈등이 날로 커지고 있으며, 부패와 부정 심리가 만연하고 있다. 위와 같은 속담이 사라지지 않는 한 한국의 부정부패는 수그러지지 않을 것이다. 지금까지 살펴본 돈의 효용성 관련 속담에서의 의식구조를 결론적으로 요약하면, 돈으로 무엇이든 다 할 수 있다는 믿음이 강하다는 것이다.

다음으로는 공돈과 관련된 속담을 살펴보자.

- 공것은 써도 달다.
- 공으로 생긴 재물은 공으로 나간다.
- 공돈 싫다는 사람 없다.
- 공돈은 나가는 줄 모르게 나간다.
- 공돈은 몸에 붙지 않는다.
- 눈먼 돈 나누어 먹듯 한다.
- 쉽게 번 돈 쉽게 나간다.
- 공것이라면 자던 놈도 일어난다.
- 공짜라면 노래기 회도 먹겠다.

- 공짜라면 당나귀도 잡아먹겠다.
- 일도 않은 놈이 두 돈 오 푼 바란다.
- 돈 마다하는 사람 없고 똥 마다하는 개 없다.
- 공것이라면 눈도 벌렁, 코도 벌렁 한다.
- 공것이라면 초를 술이라고 해도 먹는다.

공돈 관련 속담에서 나타난 의식구조를 살펴보면 다음과 같다. 공돈이란 별로 힘들이지 않고 얻은 돈, 즉 거저 얻은 돈을 말한다. 돈은 모름지기 열심히 일해서 벌어야 하는데, 그렇지 않고 돈을 얻는다는 것은 떳떳하지 못하다. 예를 들어, 경마와 복권 같은 사행성 도박을 해서 횡재하거나, 사회적 지위를 이용하여 돈을 받아 챙기거나, 공공의 이익을 위해서 써야 할 돈을 자기 돈처럼 쓰는 경우가 이에 해당된다. 우리 사회에서는 공돈을, 특히 '눈먼 돈'으로 부르는데 이것은 임자 없는 돈, 우연히 생긴 돈, 또는 불쌍한 사람을 도울 줄 모르는 인정 없는 돈을 뜻한다. 여기에서는 도박과 복권으로 번 돈, 뇌물, 떡값, 선거에서 후보자한테 받는 돈, 공금과 판공비를 유용한 돈 등을 모두 공돈에 포함된 것으로 본다.

공돈에 관련된 속담에는 다음과 같은 것들이 있다.

- 공돈 싫다는 사람 없다.
- 공돈은 몸에 붙지 않는다.
- 눈먼 돈 나누어 먹듯 한다.
- 쉽게 번 돈 쉽게 나간다.
- 공짜라면 노래기 회도 먹겠다.

그리고 '공것은 써도 달다.'와 같은 속담도 있다. 이로써 한국 사람들은 공돈을 매우 좋아하며, 그것을 쉽게 써 버리는 습성이 있음을 알 수 있다. 공돈은 임자가 없는 돈이기 때문에 먼저 차지하는 사람이 주인이 되며, 불쌍한 사람을 도울 줄 모르는 돈이기 때문에 쉽게 헤프게 쓰인다. 따라서 공돈은 남아서는 안 되는 돈이며, 어떻게든지 다 써 버려야만 하는 돈이다. 이러한 공돈 심리는 사회 곳곳에 퍼져 있다. 경마장, 경륜장 및 경정 경기장에는 사행심에 들떠 큰돈을 거머쥐려는 사람들로 북적거리고, 복권판매소에는 그보다 더 큰돈을 횡재하려는 사람들로 장사진을 이루고 있다. 사회적으로 높은 지위에 있는 사람들은 각종 뇌물로 돈을 챙긴다. 최근에 국정농단 사건으로 시끄러웠는데, 특히 대통령 탄핵 심리에서 대통령의 뇌물죄가 성립되는지의 여부가 중요하게 다루어졌다.

　더 큰 문제는 여러 유형의 공금을 허술하게 다루어 그 손실이 심각할 정도로 커지고 있다는 것이다. 국민의 혈세를 모아 만든 공적 자금을 자신의 사욕을 위해 써 버리는 사건들이 무더기로 적발되고 있다. 파산 위기에 몰려 공적 자금을 지원받은 금융기관이 임직원에게 무이자 저리 대출을 해 주는가 하면, 보수를 대폭 올리고 후생복지비를 과다하게 늘리기도 한다. 공적 자금 투입 금융기관으로부터 돈을 빌려 간 부실기업의 임직원들은 수조 원이 넘는 돈을 본인 명의로 보유하거나 배우자와 자녀에게 증여하면서도 꾼 돈을 갚지 않고 골프와 도박, 호화사치성 해외여행하기를 서슴지 않는다. 그뿐만 아니라 지방 의원과 공무원 등이 싸고 태풍 및 수해 피해 내용을 허위로 신고하거나 실제보다 부풀려 보상받기도 한다. 그런가 하면 서민생활의 안정과 보호를 위해 설치하고 운영하는 생계형 창업자금, 주택자금, 중소기업창업 및 진흥기금 등 공공기금도 마구 새어 나가고 있다. 일부 업주는 서류를 허위로 작성하여 공공기금 수십억 원을 빼돌리거나, 사업자금을 신청하면서 허위 계약서를 제출하고 지원금을 과다 청구하는 수법으로 수십억 원을 가로채기도 한다. 이에 따라 일부 공공기금은 고갈 사태를 맞고 있는 실정이다.

1992년부터 1998년까지 농어촌 문제를 해결하기 위해 무려 42조 원을 투입하였는데, 그 자금도 결국 눈먼 돈이 되고 말았다. 사업 실적을 확인하지도 않고 보조금을 터무니없이 지원해 주었는가 하면, 영농후계자로 선정되어 정책자금을 지원받은 사람들이 다른 사업을 하거나 다른 직장에 취업하기도 했다. 그들 가운데 일부는 술집이나 노래방, 식당을 차리기도 했다. 지난 1997년 외환위기 이후 지금까지 투입된 공적 자금은 총 160조 원인데, 이 가운데 수조 원은 이미 회수 불능 상태로 판정이 나기도 했다. 문제를 해결하지도 못하고 엄청난 혈세만 날린 셈이며, 밑 빠진 독에 물을 부은 격이다. 이처럼 공적 자금은 눈먼 돈이기 때문에 먼저 챙겨야 한다는 생각이 널리 퍼져 있다.

공공기관의 판공비도 예외는 아니다. 판공비란 공무에 필요한 일로 쓰는 비용을 말하는데, 공금이기 때문에 투명하게 사용하고 그 내역은 마땅히 공개해야 한다. 그러나 현실은 그렇지 않다. 대부분이 판공비를 개인의 용돈으로 여기고 마음대로 쓰고 있다. 때로는 선심성 식사 접대로, 때로는 향응 접대로 사용하기도 한다. 어디에 얼마를 썼는지 아무도 모른다. 판공비 규모를 자신의 사회적 지위를 나타내는 잣대처럼 여기고 있다. 상황이 이렇다 보니, 대다수가 공돈을 손에 쥐려고 혈안이 되고 있다.

이러한 예는 기업에서도 예외가 아니다. 다른 기업체와 지속적인 거래를 유지하기 위해서 엄청난 접대비를 지출하고 있다. 우리 기업들은 한 해에 수조 원의 접대비를 사용하고 있는데, 이 돈은 기업의 신기술 개발과 제품 개발, 근로자들의 처우 개선 등 일반 경영에 필요한 자금에서 마련한 돈으로 일종의 비자금 또는 검은돈에 해당한다. 접대는 대부분 룸살롱, 골프와 같은 유형으로 이루어지데, 전자의 경우 거래처 고객을 위해 술 시중을 드는 '술 상무'라는 기이한 직종이 탄생하기도 했다. 이들이 하룻밤에 마시는 술값은 수백만 원을 넘는다고 한다. 특히, 거래처가 외국 기업일 경우에는 향응의 규모가 이러한 수준을 훨씬 뛰어넘는다고 한다. 기업의 경쟁력은 오직 우수한 기술력과 제품 생산에서 시작된다. 이와 같은 음성적인 향응 접대에 의존하고서는 투명한 경영은 물론이거니와 치열한 상품경쟁에서 살아남기 어렵다. 공공기관이든 기업이든 공금을 유용하는 예는 아직도 사라지지 않고 있다.

한국인들의 공돈 심리는 각종 선거에서도 나타나고 있다. 특히, 자치단체장 선거, 국회의원 선거, 대통령 선거와 같은 정치성 선거에서 두드러진다. 많은 후보자가 당선되어야 한다는 강박관념으로 온갖 부정을 자행한다. 그중 대표적인 것이 후보자들의 돈 뿌리기이다. 이것은 돈으로 표를 사는 것이다. 유권자들의 입장에서 보면 공돈을 얻을 수 있는 좋은 기회이다. 후보자가 뿌리는 돈을 따라다니면서 공짜로 술과 음식을 얻어먹고, 거기에다 적게는 수만 원, 많게는 수십만 원의 돈을 받기도 한다. 이 후보한테 얻어먹고 돈을 챙기고 저 후보한테도 얻어먹고 돈을 챙긴다. 선거판 돈은 눈먼 돈이라서 먼저 챙기는 사람이 임자이다. '눈먼 돈 나누어 먹듯 한다.'는 속담은 이런 경우를 잘 보여 준다고 할 수 있다. 지금까지 공돈 관련 속담에서 나타난 한국인의 의식구조는 한마디로 힘들이지 않고 돈을 얻으려는 마음이 있다는 것이다.

2. 소비생활과 관련된 속담 속의 심리

우리의 소비문화는 급격한 산업사회로의 변화, 정보화·세계화의 추세와 더불어 소비자의 삶에 다양한 변화를 초래하고 있다. 즉, 사회구조적인 거시적 측면과 인간의 생활양식 및 사고의 패러다임이라는 미시적 측면 모두에서 많은 변화를 일으키고 있다. 이러한 근원적 변화의 추이를 살펴보면, 인간의 사회적 삶은 그것이 상품과 같은 물적 관계이든 인간관계이든 다양한 종류의 관계들로 구성되며, 그중에서 인간관계를 위해 인간 생존의 모든 수단이 일정한 방식으로 생산·소비되면서 인간의 삶은 사회적으로 진행되기 때문이다. 전통적 사회에서 산업사회로의 변화는 인간의 생존 수단인 생계 방식의 변화와 아울러 그 과정에서 발생하는 생산, 소비 형태의 변화로 인간의 정신적 가치와 사상이나 사고방식에도 영향을 미치고 있다. 즉, 인간의 생활문화는 강력하고도 광범위하게 인간의 정서적 가치와 사상에 영향을 미치고, 이는 행동에도 영향을 미치게 된다. 또한 오늘날 우리가 선택하게 되는 제품이나 서비스는 물론이고, 시대적으로 우세한 문화적 현상과 이상을 나타내 주기 때문에 문화와 사고방식, 그리고 행동은 서로 영향을 미치는 쌍

방향관계에 있다고 볼 수 있다. 오늘날 우리 문화가 경험하고 있는 일련의 변화과정은 사람들이 일정한 방식으로 모여 물질적 · 정신적 삶의 수단들을 끊임없이 생산하고 소비하며, 이러한 과정이 사회적 삶의 내용인 것이기 때문이다(김시월, 2005).

소비자의 삶은 처음부터 끝까지, 출생에서 사망에 이르기까지 '사회적'인 것이며, 소비자가 더불어서 '함께 하는 삶'에 있어서의 조건들과 과정을 검토하고 보다 나은 대안을 모색해 가는 작업은, 소비자학 연구 분야에서 중요한 부분으로 우리 모두 간과해서는 안 될 것이다. 이러한 시각에서 소비자의 생활과 관련된 속담에는 특정한 역사와 문화 속에서 살고 있는 사회 구성원들에게 실제로 작용하는 세계관 및 인간관계, 그리고 소비문화적 측면 등 소비자의 생활 현상 전반이 담겨 있기 때문에 그것의 분석이 우리 민족의 사고와 행동 통로를 연구하는 데 있어서, 특히 소비 가치의 근원인 소비문화의 단면을 파악하는 데 중요한 자료로 사용될 수 있다. 우리가 사용하는 언어와 관련된 현상은 사회문화적 경험을 통해 가치를 나타내는 범주이며, 또한 이것은 우리의 일상생활에 그대로 표출된다고 할 수 있다. 또한 언어와 사상 혹은 언어와 사회문화적 현상에 관해서는 다양한 이론과 주장이 있어 왔다. 심리학자들은 사회의 사상이 언어의 형태로 진행됨을 주장하였으며, 언어와 사상의 상호 의존을 보여 주는 논리를 제시하였다. 즉, 어느 특수한 문화에서 탄생한 개인은 그가 속한 사회에서 유행되고 있는 표현수단에 의거해 사고를 하게 되고, 사고의 성격도 그것의 영향을 받게 된다고 하였다. 이러한 사회의 언어 속에는 속담도 중요한 부분을 차지한다.

일반적으로 속담에 대한 정의는 한 사회가 공유한 공통된 가치
관과 지혜를 비유적 혹은 은유적 언어로 간결하고 함축성 있게 표
현한 것(Hirsch, Keit, & Trefil, 1988; Mieder, 1993)으로 통하고 있으
며, 특히 이희승(1962)은 속담 속에 그 민족의 독특한 예지와 정서,
심리도 함께 포함되어 있다고 하였다. 이러한 점에서 그 민족의 사
회문화적 속성과 가치를 이해하려면 속담을 알아야 하고 속담을
모르고는 그 민족을 진정 말할 수도 이해할 수도 없다고 하였다. 또
한 송재선(1983)은, 속담은 오랜 세월 동안 민중의 생활 속에서 구
전되어 오면서 그 나라 국민의 독특성과 정신이 담겨져 있는 것이
라고 하였다. 따라서 속담이 민족사회에서 문화적 · 정신적 사고방
식의 특징을 전반적으로 나타내고 있다는 것은 속담이 바로 그 민
족사회의 문화적 · 정신적 가치관의 공통분모로 집약된다고 할 수
있다. 그리고 속담은 오랜 세월 동안 한 사회 집단이 경험을 통하여
체득한 생활의 핵심과, 공통된 가치관과, 그 사회의 지혜를 담은 결
정체라 할 수 있다.

속담과 관련된 선행 연구를 통해서 살펴보면, 속담은 역사와 문
화라는 인간적 구성 세계 속에서 형성되고 유지되어, 살아가는 사
회 구성원들이 공감하는 세계관과 인간의 삶을 비유적 함축을 통
해 세속적 언어로 간명하게 응축시킨 생각과 언어, 그리고 행동과
관습을 지칭한다. 그러므로 속담을 통하여 특정한 사회문화의 특
수성을 고찰하는 데에는 무리가 없다고 할 수 있으며, 이러한 관련
연구가 부단히 필요하다(김시월, 2005).

여기에서는 속담이 서민의 사상과 감정을 내포하고 있으며 민
족적 사상과 생활상을 반영한다는 개념하에, 인간관계의 모든 수

단인 생산과 소비를 포함한 소비문화 속에서 한국인의 사회적 표상을 추출하였다. 또한 속담의 내용은 새로운 상황에서 다른 가치를 접함으로써 기존 속담의 문화적 가치가 변화를 겪는다(안경화, 2001)는 것에 근거하여 오늘날 소비자의 소비 가치 유형별, 그리고 기성세대와 신세대의 속담에 대한 공감도를 반영하여 정리하였다.

홉스테드(Hofstede, 1983)는, 유교문화권에 살고 있는 사람들은 개인의 이해를 희생시키는 것이 일반적으로 받아들여지는 사회 분위기에서 생활하고 있다고 하였다(김시월, 2005). 이렇듯 집단 중심적인 문화 배경에서는 집단의 목표를 위해서 개인의 이익을 희생하는 것이 사회적으로 당연시되고 있기에 집단 동조의식이 매우 강하게 나타난다. 이러한 집단 동조의식은 한국인의 소비 패턴에 반영되어서, 한국인들은 어떤 제품에 대한 구매 의사결정 시 대부분 가족, 이웃 또는 친구들의 결정에 동조하는 경향이 강하다고 분석하였다. 이와 같은 집단주의 문화 배경이 드러나는 또 하나의 현상이 한국인의 체면의식 및 가치이다. 체면의식은 한국인들이 스스로에 대한 평가보다는 다른 사람의 자신에 대한 평가에 더욱 많은 중요성을 부여하게 한다. 체면의식은 자신의 사회적 위치에 커다란 영향을 미치기 때문에 오늘날 자기 자신을 과시하기 위한 허세와 관련된 행동 성향이 높다고 간주할 수 있다.

일반적으로 소비자의 행동은 소비 가치에 근거하며, 그 기저에는 문화, 사회계층과 준거집단, 가족 등의 영향이 중요하다(박명희, 2000; 이학식, 안광호, 1993). 이를 중심으로 소비자 행동 연구자들은 소비자의 상징적 소비를 근거로 하는 소비자의 경험적 관점에서 소비 가치 연구의 필요성을 인식하고 연구를 수행하고 있다

(Hirschman & Holbrook, 1982; Hoch, 2002; Hogg & Terry, 2000; Keller, 2001 등). 이들은 소비 가치가 결과적으로 소비 양식에 변화를 가져오며, 이러한 소비 가치의 기저에는 소비자의 경험과 공감이 중요하다고 본다.

김시월(2005)의 연구에서는 생산 및 소비와 관련된 속담을 유형화하고, 오늘날 소비자의 소비 가치와 견주어 신세대와 기성세대 소비자는 이러한 속담에 대해 어느 정도 공감하는지, 세대별로 어떤 차이가 있는지, 그리고 새롭게 생성될 것이 예측되는 속담을 통하여 소비문화를 파악하였다. 따라서 여기서는 소비자의 생산 및 소비생활과 관련된 자료를 추출하여 유형화하고 추출된 속담들에 대한 공감도를 파악한 내용을 중심으로 정리한다.

속담이 소비자 개인에게 신념화되고 있는지의 여부를 알아보기 위해 속담에 대한 공감도를 조사한 결과, 물질주의 중시 성향과 돈의 중요성 영역에는 다음과 같은 속담들이 해당된다.

- 돈으로 친구도 산다.
- 돈 없는 것이 죄다.
- 돈이 돈을 낳는다.
- 돈만 있으면 죽음도 면한다.
- 돈이면 안 되는 일이 없다.
- 부자가 망해도 삼 년은 먹을 것이 있다.
- 가난하면 천대받고, 돈 있으면 존대받는다.
- 흰 술은 얼굴을 붉게 하고, 황금은 마음을 검게 한다.

　물질주의 중시 성향과 돈의 중요성 영역의 속담들 중에는 '돈이 돈을 낳는다.'가 가장 높은 공감도를 보였으며, 그다음은 '가난하면 천대받고, 돈 있으면 존대받는다.'가 높았다. 이러한 성향은 소비와 관련된 주요 원천인 소득의 중요성이 점점 부각되고 물질주의가 중심이 된 현실사회를 그대로 반영한 결과로 보인다.

　체념과 운명 영역에는 다음과 같은 속담이 해당된다.

- 산 사람의 목구멍에 거미줄 치랴.
- 자기가 먹을 것은 자기가 갖고 태어난다.
- 부귀와 빈천은 돌고 돈다.
- 있다가도 없고, 없다가도 있는 것이 돈이다.

　체념과 운명 영역의 속담들에 대한 공감도는 '있다가도 없고, 없다가도 있는 것이 돈이다.'가 가장 높았으며, 그다음으로는 '산 사람의 목구멍에 거미줄 치랴.'가 높게 나타났다. 이 영역의 속담들은 다른 영역에 비해 그다지 높지 않은 공감도를 보여 누구에게나 공평하게 반영되는 사회 순환적인 금전의식에는 공감도가 낮음을 알 수 있다.

　생산과 획득 영역에는 다음과 같은 속담이 해당된다.

- 공짜라면 양잿물도 마신다.
- 콩 반쪽이라도 남의 것이라면 손 내민다.
- 가진 놈이 더 가지려 한다.
- 쉽게 번 돈은 쉽게 나간다.

생산과 획득 영역의 속담들에 대한 공감도는 '가진 놈이 더 가지려 한다.'가 가장 높았으며, 그다음으로는 '쉽게 번 돈은 쉽게 나간다.'가 높았다. 결국 가진 사람이 더 가지려고 하는 소득의 확대가 중요한 사회이지만, 그에 따른 소비의 중요성을 높게 인식하고 공감하는 것으로 보인다.

허세소비 영역에는 다음과 같은 속담이 해당된다.

- 돈을 물 쓰듯 한다.
- 돈 벌기는 어려워도 쓰기는 쉽다.
- 외상이면 소도 잡아먹는다.
- 가난할수록 기와집을 짓는다.
- 뱁새가 황새 쫓아가다 가랑이 찢어진다.

허세소비 영역의 속담들에 대한 공감도는 '돈 벌기는 어려워도 쓰기는 쉽다.'가 가장 높았으며, 그다음으로는 '뱁새가 황새 쫓아가다 가랑이 찢어진다.'가 높게 나타났다. 이는 오늘날 부분적으로 만연된 허세 중심의 과시소비의 성향을 공감하는 것으로 보이며, 특히 소비 중심적인 사회에서 소비 계획의 중요성을 엿볼 수 있다.

저축과 절약 영역에는 다음과 같은 속담이 해당된다.

- 티끌 모아 태산.
- 개같이 벌어서 정승같이 쓴다.
- 있는 놈이 더하다.
- 부자가 돈을 더 안 쓴다.

저축과 절약 영역의 속담들에 대한 공감도는 '있는 놈이 더하다.' 가 가장 높았으며, '부자가 돈을 더 안 쓴다.'가 그다음으로 높았다. 이러한 성향을 보면, 소비자들은 비합리적인 소비보다는 저축과 절약을 통해서 금전 관리를 하며 금전을 모으는 것이 소비생활에 있어 가장 기본이라 여기지만 그 공감도에서는 그다지 높지 않음을 알 수 있다.

신용과 차용 영역에는 다음과 같은 속담이 해당된다.

- 돈에는 부자간에도 남이다.
- 가까울수록 돈거래는 철저히 해야 한다.
- 돈 빌려주고 친구 잃는다.
- 앉아서 돈 꿔 주고 서서 받는다.

신용과 차용 영역의 속담들에 대한 공감도는 '가까울수록 돈거래는 철저히 해야 한다.'가 가장 높았으며, 그다음은 '앉아서 돈 꿔 주고 서서 받는다.' '돈 빌려주고 친구 잃는다.'가 높았다. 특히, 신용 및 차용 영역은 전체 영역별 평균 중에서 가장 높은 경향을 보였다. 이는 오늘날 여신구조의 방대함, 신용카드 사용 권장 사회, 소비자 교육의 부재, 개인의 신용 관리 부족 등의 원인으로 인하여 날로 증가하고 있는 신용불량자를 고려할 때, 신용 및 차용 영역의 속담들에 대한 소비자의 공감도가 높아 시대적 특성을 반영한 결과임을 알 수 있다.

박인수(1974)는 속담은 사회적 소산이며, 향토성을 반영하고, 민족성과 인간성을 반영할 뿐만 아니라, 중요하게는 시대성을 반영한

다고 하였는데, 김시월(2005)의 연구 결과를 통해 유추해 볼 때 속
담에 대한 공감도가 사회성과 시대성을 반영한 결과라고 볼 수 있
다. 뿐만 아니라 유교적 역동성을 기준으로 장기 지향적 문화에 근
접하는 절약과 관련된 '티끌 모아 태산' 등이 우리의 중요한 가치라
고 지적한 안경화(2001)의 연구 결과와 차이가 있음을 알 수 있다.

또한 개별 속담 중에는 '돈 벌기는 어려워도 쓰기는 쉽다.' '가진
놈이 더 가지려 한다.' '돈이 돈을 낳는다.' '가까울수록 돈거래는
철저히 해야 한다.' 등의 순으로 공감도가 높게 나타나 소비의 중
요성과 신용의 중요성, 그리고 자본이 자본을 창출하는 우리의 사
회상에 공감하는 경향을 엿볼 수 있다. 그리고 영역별로는 신용과
차용 영역, 허세소비 영역, 생산과 획득 영역, 물질주의 중시 성향
과 돈의 중요성 영역, 저축과 절약 영역, 체념과 운명 영역의 순으
로 나타나 현대사회가 신용사회로 신용의 중요성과 허세소비로 인
한 신용불량 등 과소비와 과시소비의 위험성에 공감하고 있음을
엿볼 수 있다.

속담이 가진 소비문화 의미에 대한 공감도에는 세대 간 차이가
있다. 물질주의 중시 성향과 돈의 중요성 영역에서는 '부자가 망해
도 삼 년은 먹을 것이 있다.' '돈이 돈을 낳는다.' '돈이면 안 되는 일
이 없다.'에 대한 신세대의 공감도가 컸으며, 특히 이 시대의 사회
에는 금전만능적인 상황에 공감하는 신세대가 많다는 것을 엿볼
수 있다. 체념과 운명 영역에서는 '있다가도 없고, 없다가도 있는
것이 돈이다.'와 '부귀와 빈천은 돌고 돈다.'에 대한 기성세대의 공
감도가 높게 나타나 기성세대의 금전과 관련된 순환적인 의식인
체념과 운명에 대한 공감을 엿볼 수 있다. 이는 인생의 경험과 연륜

2. 소비생활과 관련된 속담 속의 심리

에서 오는 차이일 수도 있지만, 생산과 소비생활의 차이를 많은 세
월 속에서 인지하고 있는 것으로 보인다.

생산과 획득 영역에서는 '콩 반쪽이라도 남의 것이라면 손 내민
다.'에 대해서만 신세대의 공감도가 높게 나타나 무료와 경품, 그
리고 할인 쿠폰 등을 활용하는 신세대의 생활의식을 간접적으로
엿볼 수 있다. 허세소비 영역에서는 '돈을 물 쓰듯 한다.'에 대한 신
세대의 공감도가 높았고, 기성세대의 공감도는 '뱁새가 황새 쫓아
가다 가랑이 찢어진다.'가 높았다. 특히, 이 시대의 사회상과 어울
려 신세대는 과소비적인 경향에 대한 공감도가 높았으며, 기성세
대는 과시소비적인 경향에 대한 공감도가 높았다. 저축과 절약 영
역에서는 '티끌 모아 태산' '개같이 벌어서 정승같이 쓴다.' '부자가
돈을 더 안 쓴다.'에 대한 기성세대의 공감도가 높게 나타나 저축
과 절약이 어느 정도는 몸에 밴 기성세대의 교육과 의식을 엿볼 수
있다. 신용과 차용 영역에서는 '돈 빌려주고 친구 잃는다.'와 '앉아
서 돈 꿔 주고 서서 받는다.'에 대한 기성세대의 공감도가 높게 나
타나 다년간의 소비생활 경험에서 우러나는 신용의 중요성에 대한
공감도가 높음을 엿볼 수 있다.

특히, 기성세대는 여러 속담 중에서 '앉아서 돈 꿔 주고 서서 받
는다.'에 대해 가장 높은 공감도를 보여 인간관계와 소비생활 속에
서 신용거래의 중요성을 공감하고 있으며, 신세대는 '돈 벌기는 어
려워도 쓰기는 쉽다.'에 대해 가장 높은 공감도를 보여 소득보다 소
비의 중요성을 인식하는 단계로 보인다. 따라서 기성세대는 신용,
신세대는 소비가 주요한 키워드임을 알 수 있다. 속담의 영역별로
세대 간 차이를 보면, 물질주의 중시 성향과 돈의 중요성 영역과 허

세소비 영역의 속담들에 대해서는 기성세대보다 신세대의 공감도
가 높은 반면, 체념과 운명 영역, 저축과 절약 영역, 신용과 사용 영
역의 속담들에 대해서는 신세대보다 기성세대의 공감도가 높게 나
타났고, 세대 간에 유의미한 차이를 보였다.

　김원태(1997)는 속담의 소통 역할과 사회적 기능에 관한 연구에
서 속담이 일반 서민에 의해 생성 · 수용되며 그들의 삶과 감정이
배어 있는 짧은 어구라는 점에서 출발하지만 속담의 커뮤니케이션
적인 가치에 관한 많은 연구의 필요성을 지적하였다. 따라서 공감
도가 높다는 것은 커뮤니케이션에서 자주 언급되고, 생산 및 소비
와 관련된 공감도가 높은 연구의 결과는 추후 많은 연구의 기초가
될 것으로 보인다(김시월, 2005).

　이러한 연구 결과를 통해 소비자의 소비 가치, 세대 등의 구분에
따라 속담에 대한 공감이나 예측이 어느 정도 차이를 보임을 알 수
있었다. 그것은 신세대의 소비자 교육의 중요성, 돈 중심의 소비
생활 의식 그리고 신용교육의 중요성을 재인식해야 함을 보여 주
고 있다. 특히, 기존의 속담 관련 연구에서 한국인의 성격으로 여러
가지를 지적하였지만, 그중에서 부정적인 면인 체면 지향적인 중
시 성향, 허세와 겉치레를 통한 실제 이상의 과시 등을 지적한 연구
와 소비 유형에 따른 소비문화 인식 차이에 대한 연구의 결과는 어
느 정도 일치하고 있다. 따라서 문화적 가치는 학습되고 행동의 지
침이 되므로 소비문화적 측면에서 사회적 상호작용을 통하여 합리
적으로 정착시키기 위한 기본적인 생활 변화가 필요하며, 이를 소
비자 교육의 형태로 실행하여야 할 것이다. 그리고 이 과정에서 속
담도 하나의 교육 자료로 활용될 수 있음을 알 수 있다. 우리나라

의 경우 전통적인 허례허식적 관습의 뿌리 위에 갑자기 증대된 소
득을 무분별하게 소비함으로써 계층 간의 위화감과 자원의 낭비
등을 부분적으로 초래하였고, 계층과 연령층을 불문한 과시소비는
소비 규모의 확대로 인한 양적 측면에서의 낭비성 외에도 사치성
과 향락성, 퇴폐성과 연관되면서 여러 가지 사회적 병리 현상을 낳
고 있는 실정이다.

　그러므로 속담을 통해 우리 사회의 허례허식과 같은 문제를 파
악하고, 이러한 소비문화의 문제를 해결할 수 있는 방안을 우리 고
유의 전통의식에서 모색함으로써 소비자 교육에 있어서 기부문화
의 정착과 자선의 소비문화 정착을 강조하고자 하였다. 특히, 속담
을 통해서 과거 소비문화의 특성과 오늘날 소비문화의 특성을 비
교 분석함으로써 소비생활과 관련된 문제, 즉 과시소비, 과소비, 충
동구매 등과 연계된 소비자 문제가 드러났으며, 이를 해결할 수 있
는 방안은 앞으로의 속담 관련 소비문화의 기초를 정리하는 데 활
용되어야 할 것으로 생각된다. 그리고 경제 발전의 도입, 활성화,
정착, 불경기 등이 세대 간의 이질적인 소비문화에 적합한 새로운
속담의 기능성을 모색하고, 이러한 기능성 강조가 세대 간의 단절
과 이질성의 증가가 아닌 단합과 단결을 도모하는 속담의 재해석
을 통하여 사회적 공감도의 향상을 꾀하여야 할 것이다. 특히, 높은
공감과 인식을 이끌어 내는 새로운 속담을 생활 속에서 활용해야
할 것인데, 이러한 활용이 공익광고에 도입될 뿐만 아니라 기업 차
원에서 광고 카피나 마케팅에도 적용될 수 있을 것이다.

　또한 속담과 관련해 다양하고 긍정적인 반영을 꾀할 수 있는, 새
롭게 생성이 예측되는 청소년 대상의 속담을 실질적인 소비자 교

유의 한 부분으로 첨가하는 것도 다양한 효과를 거둘 수 있을 것으로 보인다. 예컨대, 소비자 교육의 중요한 기저인 소비 가치, 소비문화, 소비 동향 등의 분석에서 속담의 풀이를 통한 사회적 가치 파악과 새로운 속담 예측이 향후 동향 분석 및 전망 등에 활용될 수 있을 것이다.

현대의 소비문화가 외모의 전시와 인상 관리, 타인과의 비교에 큰 역점을 두는 과도하게 자의식적인 인간을 배양함으로써 불행하고 소외된 인간을 양산하고 있다는 논의를 바탕으로 할 때, 건전한 소비 가치관의 확립은 신세대 소비자에게는 매우 중요하다. 그러므로 김시월(2005)의 연구는 소비문화에 대한 현실적인 관점 파악을 통해 소비 가치관 형성에 관한 신세대 소비자 대상의 교육을 구체화하는 프로그램 개발과 소비자 교육을 위한 기초 자료로 활용될 수 있을 것으로 생각된다.

다음은 속담에 나타난 소비 가치를 중심으로 우리의 소비문화를 연구한 심영(2006)의 연구를 바탕으로 한 것이다. 속담에 내포된 한국인의 전통 소비 가치를 파악하고 이를 통해 전통 소비문화를 파악하였으며, 또한 이러한 전통 소비문화를 형성하는 전통 소비 가치들 중 오늘날 소비자에게도 공감되며 실제 소비생활에 적용되는 것들이 무엇인가를 살펴보았다.

매크레켄(McCraken, 1988)에 의하면, 소비자의 소비 행위는 욕구 충족을 위한 것이지만 소비문화적 관점에서 소비자의 욕구 자체는 내재적으로 자생한 것이라기보다는 그가 속한 사회의 문화적 소비 가치와 관련된 것이다. 그리고 소비 행위의 궁극적 명분은 이러한 사회문화권에서 형성된 소비 가치의 실현이며 소비문화는 소비 관

련 가치들의 총체라 할 수 있다. 따라서 그 사회문화권에 속한 소비
자의 소비 행위를 이해하기 위해서는 그 문화권에서 추구하는 소
비 관련 가치들의 총체인 소비문화를 살펴볼 필요가 있다.

소비문화적 관점에 의하면, 한국인은 오랜 역사 동안 한국문화
의 배경 속에서 소비자로서의 가치 체계 및 행동양식 등을 습득하
고 행동하며, 한국 나름의 고유한 전통 소비문화를 형성하여 왔다.
이렇게 형성되어 우리의 문화 속에 흐르고 있는 전통 소비문화의
존재에도 불구하고(성영신, 김철민, 서정희, 박종구, 박은아, 1994), 오
늘날 한국에서는 바람직하지 못한 물질주의, 과시소비, 소비주의
문화가 두드러지는 소비문화 현상이 나타나고 있다. 이는 경제의
급속한 발전과 함께 소비의 사회화가 부각되는 소비사회로의 전환
과정에서 소비자의 건전하고 합리적인 소비 의식 및 가치관, 행동
양식이 수반되지 못한 채 서구문화가 무분별하게 도입되어 서구
소비문화에 종속되는 한국 소비문화의 정체성 혼란을 초래했기 때
문이다(김영신, 서정희, 송인숙, 이은희, 제미경, 2000; 김종구, 박성용,
1997; 백경미, 1998; 정준, 1997). 결과적으로 한국 소비문화의 정체
성 혼란은 바람직하지 못한 한국 현대 소비문화의 문제를 야기하
게 되었다.

이러한 상황에서 한국이라는 특정한 문화권에서 생성되고 공유
되어 온 한국의 전통 소비 가치들의 총체인 전통 소비문화를 파악
하는 연구는, 건전하고 합리적인 우리의 전통 소비문화를 발굴하
고 재조명할 수 있는 토대를 제공한다는 의미에서 중요하다. 또한
그것은 오늘날 급변하는 한국의 소비사회 여건에서 소비 정체성의
혼란과 우리 소비문화의 문제를 극복할 수 있는 바람직한 소비문

화를 정립하는 기초를 제공하는 토대가 된다는 것에 그 중요성이
있다. 따라서 이러한 한국 전통 소비문화에 대한 연구는 필요하며
의미 있는 작업이 될 것이다. 그럼에도 불구하고 아직까지 한국 전
통 소비문화에 대한 연구는 전무한 실정이다.

  전통 소비문화를 파악하는 작업은 비교적 짧은 언어로 표현되는
속담을 통해 가능하다. 속담은 사회문화적 맥락 속에서 사회 구성
원들이 생성하고 전수하는 사회문화적 산물로, 그 구성원들의 가
치나 의식의 표현 혹은 설명 체계이다. 따라서 한 사회의 삶의 의식
이나 가치관을 반영하는 속담을 통해 그 사회 및 사회 구성원의 문
화를 찾아낼 수 있다(이기문, 1962; 최규수, 1998; 최창렬, 2002; 홍근
호, 1989). 이는 곧 옛날부터 민간에 전하여 오는 속담은 우리 한국
인의 전통적 의식이나 가치, 행동을 연구하는 데 매우 중요한 자료
로 이용될 수 있으며, 결과적으로 한국의 전통문화를 이해하는 단
서를 제공한다(안경화, 2001; 이종목, 송병일, 1993)는 것을 의미한다.
이러한 맥락에서 한국의 전통 소비문화를 파악하기 위하여 소비
관련 속담을 분석하는 것은 가능한 작업이라 하겠다. 이와 같이 우
리 속담에 담겨 있는 소비 관련 가치에도 불구하고 아직까지 한국
속담의 분석을 통한 한국의 전통 소비 가치, 나아가 전통 소비문화
에 대한 연구는 전무할 뿐 아니라, 한국의 전통 소비 가치 및 소비
문화 자체에 대한 연구 또한 전무한 실정이다.

  소비문화는 소비에 관한 문화이다. 문화는 특정 사회에서 그 사
회 구성원들이 습득한 사고나 행동의 집합, 혹은 공동체를 구성하
고 있는 개개인이나 그들이 형성한 크고 작은 집단의 사고방식과
표현양식, 행동양식, 생활양식을 형성하는 틀을 지칭하는 것이다.

또한 문화는 한 사회의 공통적인 유형의 행동을 일으키는 가치, 규범 및 습관이며 그 사회 구성원들의 지식, 가치, 관습, 규범, 습관, 신념, 종교, 사회적 유산 등이 용해되어 있는 것이다(남승규, 1999; McCraken, 1988). 따라서 이러한 문화가 소비재나 소비 행동에 내재되어 있다는 가정을 바탕으로 한 개념인 특정 사회의 소비문화는, 소비의식을 포함한 소비생활의 가치 체계, 준거 틀, 전제, 이데올로기 등을 포함하는 포괄적인 개념이다(이두원, 김은희, 2004). 소비문화는 그 사회를 구성하는 소비자의 소비 관련 가치 및 행동양식 등을 결정하고, 소비 행동에 영향을 미치며, 동시에 소비자의 소비 가치 및 소비 행동에 의해 그 문화권 내에서 독특하게 형성되는 것이다(이학식, 안광호, 1994; 임종원, 김재일, 홍성태, 이유재, 1998).

　소비자의 소비 행위는 욕구 충족을 위한 것이지만, 이러한 소비 문화적 관점에 의하면 소비자의 욕구 자체는 내재적으로 자생한 것이라기보다는 그가 속한 사회의 문화적 소비 가치와 관련된다 (McCraken, 1989). 즉, 특정 사회의 문화권에서 형성된 소비 가치는 그 사회문화권에 속한 소비자의 소비 관련 행동이 그가 속한 사회적 · 문화적 틀에 의해 형성되는 가치와 관련된다는 것을 의미한다. 호트리(Hawtrey, 1925)는 소비 관련 선택을 결정하는 것은 소비자가 속한 민족이나 사회의 가치 또는 가치관이라고 보았다. 가치는 그것이 긍정적이든 아니면 부정적이든 개인이나 집단이 소유하고 있는 좋은 것, 중요한 것, 바라는 것 혹은 바람직한 것에 대한 명시적 · 묵시적 관념 또는 신념으로, 개인 혹은 집단 행동의 최종 목표이며 궁극적인 지향점이다(김동원, 1994; Kluckhohn, 1951; Schwartz & Bilsky, 1987). 즉, 가치는 특정 대상이나 특정 상황을 초

월하여 개인이나 집단의 태도나 행동과정 저변에 깔려 있는 인간
행동의 내적 기준으로서 개인 혹은 집단의 동기, 태도 및 행동에서
중심적인 역할을 하며 각 개인 혹은 집단 행동을 정당화시켜 주는
역할을 하는 일반적 신념으로, 개인이나 집단의 행위와 직접적인
관련성을 갖는다(남승규, 1999; 이두원, 김은희, 2004). 이러한 맥락에
서 개인 소비자나 소비자 집단이 갖고 있는 소비 혹은 소비생활 관
련 가치인 소비 가치는 소비자의 동기, 태도 및 행동의 기초로 작용
하며, 소비 관련 의사결정과 소비 행동에 동기를 부여하고 영향을
미쳐 실제 소비 관련 행동에 반영된다. 따라서 소비자 개인 혹은 집
단이 어떤 소비 관련 가치를 갖고 있는가는 소비자의 특정한 소비
행동에 대한 단서를 제공하며, 소비문화의 기본적 가치 체계를 형
성하는 바탕이 된다(남승규, 1999; 이두원, 김은희. 2004).

한국 현대 소비사회의 사회적 문제로 지적되는 소비문화의 특성
은 물질주의, 과시소비, 소비주의 문화이다(김영신 외, 2000; 백경미,
1998). 물질주의 소비문화 현상은 물질주의 가치의 팽배로 인한 소
비 행위의 결과이며, 과시소비 소비문화 현상은 신분이 불확실한
현대 자본주의 사회에서 지위를 보상하려는 보상소비, 체면을 위
한 소비, 허세에서 나오는 소비를 통하여 자신을 과시하려는 의식
의 팽배로 인한 소비 행위의 결과라고 볼 수 있다. 또한 소비주의
문화로 지칭되는 소비문화 현상은 소비 행위를 통해 자신의 정체
성을 형성하고 자신의 행위 양식을 결정하는 것에 따른 결과이다.

이러한 한국 현대 소비문화의 특성은 경제의 급속한 발전으로
인한 소비사회로의 급격한 변화와 함께 등장하게 되었다. 급격한
경제 발전에 따른 소비자의 구매력 증가와 대량생산 체제에 의한

대량소비의 실현은 현대 한국 사회를 단순히 자원의 증감에 따른 경제 행위로서의 소비가 아닌, 사회 구성원 간의 사회적 관계를 형성하는 매개체로서의 소비 기능을 강조하는 소비사회로 급격하게 변화시켜 왔다. 이러한 소비사회로의 급격한 변화는 소비지출의 양적 증대 및 소비지출 구조의 변화를 통하여 우리 소비생활의 질을 향상시키는 긍정적인 측면을 나타냈지만, 그 급격한 변화는 단순히 경제 차원에서의 변화 이상으로 소비자들의 소비 관련 가치, 사고방식 및 자아정체감, 행동양식 등의 변화를 유발함으로써 부정적 측면의 한국 현대 소비문화를 형성하는 결과를 가져왔다.

이와 같은 부정적 측면에서 대두되는 한국 현대 소비문화의 문제는 급격한 경제 성장과 더불어 서구문명의 무분별한 도입으로 인한 한국인의 소비 가치관 측면의 혼돈과 갈등에 연유한 것으로 그 원인을 다음의 네 가지로 집약할 수 있다(김영신 외, 2000; 백경미, 1998). 첫째, 급격한 경제 성장 속에서 한국인의 가치의식은 물질적 가치를 정신적 가치보다 우위에 두는 가치관으로 인해 물질주의적 성향을 나타낸다. 둘째, 서구 자본주의 사회의 가치관을 무분별하게 받아들임으로써 한국인의 전통적인 생활 습관과 가치관 등은 낡고 구식인 것이며 서구적인 것은 진보적인 것이라고 생각하는 경향을 나타낸다. 셋째, 인간의 감성에만 의존하는 상대주의적 가치관의 추구는 소비자로 하여금 자신의 판단과 행동의 근거를 감성에 의존케 함으로써 소비문화의 감성주의 경향을 나타낸다. 넷째, 서구문화의 무분별한 도입은 미국 등 서구 소비문화에 대한 한국 소비문화의 종속으로 한국 소비문화의 정체성 혼란 혹은 부재 경향을 나타낸다.

여기에서는 소비 관련 가치들을 획득 영역, 배분 영역, 구매 영역 및 사용 영역의 네 가지로 분류하고, 영역별로 관련 속담들을 살펴본다. 우선 획득 영역에 해당되는 속담들로, '가진 돈이 없으면 망건 꼴이 나쁘다.'는 돈이 있어야 좋은 것을 살 수 있으니 돈이 필요하다는 의미로 금전 지향 가치라고 할 수 있고, '돈만 있으면 귀신도 부릴 수 있다.'는 돈으로 무엇이든 할 수 있다는 의미로 금전만능 물질주의 가치라고 할 수 있다. '돈 주고 못 살 것은 지개'는 돈으로 모든 것을 살 수 없다는 의미로 금전만능주의 경계 가치를 지닌다고 할 수 있으며, '만 냥의 돈인들 무슨 소용이냐.'는 자신이 소유하고 있는 것이 좋다는 뜻으로 소유 지향 가치라고 볼 수 있다. 그리고 '오뉴월 품앗이도 먼저 갚으랬다.'라는 속담은 부채는 빨리 갚는 것이 좋다는 의미로 차용의 우선적 상환을 중시하는 가치라고 볼 수 있다. 획득 영역의 속담을 통해 나타난 가치는 돈이 있으면 좋은 것을 살 수 있다는 금전을 지향하는 가치, 차용의 신중한 사용을 중시하는 가치, 돈으로 무엇이든 할 수 있다는 금전만능의 물질주의 가치, 돈으로 살 수 없는 것도 있다는 금전만능을 경계하는 가치, 돈을 그대로 두지 말고 적절히 활용할 것을 지향하는 금전의 활용 가치, 신용이 재산이라는 신용을 중시하는 신용적 가치, 빚은 가능한 한 빨리 갚는 것이 좋다는 차용의 우선적 상환을 중시하는 가치, 외상을 경계하는 가치 등을 포함하고 있다. 이들 구체적인 소비 관련 가치는 금전주의 가치, 신용주의 가치, 활용 가치의 세 가지 소비 가치로 정리할 수 있다.

두 번째로 배분 영역의 속담을 살펴보면, '궤 속의 녹슨 돈은 똥도 못 산다.'라는 속담은 쌓아 두기만 하는 돈은 돈의 가치를 상실한다는 의미로 적절한 금전 사용 지향 가치라고 볼 수 있고, '나중 꿀 한 식기 먹기보다 당장 엿 한 가락이 더 달다.'는 나중에 좋은 것보다 부족하더라도 지금 당장의 소유가 더 좋다는 뜻으로 현재 지향 가치라고 볼 수 있다. '붕어 밥알 받아먹듯'은 들어 오는 대로 쓰고 모으지 않음은 좋지 않다는 뜻으로 소비와 저축의 균형 지향 가치라고 볼 수 있으며, '소같이 벌어서 쥐같이 먹어라.'는 아껴 쓰는 것이 좋다는 뜻으로 절약 지향 가치라고 볼 수 있다. '수염이 대자라도 먹어야 양반'이라는 속담은 먹는 것이 제일 중요하다는 뜻으로 기본적 욕구 충족 중시 가치라고 할 수 있는데, 이는 심리학자 매슬로가 주장한 욕구 위계설에서 가장 하위 욕구인 기본적인 생리적 욕구를 충족시켜야 상위 욕구로 진전된다는 가정과 관련이 있다. '새 잡아 잔치할 것을 소 잡아 잔치한다.'는 때를 잃지 않고 시의적절한 자원을 사용하는 것이 효과적이라는 뜻으로 효과적 사용 지향 가치라고 볼 수 있다. '쥐고 펼 줄 모른다.'는 쓸 때는 써야 한다는 뜻으로 적절한 사용 지향 가치를 나타낸다.

배분 영역의 속담들은 돈을 쌓아 두기만 하고 사용하지 않으면 돈으로서의 가치를 상실하게 된다는 적절한 금전 사용을 지향하는 가치, 나중의 좋은 것보다 부족하더라도 지금 당장의 것을 지향하는 현재 지향적 가치, 현재 있는 대로 누리는 현재적 소비를 지향하는 가치, 소비와 저축의 균형을 지향하는 균형적 가치, 아껴 씀을 지향하는 절약적 가치, 먹는 것이 가장 중요한 기본적 욕구 충족 중시 가치, 적은 것이라도 아껴야 한다는 적음에 대한 소중함을 시향하는 가치, 시의적절한 효과적인 사용을 지향하는 효과성 가치, 적은 소득에 대한 큰 지출을 경계하는 수지 균형 중시 가치, 지나친 절약이 아닌 적절한 사용을 지향하는 가치, 한 곳에 치우치지 않는 균등한 배분을 지향하는 가치를 포함하고 있다.

세 번째로 구매 영역의 속담들을 살펴보면, '가마가 검기로 밥도 검을까.'는 외형으로 상품을 평가하는 것은 좋지 않다는 뜻으로 외형에 따른 평가 경계 가치라고 볼 수 있고, '가짜가 병'은 가짜 상품은 나쁜 것이라는 뜻으로 정품 지향 가치라고 볼 수 있다. '값도 모르고 싸다 한다.'는 물건의 가격을 정확히 알고 판단하는 것이 좋다는 뜻으로 정확한 정보 지향 가치라고 볼 수 있고, '값 싼 갈치자반 맛만 좋다.'는 값이 싸도 좋은 상품일 수 있다는 뜻으로 가격 경계 지향 가치로 볼 수 있다. '갓 사러 갔다가 망건 산다.'는 계획하지 않은 물건을 구매하게 된다는 뜻으로 충동적 소비 지향 가치로 볼 수 있다. '같은 값이면 다홍치마'는 좋은 품질이나 자신에게 이익인 것을 선택한다는 뜻과, 값이 동일하다면 겉보기가 좋은 것을 선택한다는 뜻으로 효용/이익 지향 가치와 외형 중시 지향 가치라고 할 수 있다. '경주의 돌이면 다 옥석인가.'는 상표가 곧 상품의 품질을 보증하지 않는다는, 즉 유명 브랜드가 무조건 좋은 것은 아니라는 뜻으로 상표 지향 경계 가치라고 할 수 있다. '고기는 씹어야 그 맛을 안다.'는 사용해 보고 그 제품의 품질을 알게 된다는 뜻으로 경험 지향 가치로 볼 수 있다. '남이 장 간다 하니 거름 지고 나선다.'는 필요한 것도 아닌데 남이 사니 나도 구매한다는 뜻으로 동조/모방 소비 지향 가치라고 할 수 있고, '노닥노닥 해도 비단일세.'는 좋은 물건은 오래 되어 낡아도 역시 좋다는 뜻으로 품질 지향 가치라고 할 수 있다. '내 물건은 좋다 한다.'는 판매상의 광고나 말은 그대로 믿을 수 없다는 뜻으로 광고 경계 지향 가치라고 볼 수 있다. '동성 아주머니 술도 싸야 사 먹지.'는 자신에게 이익이 되는 상품을 선택한다는 뜻으로 실리 지향 가치라고 할 수 있고, '물건 값은 세 군데를 알아보고 사라.'는 물건 값을 비교하여 제품을 구매하라는 뜻으로 가격 비교 지향 가치라 할 수 있다. '보기 좋은 떡이 먹기도 좋다.'는 외형이 좋으면 내용도 좋다는 뜻으로 외형 중시 지향 가치라고 할 수 있으며, '뱁새는 작아도 알만 잘 낳는다.'는 제품의 기능은 제품의 외형과 무관하다는 뜻으로 제품 기능 중시 지향 가치라고 할 수 있다. '삼 년 벌던 전답도 다시 둘러보고 산다.'는 물건은 자세히 알아보고 신중하게 구매해야 한다는 뜻으로 정보 탐색 지향 가치로 볼 수 있고, '싼 게 비지떡'이라는 속담은 저가 제품은 저질 제품, 고가 제품은 고급 제품이라는 뜻으로 가격 지향 가치로 볼 수 있다. '역말도 갈아타면 낫다.'는 새 것이 좋다는 뜻으로 새 상품 지향 가치라고 할 수 있으며, '열 번 듣는 것이 한 번 보는 것만 못하다.'는 눈으로 직접 확인하는 것이 좋다는 뜻으로 실물 확인 지향 가치라고 할 수 있다.

구매 영역의 속담 내용을 분석한 결과에서 나타난 소비적 의미와 소비 관련 가치를 정리하면 다음과 같다. 구매 영역의 속담은 외형에 따른 제품 평가를 경계하는 가치, 정확한 정보를 토대로 한 제품 판단을 지향하는 정보의 정확성 가치, 가격이 제품의 질을 대변하는 것이 아니라는 가격에 의한 가치를 경계하는 비가격적 가치, 계획하지 않은 물건을 즉흥적 혹은 충동적으로 구매하는 가치, 상표가 곧 상품의 품질은 아니라는 상표에 의한 상품 지향을 경계하는 가치, 제품의 품질은 경험해 보아야 비로소 알 수 있다는 경험을 지향하는 가치, 필요치 않음에도 남이 사니 나도 사는 동조적 혹은 모방적 소비 지향 가치, 질이 좋은 상품은 오래되어 낡아도 좋다는 품질 가치를 지향하는 품질적 가치, 저렴한 가격이라도 많이 구매하면 결국은 지출이 많아지게 된다는 저가에 대한 충동적 구매를 경계하는 가치, 판매상에 의한 광고나 말은 믿을 수 없어 그대로 믿어서는 안 된다는 광고 맹신을 경계하는 가치, 손해/위험 가능한 제품은 구매하지 않아야 한다는 안전 지향 가치, 자신에게 이익이 되는 것을 지향하는 실익 혹은 실리 지향 가치, 상품의 가격을 비교하여 구매하는 가격 비교 지향 가치, 상품의 외형이 좋으면 내용도 좋다는 제품의 외형 중시 가치, 제품의 성능은 외형과는 무관하다는 상품의 기능성을 지향하는 가치, 제품에 대한 정보 탐색을 지향하는 가치, 가격은 제품의 품질을 나타낸다는 가격 가치를 지향하는 가격적 가치, 상품은 다른 사람의 말을 듣는 것보다 실제로 직접 보는 것이 바람직하다는 실물 확인을 지향하는 확인적 가치, 양보다 질이 중요하다는 질을 중시하는 가치 등을 포함하고 있다. 이들 구체적인 소비 관련 가치는 가격과 품질 관계의 경제적 가치, 제품의 품질을 중요시하는 질적 가치, 신중하고 정확한 정보 탐색과 비교를 중시하는 탐색적 가치, 제품의 외형과 관련된 외형적 가치, 상품의 실용적 측면을 지향하는 실용적 가치, 감정/정서적 가치, 경험적 가치로 정리할 수 있다.

마지막으로 사용 영역의 속담을 살펴보면, '가난할수록 기와집 짓는다.'는 경제적으로 어려울수록 남에게 잘 사는 것처럼 보이고자 한다는 뜻으로 허세적 소비 지향 가치로 볼 수 있고, '거지가 논두렁 밑에 있어도 웃음이 있다.'는 물질이 행복의 조건은 아니라는 뜻으로 정신적 행복 지향 가치로 볼 수 있다. '닷새를 굶어도 풍잠

멋으로 굶는다.'는 체면을 위해서는 굶기까지 한다는 뜻으로 체면
소비 지향 가치로 볼 수 있고, '도포를 입고 논을 갈아도 제멋이다.'
는 남을 의식하지 않고 주체적인 행동을 한다는 뜻으로 주체적 소
비 지향 가치로 볼 수 있다. '돼지우리에 주석 자물쇠'라는 속담은
분수에 맞지 않는 지나친 치장은 어울리지 않는다는 뜻으로 사치
소비 경계 지향 가치라고 할 수 있으며, '떡도 떡같이 못해 먹고 찹
쌀 한 섬만 다 없어졌다.'는 결과는 제대로 얻지도 못하고 많은 비
용만 든다는 뜻으로 효율적 사용 지향 가치라고 할 수 있다. '말 달
리면 경마 잡히고 싶다.'는 사람의 욕구는 끝이 없다는 뜻으로 물질
주의적 소비 지향 가치라 할 수 있고, '물 쓰듯 한다.'는 풍부한 물을
쓰듯이 물건을 쓴다는 뜻으로 낭비적 소비 지향 가치라 할 수 있다.
'삼현 육각 잡히고 시집 간 사람 잘 산 데 없다.'는 물질적 풍족이 행
복을 가져오는 것은 아니라는 뜻으로 물질주의 경계 지향 가치라
할 수 있고, '아끼다가 똥 된다.'는 지나치게 아끼는 것보다 적절하
게 사용해야 한다는 뜻으로 시의적절한 사용 지향 가치라 할 수 있
다. '용천검도 쓸 줄 알아야 한다.'는 물건의 진가는 사용에 달려 있
다는 뜻으로 사용 지향 가치로 볼 수 있고, '작게 먹고 가는 똥 누기'
라는 속담은 분수에 맞는 소비생활이 좋다는 뜻으로 자족 지향 가
치로 볼 수 있다. '제 논의 모가 큰 것은 모른다.'는 자신의 물건이
좋음에도 타인의 물건만 탐한다는 뜻으로 타인 지향적 물질주의
가치라 할 수 있고, '혼인치레 말고 팔자치레 하랬다.'는 혼인 잔치
에 너무 많은 비용을 쓰는 것은 좋지 않다는 뜻으로 실속 지향 가치
라 할 수 있다.

　사용 영역의 속담 내용을 분석한 결과에서 나타난 소비적 의미

와 소비 관련 가치를 정리하면 다음과 같다. 사용 영역의 속담은 경제적으로 어려울수록 남에게 잘 사는 것처럼 보이기를 추구하는 허세적 소비 지향 가치, 물질이 행복의 조건이 아니라는 정신적 행복을 지향하는 가치, 체면을 중요시하는 체면적 소비 지향 가치, 격에 맞지 않는 지나친 치장은 어울리지 않는다는 사치적 소비를 경계하는 가치, 비용만 들고 결과는 제대로 얻지 못하는 비효율적 사용을 경계하는 효율적 사용 지향 가치, 인간의 무한한 욕구에 관한 물질주의적 소비를 지향하는 가치, 물을 쓰듯이 물건을 풍부히 사용하는 낭비적 소비 지향 가치, 사람의 가치는 입는 의복에 따라 달라지므로 옷을 잘 입는 것을 추구하는 외형 중시 가치, 물질이 행복을 가져오는 것이 아님을 지향하는 물질주의 경계 가치, 지나친 절약보다는 필요한 때에 적절한 사용을 지향하는 가치, 물건의 가치는 사용에 달려 있다는 사용 가치를 지향하는 가치, 분수에 맞는 자족적 소비생활을 지향하는 가치, 적당함이 과함보다 좋다는 적정성을 지향하는 가치, 자신의 것은 좋은지를 모르고 남의 것만 탐하는 타인 지향적 물질주의 가치, 일회적인 혼인잔치에 많은 비용을 쓰는 것은 바람직하지 않다는 실속을 지향하는 가치를 포함하고 있다. 이를 네 가지 소비 관련 가치로 정리하면 효율성 가치, 타인 지향/사회적 가치, 정신적 가치, 물질주의 가치이다.

다음은 처분 영역의 속담 내용을 분석한 결과이다. 최종 선정된 처분 영역의 속담 3개는 모두 70% 이상의 동의를 얻은 속담으로, 소비적 의미와 소비 관련 가치를 살펴보면 다음과 같다. 처분 영역의 속담은 버릴 만한 것이라도 다른 용도로 활용하는 재활용 지향 가치, 모든 물건은 다 쓸모가 있어 함부로 버리지 않는 폐기 처분의 신중을 지향하는 가치, 버려야 할 것 같은 물건도 다 쓸모가 있다는 물건의 사용적 가치를 지향하는 가치를 포함한다. 이러한 구체적인 소비 관련 가치들은 모두 물건 혹은 자원의 소중함과 중요성을 의미하므로 자원 중시 가치의 소비 가치로 요약할 수 있다.

　유형화된 속담에 나타난 전통 소비 가치들을 신중성 측면에서의 이성적 대 감성적 차원, 판단 근거 측면에서의 객관적 대 주관적 차원, 사회적 관계 측면에서의 자아 지향적 대 타인 지향적 차원, 소유 측면에서의 물질적 대 정신적 차원 그리고 경제적 효용 혹은 효율성, 실용성 측면에서의 본질적 대 비본질적 차원에서 살펴보면 다음과 같다. 신용주의 가치, 절약/균형적 가치, 적절성 가치, 질/경험적 가치, 탐색적 가치, 실용/실리적 가치, 경제적 가치, 효율성 가치, 정신/자족적 가치 그리고 자원 중시 가치는 비교적 이성적이며, 객관적이고, 자아 지향적이며, 정신적이고, 본질적인 소비 가치로 규정될 수 있다. 그리고 금전주의 가치, 감정/정서적 가치, 타인 지향/사회적 가치, 현재적 가치는 감성적이며, 주관적이고, 타인 지향적이며, 물질적이고, 비본질적인 가치로 규정될 수 있다. 물질적 가치, 상징적 소비, 감성주의 경향 등으로 인한 물질주의, 과시소비, 소비주의 문화라는 오늘날의 바람직하지 못한 소비문화 형성(김영신 외 2000; 백경미, 1998)의 맥락에서 이성적 · 객관적 · 자아 지향적 · 정신적 그리고 본질적으로 규정될 수 있는 전자의 전통 소비 가치들은 건전한 합리적인 소비문화를 형성하는 소비 가치로 볼 수 있으며, 감성적 · 주관적 · 타인 지향적 · 물질적 그리고 비본질적으로 규정될 수 있는 후자의 전통 소비 가치들은 비합리적인 소비문화를 형성하는 소비 가치로 볼 수 있다. 이는 결과적으로 우리의 전통사회에는 건전하고 합리적인 소비문화를 형성하는 소비 가치와 비합리적인 소비문화를 형성하는 소비 가치가 공존했음을 보여 주는 것이라 하겠다. 그럼에도 불구하고 특정 사회에 보편적으로 흐르는 주된 소비 가치 및 소비문화를 양적인 측면에서 평가할 수 있다면, 건전한 소비문화를 형성하는 전통 소비 가치가 비합리적 소비문화를 형성하는 전통 소비 가치보다 상대적으로 더 많은 수를 점하는 유형화된 전통 소비 가치의 결과는, 우리 전통사회의 소비문화가 비교적 건전하고 합리적이었음을 말해 준다고 하겠다.

3. 고객만족과 관련된 속담 속의 심리

우리 속담에는 고객만족과 관련된 것도 많이 있는데, 이런 속담들은 고객 서비스를 어떻게 해야 하는지를 잘 나타내 준다. 기업 입장에서 고객만족 경영 및 고객만족 차원에서 방어적 전략은 주어진 상황에서 고객의 이탈을 최소화하는 데 그 목적이 있으며, 경쟁이 치열하고 성숙한 시장에서 효과적인 전략이다. 새로운 소비자를 고객화하는 데 드는 비용이 기존 고객을 유지하는 데 드는 비용의 몇 배가 소요될 뿐 아니라, 기존 고객의 지속적 관계 관리는 긍정적 구전 효과를 통해 기업의 수익성에 매우 큰 영향을 미친다는 것을 고려한다면 방어 전략의 중요성은 매우 크다고 할 수 있다. 이러한 방어 전략 중 중요한 전략이 바로 고객만족 제고 전략인데, 고객만족이 가져다주는 효과는 산술적인 수치로 나타내기 어려울 정도로 크다고 볼 수 있다. 즉, 만족한 고객은 자사에 대한 충성도가 형성되고 재구매 의도가 증가하여 지속적인 매출과 수익에 기여할 것이며, 불만족한 고객은 부정적 구전 효과로 신규 고객의 접근을 막을 뿐 아니라 불평 행동을 통해 경제적 · 시간적 손실을 발생시키고, 재구매 의도가 현저하게 낮아 매출 감소 및 수익 저하를 초래할 것이다. 결국 고객만족의 효과는 기업의 지속적인 성장과 수익성에 매우 중요하다고 볼 수 있다. 만족한 고객은 재구매를 하며 고정 고객이 되고, 만족한 고객이 전하는 구전 효과는 신규 고객을 만들기 때문이다. 반면, 불만족은 고객 자신뿐 아니라 주위의 잠재 고객도 잃게 만든다. 따라서 고객만족/불만족의 영향을 체계적으로 이해하는 것이 필요하다(이유재, 1995).

　이미 고객만족/불만족 및 불평 행동은 마케팅 활동의 중심적 개념으로 자리 잡아 왔으며, 많은 기업이 CRM(Customer Relationship Management, 고객관계관리)을 통한 고객만족 경영에 많은 노력을 기울여왔다. 특히, 고객의 불평 행동에 대한 대처 방안으로 고객 콜센터(call center) 또는 콘택트 센터(contact center) 구축에 많은 투자를 해 왔다. 이는 지금까지 많은 기업이 제품과 서비스를 제공하기 위해, 즉 소비자가 구매하는 데까지는 온갖 노력을 기울여 고객을 유인해 왔지만, 구매 후 고객의 평가에 따른 만족과 불만족에 대한 사후 대처에는 상대적으로 부족함이 있었다는 것을 뜻한다. 물론 몇몇 가전제품과 같은 내구재 제조회사들은 A/S에 상당한 노력을 기울여 왔지만 대부분의 회사는 그렇지 못했던 것이다. 그리고 A/S에 많은 관심을 기울여 왔던 기업들도 고객의 불만이나 불평에 대해 고장 수리나 고객의 문의에 응답하는 수준의 소극적인 대처 방식에 그쳤던 것이 사실이다. 하지만 오늘날의 고객들은 제품에 관한 정보들을 많은 곳에서 습득할 수 있고, 다양한 비교 평가를 할 수 있는 환경에 둘러싸여 있다. 즉, 그들은 고도의 정보화 사회에서 소비 행위를 하고 있는 것이다. 고객들은 제품에 대해 만족이나 불만족을 갖는 것에 그치지 않고, 그것의 원인이 무엇이고 책임은 어디에 있는가를 따지기 시작했다. 특히, 불만족에 대해서는 이러한 현상이 더욱 강하게 나타나고 있다. 따라서 기업은 고객들이 제품이나 서비스를 구매하고 소비한 후 만족하거나 불만족한 것에만 관심을 기울여서는 안 되며, 왜 만족하고 불만족하는지 그리고 불만족한 고객의 경우 원인이 무엇이며 어디에 있는지를 따져 보는 것에도 관심을 기울여야 할 것이다.

불만족한 고객의 불평 행동을 무시하는 것은 소비자뿐 아니라 기업에도 심각한 피해를 입힌다. 고객들의 불평 행동 범위는 단순한 형태에서 다양한 형태로 나타나고 있으며, 그 강도 또한 여러 수준으로 나타나고 있다. 불평으로 인한 기업의 피해도 심각한 문제일 수 있지만 고객의 불평 자체가 정보로서의 가치가 있으므로 체계적으로 받아들여 분석하지 않으면 장기적인 손해를 초래할 수 있다. 기업에 대해 직접적인 불평 행동을 하는 고객은 불평 행동을 하지 않는 고객보다 더 많은 정보를 제공해 주고 기업에 대한 상표 충성도 또한 높다. 그러므로 불만족한 고객이 해당 기업이나 종업원에게 자신의 불만족을 표현하는 불평 행동을 할 수 있도록 유도해야 한다(조윤식, 1997).

고객만족과 관련된 속담들을 살펴보면, '콩 심은 데 콩 나고 팥 심은 데 팥 난다.'는 『명심보감』에도 나오는 것으로, 평소 꾸준히

상대방에게 좋은 매너로 서비스를 제공하면 좋은 결과를 가져오며, 고객에게 꾸준히 수준 높은 서비스를 제공하면 만족해할 것이라는 의미이다. 고객들에게 여러 가지 서비스를 평소에 지속적으로 제공한 만큼 고객들은 그에 맞는 반응을 보이게 된다는 것이다. '꽃이 좋아야 나비가 모인다.'는 속담도 있는데, 이는 평소 훌륭한 대화 기법과 매너 있는 멋진 복장을 갖추고 있으면 주위에 서비스를 받고자 하는 고객들이 하나둘씩 모이게 된다는 것을 나타낸다. 매너도 부족해 보이고 복장도 불량해 보이면 누가 판매원에게 다가오겠는가를 일러 주는 속담이라고 할 수 있다. '딸이 고와야 사위도 고를 수 있다.'는 속담처럼 서비스 제공자가 훌륭해 보여야 고객도 몰려오게 되는 것이다.

'꿈을 꾸어야 님을 보지.'라는 속담은 가만히 앉아서 고객이 오기만 기다려서는 안 된다는 뜻으로, 정성을 다하는 서비스와 고객에 대한 최상의 서비스를 준비해 놓지 않고 고객이 오기를 기다는 것은 문제가 있음을 경고하는 속담이라고 할 수 있다. '눈 먹는 토끼,

얼음 먹는 토끼, 제각각이다.'라는 속담은 다양한 고객이 있고, 그 다양한 고객에 대한 응대도 다양하게 이루어져야 한다는 뜻이다. 사람 중에는 말이 많거나 없는 사람, 신경질적인 사람, 의심이 많은 사람, 자존심이 매우 강한 사람 등 제각각이다. 이들에게 과연 어떤 대화로 응대해야만 원만한 고객 관리를 할 수 있는가. 사람은 성장 과정 또는 생활환경이 다르기 때문에 모두 다른 생각을 가지고 있을 것이다.

'달면 삼키고, 쓰면 뱉는다.'는 고객 관리 또는 인간관계에 있어서 상대방이 좋은 점을 제공하기도 하고 서비스 제공자에게 불리한 점을 제공하기도 하나, 오랜 고객으로 인간관계를 지속하고자 한다면 현명한 방법으로 고객 응대에 임해야 한다는 의미이다. '똥은 말라도 구린내 난다.'는 한번 불쾌한 경험을 했거나 첫인상이 좋지 않으면 다시 회복하기가 힘들기 때문에 무엇이든지 첫인상이 오래간다는 사실을 명심해야 함을 말해 준다. 특히 부정적 사건을 경험한 고객들은 그 경험을 잘 잊지 못한다. '발 없는 말이 천 리 간다.'는 소문은 무서운 법이고, 고객의 입을 통한 나쁜 소식은 물에 떨어진 한 방울의 잉크처럼 파장을 일으킴을 나타낸다. 이는 항상 좋은 소문이 퍼지도록 노력해야 하며, 부정적 구전의 전파력이 얼마나 막강한지를 경고하는 의미를 지니고 있다. '가는 말이 고와야 오는 말도 곱다.'는 속담처럼 평상시 대화할 때의 고운 언어와 매너는 다시 예의 바른 언어와 매너로 돌아온다. 불쾌한 말 한마디는 이내 짜증스러운 말 한마디로 되돌아온다.

'가랑비에 옷 젖는 줄 모른다.'는 불성실한 서비스가 나쁜 결과를 가져온다는 뜻으로, 평상시 무의식적으로 내뱉는 말 한마디가 계속되어 쌓이면 구제 불능 상태가 될 수도 있다는 것을 경계하는 속담이다. '옷은 새 옷이 좋고 사람은 옛 사람이 좋다.'는 시설과 상품은 새롭고 개성적인 것이 좋겠지만 고객은 단골 고객이 최고라는 뜻이다. '혼인날 똥 싼다.'라는 속담은 평상시에는 완벽하게 일을 처리하다가도 정작 중요한 순간에 실수를 하거나 이미지를 흐리는 수가 많다는 것을 의미한다. 평소 매사 철저한 훈련 및 준비와 함께 확인이 필요함을 경고하는 속담이다.

불평 고객을 관리하여 그들의 불만을 해소하도록 하기 위해서, 우선 그들을 맞이할 때 어떻게 응대해야 하는지에 대한 몇 가지 원칙을 정리해 보았다. 이 원칙들은 특정 고객이나 개별적인 상황에 초점을 맞춘 것이 아니라 불평 고객을 대할 때 공통적으로 사전에 인식하고 있어야 할 것이다.

불평 고객 응대 원칙의 첫 번째는, 피뢰침의 원칙이다. 고객이 잔뜩 화가 나서 매장을 찾아와 판매원에게 심한 말을 하게 되면 판매원도 사람인지라 덩달아 같이 흥분할 수 있는데, 이와 관련된 원칙이다. 고객은 나에게 개인적인 감정이 있어서 화를 내는 것이 아니다. 일 처리에 대한 불만으로 복잡한 규정과 제도에 대해 항의하는 것이다. 이것을 명확히 알고 마음가짐을 가져서 행동해야 한다. 고객이 화를 내고 거친 언어를 사용한다고 해서 그것을 나에게 화내는 것으로 생각해 버린다면 누구든지 감정적인 동요를 일으킬 수밖에 없다. 내가 아닌 우리 회사나 제도에 항의하는 것이라는 관점을 가져야 고객의 거친 언어로부터 초연할 수 있다. 선불이나 자동차에 달린 피뢰침은 번개를 직접 맞지만 자체에 상처를 입지 않을 뿐 아니라 건물이나 자동차까지도 아무런 상처가 없도록 번개를 땅으로 흘려보낸다. 다양한 불평 고객의 상담자도 피뢰침과 같이 직접 그들을 맞이하여 몸으로 흡수하고 회사나 제도에 반영한후 다시 땅속으로 흘려보내야 한다. 이런 피뢰침과 같은 역할을 성실히 수행함으로써 회사와 조직은 상처를 입지 않고 문제를 충분히 해결할 수 있을 것이다.

두 번째 원칙은, 책임 공감의 원칙이다. 고객이 우리 회사의 제품에 불만이 생겨 불평을 하는데 내가 담당이 아니라고 책임을 전가하지 말고, 조직의 구성원이라면 누구나 다 나의 일이라고 생각해야 함을 명심해야 한다. 고객의 비난과 불만이 나를 향한 것이 아니라고 하여 고객의 불만족에 대해서 책임이 전혀 없다는 말은 아니다. 우리는 조직 구성원의 일원으로서 내가 한 행동의 결과든 다른 사람의 일 처리 결과든 고객의 불만족에 대한 책임을 같이 져야만 한다. 고객이 회사에 전화를 해서 뭔가를 물어보거나 요구를 하려고 할 때 자신의 일이 아니라며 담당자를 바꾸겠다고 몇 번씩 전화를 돌리고서는 지금 자리에 없으니 나중에 다시 전화하라고 하고, 업무 대행자도 없느냐고 물어보면 그때서야 자기라고 이야기한다. 이 정도면 오히려 다행인 경우도 있다. 아예 담당자가 자리에 없거나 업무 대행자도 자리에 없고 바쁘니 다음에 전화하라고 오히려 반대로 쏘아붙이는 경우도 있다. 의사소통이 활발하고 유기적인 협조가 이루어지는 조직이라면 담당자가 없어도 옆자리의 동료들이 자신의 일보다 더 친절하고 깔끔하게 일 처리를 해 주어야 하고, 혹시 부족한 것이 있으면 다시 전화를 드리겠다는 인사를 함께 해야 한다. 고객에게는 누가 담당자인지가 중요한 것이 아니라 나의 문제를 해결해 줄 것인지 아닌지가 중요한 것이다. 고객의 불만이 나를 대상으로 하는 것이 아니라고 해서 책임이 없다고 한다면, 나는 무엇 때문에 이 자리에 앉아 있는지 잘 생각해 보아야만 할 것이다.

세 번째 원칙은, 감정 통제의 원칙이다. 포커페이스란 말을 들어보았거나 포커 게임을 해 본 사람은 아마 잘 알 수 있을 것이다. 포커페이스란 어떤 상황에서도 자신의 감정을 드러내지 않는 얼굴을 말한다. 누군가 사람은 감정의 동물이라고 말했는데, 전화를 받거나 거친 고객들을 만나다 보면 자신도 모르게 자신의 감정을 드러내는 경우가 발생하게 된다. 인간은 너무나도 여린 동물이어서 남에게 부담을 주는 말을 하거나 상대방이 나에게 잘못을 지적하기라도 하면 가슴이 두근거리고 얼굴이 붉어진다. 사람마다 차이는 있지만 인간관계에서 오는 부담감으로부터 자유로울 수 있는 사람은 그리 많지 않다. 이러한 부담 때문에 고객 대응 부서나 민원실 근무를 꺼리는 경우도 있다. 하지만 우리는 사람을 상대하는 것을 직업으로 하고 있다. 직업이라는 것은 생계의 수단이자 자기 자신을 실현할 수 있는 방법이라는 의미이다. 사람을 만나고, 의사소통하고, 결정하고, 집행하는 것이 직업이라면 사람과의 만남에서 오는 부담감을 극복하고 자신의 감정까지도 통제할 수 있어야 한다. 프로와 아마추어의 차이는 그것을 통제할 수 있느냐 없느냐의 차이이다. 자신을 잃지 않고 끝까지 감정을 지켜 나가는 사람은 최후의 승리자가 될 것이며, 그렇지 않고 잠시 감정의 끈을 풀어놓는 사람은 어느 순간엔가 타인에게 끌려가게 될 것이다.

네 번째 원칙은, 언어 절제의 원칙이다. 말을 하는 것보다 듣기가 더 어렵다는 말들을 한다. 상담심리학에서 가장 기본적이고 중요한 것이 바로 들어주기이다. 고객들이 편한 마음을 갖게 하려면 우선 말을 많이 하기보다는 들어주어야 할 것이다. 고객상담에 있어서 말을 많이 하는 것은 금기시되어 있다. 자칫 고객보다 말을 많이 하는 경우, 고객의 입장보다는 자신의 입장을 먼저 고려하게 되기 때문이다. 말을 많이 한다고 해서 반드시 나의 마음이 고객에게 올바로 전달되는 것은 아니다. 오히려 그 반대가 될 수도 있다. 고객의 말을 많이 들어주는 것만으로도 우리는 고객들이 좋은 느낌을 가지고 돌아가는 것을 보아 왔다. 이것은 이상한 일이지만 엄연한 사실이다. 세계적으로 유명한 정신과 의사들의 공통된 말은 '나는 환자들이 하는 말들을 진심으로 이해하려고 애쓰며 들어준 것밖에는 없다.'는 것이었다. 우리가 상대방에게 말을 많이 하고 표현할 때 스트레스가 풀리는지, 아니면 상대방의 이야기를 계속 듣고만 있을 때 스트레스가 풀리는지를 생각해 보자. 당연히 상대방에게 자신을 표현할 때 스트레스가 풀리게 된다. 자신의 묵은 감정의 응어리들을 터뜨려 배설하는 것이야말로 자신의 건강한 감정을 되살리는 길이 된다. 어느 누가 자신의 마음을 시원하게 해 주고 건강하도록 치유해 주는 상대방을 좋아하지 않겠는가? 고객을 잘 응대하고 싶지 않은 사람은 없다. 다만 말을 절제하는 일에 실패할 뿐이다. 벤자민 프랭클린(Benjamin Franklin)은 이렇게 말했다. "만일 당신이 사람들에게 따지고, 상처를 주고, 반박을 한다면 때때로 승리할 수도 있을 것이다. 하지만 그것은 공허한 승리에 불과하다. 왜냐하면 당신은 결코 상대방으로부터 좋은 호의를 얻어 내지 못할 것이기 때문이다."

다섯 번째 원칙은, 역지사지의 원칙이다. 역지사지는 사실 인간관계에서도 중요하게 이야기하는 것이다. 고객과 판매원이 서로 이해할 수 있는 관계가 되어야 하는 것은 굳이 강조하지 않아도 될 정도로 중요한 사실이다. 우리가 역지사지의 원칙을 명심해야 하는 이유는 두 가지로 볼 수 있다. 첫 번째는, 고객상담의 과정에서 누차 밝혔듯이 누구도 그 사람의 입장이 되어 보지 않고서는 그의 마음을 알 수 없다는 것이다. 고객을 이해하기 위해서는 반드시 그의 입장에서 문제를 바라봐야 한다. 고객은 우리의 규정을 알지도 못하고, 그 규정의 합리적 이유도 알지 못하며, 업무가 처리되는 절차는 더더욱 알지 못한다. 우리는 고객이 마치 우리의 업무 과정이나 규정들을 모두 알고 있다는 것을 전제로 상담하는 오류를 범하고 있다. 이런 착각은 의외로 큰 영향을 미치는데, 직원들이 전문용어를 많이 사용하거나 안 된다고 딱 잘라 말하는 경우 등이 모두 그에 기인한다. 두 번째 이유는, 우리가 우리에게 관심을 갖는 사람에게 관심을 갖듯이 고객 또한 자신에게 관심을 가져 주는 사람에게 관심을 가지기 때문이다. 고객에게 관심을 보여야만 우리의 말과 설명들이 고객의 귀에 들리며 고객이 마음으로 이해해 줄 수 있다. 그렇지 않으면 아무리 합리적인 이유를 말하고 훌륭한 미사여구를 사용한다 할지라도 고객은 결코 자신의 의견을 굽히지 않을 것이다.

'김 안 나는 숭늉이 더 뜨겁다.'라는 속담은 말없이 불평하는 고객이 더 무섭다는 뜻이다. 차라리 고객이 불평을 한다면 바로 조치를 할 수 있으나 묵묵부답이라면 처리하기가 곤란하다. 고객의 침묵은 금이 아니다. '귀 장사 하지 말고, 눈 장사 하라.'는 귀로 듣고 흘리거나 가만히 앉아 있지 말고, 잘되는 업소를 찾아가서 많은 교훈을 직접 눈으로 확인하라는 뜻이다. 즉, 백문이 불여일견이라는 교훈적인 의미를 포함하고 있다고 할 수 있다. '고기 보고 기뻐하지 말고, 가서 그물을 펴라.'는 항상 말만 앞세우지 말고 직접 실전에 뛰어들어 현장에서 고객이 무엇을 원하는지 확인하라는 의미이다. 먼 자리에서 고객을 확인하는 것은 아무 필요가 없다는 것이다.

불평 행동을 하는 고객은 기업에게는 너무나 고마운 고객이라는 사실을 알게 되었다. 그렇기에 불평 행동의 중요성과 영향력에 대해 살펴보았다. 비단 이 사례뿐 아니라 많은 기업이 공감을 할 수 있는 것이 바로 많은 불만 또는 불평 고객들이 침묵한 채로 회사를 떠나게 된다는 것이다. 불평 행동 고객의 유형 중에 무행동 고객이 가장 큰 비중을 차지하고 있으니 파악조차 힘든 실정이다. 따라서 침묵하고 있는 불평 고객들의 입을 열게 만드는 것도 고객 관리에서 중요한 과제가 되어야 한다.

항공사 브리티시 에어웨이(British Airway)는 불만은 있지만 침묵하고 있는 고객들이 다수 있다는 사실을 인지하고, 그들의 입을 열 수 있다면 수익성이 크게 개선될 수 있다는 것을 알게 되었다. 그래서 우선 고객들이 왜 불만을 이야기하지 않는지에 대해 파악을 하였고, 이를 개선할 수 있는 방법들을 시행하기 시작했다. 그리하여 이 항공사는 불평 고객들의 입을 열게 함으로써 실질적인 효과를 거두기 시작하였는데, 가시적 성과뿐 아니라 눈에 보이지 않는 수익도 발생시키게 되었다. 불만족하면서도 불평하지 않던 고객들의 입을 열게 하여 아무 소리 없이 고객이 떠나게 됨으로써 발생하는 손실을 줄일 수 있게 되었고, 불만 고객을 파악하여 빠르게 처리함으로써 그들에게 지불할 금전적 보상도 줄어들게 된 것이다. 게다

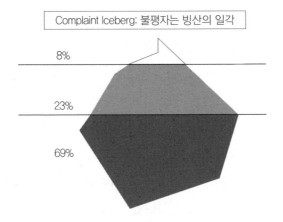

[그림 9-1] 브리티시 에어웨이의 고객 불평 사례

가 눈으로 확인되는 수익은 아니지만, 실질적으로 활용할 수 있는 추가적인 효과까지 얻게 됨으로써 엄청난 수익성 개선을 이루어 낼 수 있었다.

　브리티시 에어웨이는 다음과 같은 몇 가지 사례를 통해 불평 행동에 대한 대응방법뿐 아니라 개선방법을 시행할 수 있게 되었고, 가시적인 성과도 거둘 수 있었다. 우선, 문제가 발생했을 때 적절하게 대응할 수만 있다면 고객의 충성도를 오히려 더 높일 수 있다는 사실을 알게 되었다. 일선 근무자들이 즉석에서 문제를 해결하는 CARELINE & CARESS 시스템을 도입하여 고객들이 불평을 하게 하였다. 불만족한 고객을 1%만 더 확보할 수 있어도 20~40만 파운드의 수익을 더 획득할 수 있다는 사실을 알게 된 것이다. 결국 고객의 침묵은 고객이 만족하고 있다는 것이 아니기 때문에 고객을 불평하게 해야 한다는 것이다.

　불만을 파악하는 데 있어서 고객들이 상품이나 서비스에 대한

불만족을 표현하지 않는다는 문제가 존재해 왔는데, 이것이 왜 그
럴까를 파악하는 것이 중요한 과제였다. 회사에서는 이를 파악하
기 위한 노력 끝에 다음과 같은 이유를 알게 되었다. 첫째, 불만을
얘기하게 되면 서로 기분 나쁘게 될까 봐이다. 둘째, 종업원을 곤경
에 처하게 하는 것이 두려워서이다. 셋째, 어디에 어떻게 불평을 해
야 할지를 몰라서이다. 넷째, 불평을 해 봐야 시정해 주지도 않을
텐데 뭐 하러 하냐는 생각 때문이다. 이러한 이유들은 고객들이 진
짜 불평을 하지 않는 이유로 나타났기 때문에 이 항공사는 이를 해
결하여 고객들이 자연스럽게 불평을 하게 만들었고, 불만의 진짜
이유를 파악하여 실질적인 개선을 할 수 있었던 것이다. 고객들에
게 불평을 하게 만든 방법으로 CareLine Phone과 Comment Card
를 설치한 후 키패드를 이용해 좌석에서 즉각적으로 불만을 제시
할 수 있게 하였고, 중요 고객들을 초청해서 직원들과 함께 서비스
를 직접 체험하게 하였다.

　이렇게 불평 고객들의 입을 열게 함으로써 브리티시 에어웨이는
다음과 같은 실질적이고 가시적인 성과를 거두게 되었다. 우선, 고
객들의 불만에 빨리 반응할수록 고객에게 지불할 금전적 보상도 감
소하게 되었다. 둘째, 고객만족 지표가 90% 중반까지 올라가고 고
객에게 해야 할 보상이 8%나 감소하게 되었다. 셋째, 고객을 유지
하는 데 사용된 1파운드의 비용이 실질적으로는 2파운드의 잠재적
수익을 안겨 주었다. 넷째, 고객 관련 부서의 직무만족도가 10% 초
반에서 69%로 증가하였다. 다섯째, CARESS 지원 기술을 활용하는
데 700만 달러의 가시적인 비용이 발생했으나 눈에 보이지 않는 수
익을 발생시켰다. 즉, 근본적인 불만의 원인을 분석하는 데 사용할

데이터베이스를 구축할 수 있게 되었고, 고객에게 편지를 쓰는 데 도움이 되었으며, 보다 효과적인 SCM(Supply Chain Management)을 위한 정보를 제공할 수 있게 되었다.

지금까지 브리티시 에어웨이의 사례를 통해 불평 행동의 중요성과 그 영향력에 대해 살펴보았다. 이 외에 몇몇 우수기업의 불만 파악과 대응 관련 사례들을 살펴보면 다음과 같다. 우선, 영국의 항공사 버진 애틀랜틱 에어웨이(Virgin Atlantic Airways)를 보면, 이 회사의 회장은 자기 회사 비행기의 이등칸을 타고 복도를 다니면서 고객에게 자기소개를 하고 고객들과 대화를 하였다. 그는 한 번 여행에 5~6km를 걷는데, 고객의 불평을 객관적 자료가 아닌 고객들의 정서적 반응을 통해서 듣고자 비행기를 탄다고 하였고, 고객의 불평을 통해서 여러 가지 개선을 하게 되었다. 예를 들면, 어린이용 특별음식으로 땅콩버터 샌드위치를 제공한다든지, 기내에 더 많은 경영 관련 잡지와 신문을 비치한다든지, 채식 음식에 더 많은 콩을 넣는다든지, 공항 리무진에 카폰을 설치한다든지 하는 것이었다. 이것들은 사소한 것이지만, 그는 "우리가 조그만 일에 신경을 쓰니까 고객이 우리를 다시 찾는다."라고 하였다.

고객이 불평을 할 때 큰 틀에서 생각하는 것은 기본적인 대응 방향이라고 할 수 있다. 초기 대응방법은 고객의 불평 강도를 파악하면서 대응하는 것이다. 또한 대응을 시작하게 되면 다음과 같은 유의사항을 반드시 지키도록 해야 한다. 이들 사항은 고객이나 상황에 따라 달라지지 않고 공통적으로 적용해야 할 것들이다. 이를 위해 우선 고려해야 할 세 가지 요소가 있다. 즉, 사람(불평 접수자가 직접 대응하는 것이 아니라 때에 따라 다른 사람이 문제해결에 접근하는

것), 시간(불평 제기 고객은 흥분 상태에 있기 때문에 즉각적인 해결보다
는 냉각 시간을 갖는 것), 장소(냉각 시간이 필요한 경우 매장이 아닌 응
접실 등으로 옮겨서 진정시키는 것)이다.

그리고 고객의 불평에 대응할 때 반드시 지켜야 할 유의사항으
로 다음과 같은 것들이 있다.

- 고객의 입장 존중: 고객이 어떤 대접을 받기 원하는지, 무슨 말
  을 듣고 싶은지 생각하여 고객의 입장에서 고객을 위한 방향
  으로 상담을 진행해야 한다.
- 고객 위주의 관점 표명: 고객의 입장에서 공감을 표시하여 손
  님을 최대한 배려한다는 관점을 표명한다.
- 논쟁이나 변명 회피: 규정이나 기준을 논리적으로 설명하려 하
  면 고객의 감정을 더 격앙시키는 경우가 있다.
- 감정적 표현이나 노출 회피: 불만은 회사에 제기하는 것이므로
  상담자는 고객의 반말이나 높은 언성, 행동 등에 화를 내거나
  개인적인 말을 해서는 안 된다.
- 고객의 가치관에 반하는 언행 금지: 고객의 가치관에 반대되는
  기준을 이해 또는 설득시키려는 경우는 오히려 고객이 마음의
  문을 닫는 결과를 초래한다.
- 3S의 실천: Smile(미소), Speed(속도), Sincerity(진실성)의 3S를
  실천해야 한다.

불평 고객을 응대할 때 그들의 불평을 처리해 주는 것이 가장 중
심적이고 중요한 일이지만, 그 과정에서 고객에게 비춰지는 나의

모습도 고객의 불평 처리 만족도에 영향을 미치게 된다. 고객의 불평에 대해 원하는 요구사항을 들어주었는데 고객의 감정과 태도가 그리 좋아 보이지 않는다면, 불평을 처리해 주는 나의 태도와 행동에 무슨 문제가 있지 않았나를 생각해 봐야 한다. 따라서 불평을 처리해 줄 때는 이왕이면 기분 좋게 처리해 주는 것이 좋다.

이를 위해 불만 고객을 응대하는 기본 요령을 살펴보자. 우선, 최초의 응대가 가장 중요하다. 먼저 고객의 불만에 대하여 "죄송합니다."라고 사과의 뜻을 표시한다. 고객의 이야기를 끝까지 잘 들어야 하며, 도중에 말을 가로막는다든가 변명의 말을 하지 않도록 하며, 고객의 문제와 걱정에 대하여 성실한 태도로 관심을 표시하여야 한다. 즉, 고객이 원하는 바가 무엇인지를 정확히 파악해야 한다는 것이다. 고객과 말다툼이 될 소지가 있는 경우나 이미 화나 있는 고객의 경우에는, 대화 시 가능한 한 톤을 낮추어서 상대방의 감정이 가라앉도록 한다. 끝까지 거절해야 할 경우에는 직접적인 표현을 삼가고 우회적인 말로 감정의 대립을 완화시켜야 한다. 즉, "안 됩니다." 대신 "죄송합니다."라고 해야 한다.

또한 고객 불만을 적극적으로 해결하려는 노력을 보여 주어야 한다. 책임 주체가 회사인지 고객인지 판별하기 어려운 경우, 고객의 입장에서 문제해결을 위해 최대한 노력한다. 이러한 노력이 헛되지 않기 위해서는 언쟁을 피해야 한다. 논쟁을 하게 되면 지든 이기든 회사의 이미지에 손상을 끼칠 수밖에 없기 때문이다.

이와 함께 고객과 불평 관련 상담을 하는 과정에서 고심해야 할 기본적인 원칙들이 몇 가지 있다.

첫째, 고객의 입장에서 생각하라(empathy). 고객의 입장이나 상황에서 감정이입 후 어떤 대접을 받기를 원하는지, 무슨 말을 듣고 싶은지를 생각한다. 일단 클레임을 제기하기 위해 전화를 한 고객의 경우, 대부분이 한 가지 이상의 입장만을 고집하다가 문제가 더 커지는 경우가 종종 있다. 따라서 고객의 입장에서 고객을 위한 방향으로 상담을 진행한다.

둘째, 관점을 표명하여 고객의 마음을 달래 주라(soothe). 고객을 최대한 배려한다는 관점을 표명한 후에, "고객님이 왜 화가 나셨는지 이해가 됩니다. 정말 저라도 화가 나겠군요."라고 고객의 입장에 공감을 표시하여 고객의 마음을 풀어 준다면 상담을 원활하게 이끌어 나갈 수 있다.

셋째, 회사의 규정을 먼저 설명하려 하지 말라(no explain). 화가 난 것은 감정적인 것이므로 논리적으로 대응해서는 안 된다. 규정이나 기준을 설명하려다 보면 고객의 감정을 더 악화시키는 경우가 있다. 따라서 고객의 이야기를 충분히 경청한 후에, 현재 시스템상의 운영 여건에 문제가 있다는 말씀을 드리고 양해를 구하는 형태를 취한다. 여기서 회사의 규정만을 설명하려 하면 고객이 상담자를 회사의 대변자로 여기게 되므로, "저는 고객님의 억울한 사연을 듣고 회사로부터 보상을 받아 내는 사람입니다. 하지만 이러면 저희 회사에서는 보상을 받아 내기 어렵습니다."라고 설명하며 최대한 보상을 받을 수 있도록 노력하겠다고 하면 고객을 쉽게 자기편으로 만들 수 있다.

넷째, 상담자의 개인 감정을 드러내지 말라(no expose). 불만 고객은 회사의 규정이나 운영 시스템에 불만을 제기하는 것이지 상담자 개인에게 화를 내는 것이 아니다. 따라서 고객의 반말이나 높은 언성, 행동 등에 대해 화를 내거나 개인적인 말을 하는 것은 금물이다.

　이상으로 불평불만이 가득한 고객들을 응대할 때 지켜야 하는 일들을 알아보았다. 예나 지금이나 고객을 상대하는 것은 다를 바 없이 정성을 다해야 한다.

참고문헌

강혜자, 한덕웅(1994). 정서의 공발생 경험 구조, 한국심리학회지, 13(1), 207-218.

권석만(2003). 젊은이를 위한 인간관계 심리학. 서울: 학지사.

김동원(1994). 소비가치에 관한 연구. 서울대학교 대학원 석사학위논문.

김문수(2005). 한국인의 전통적 커뮤니케이션 가치관에 대한 연구: 말에 대한 속담을 중심으로. 언론과학연구, 5(3), 63-91.

김시월(2005). 소비자의 소비가치 유형별 및 세대별 생산, 소비 관련 속담에 대한 공감도 연구. 소비자학연구, 제16권, 제3호, 133-156.

김영신, 서정희, 송인숙, 이은희, 제미경(2000). 소비자와 시장환경. 서울: 시그마프레스.

김원태(1997). II. 언어 문화와 커뮤니케이션: 속담의 커뮤니케이션 역할과 사회적 기능에 관한 연구: 여성에 관한 속담을 중심으로. 커뮤니케이션학 연구, 5(단일호), 225-246.

김원호 역(2010). 글로벌 비즈니스 마인드 세트. 서울: 청림출판

김종구, 박성용(1997). 소비문화에 관한 연구. 한국소비자보호원.

김혜숙, 박선환, 박숙희(2008). 인간관계론. 경기: 양서원.

나은영, 차재호(1988). 함축차원으로 본 합의성, 특이성 및 일관성 정보간의 상호함축관계. 한국심리학회지: 사회, 7(1), 25-41.

남기덕, 차재호(1985). A test of Kelley's cube theory of attribution: A cross cultural replication of McArthur's study. *Journal of Korean Social Science*.

남상선(2000). 한국 정서 속담에 관한 연구. 새국어교육(60), 109-133.

남승규(1999). 소비자심리학. 서울: 학지사.

남승규(2014). 소비자 공감모듈에 기반을 둔 소비자 접점관리. 한국심리학회지, 소비자 · 광고, 15(1), 57-76.

노상채(2008). 속담 속의 경제학. 서울: 글누림.

박소현, 김문수(2001). 동기. 서울: 시그마프레스.

박영숙(1993). 한국인의 특성: 심리학적 탐색: 한국인의 방어기제: 속담과 「이화방어기제」를 중심으로. 한국심리학회지, 대외심포지움, 101-115.

방운규(2003). 돈 관련 속담에 나타난 한국인의 의식구조. 겨레어문학, 31, 1-34.

방운규(2004). 여성 관련 속담에 나타난 한국인의 의식구조. 겨레어문학, 32, 52-83.

배선영(1998) 幣 · 利子 · 株價에 관한 새로운 패러다임: 旣存經濟學에 對한 理論的 挑戰. 서울: 乂創閣.

백경미(1998). 현대소비문화와 한국소비문화에 관한 고찰. 소비자학연구, 9(1), 17-32.

성영신(1993). 논어와 맹자에 나타난 물질관과 소비행동. 한국심리학회 학술대회 자료집, 1993(3), 81-99.

손영화(2010). 대학생의 성취동기가 진로결정 및 취업준비행동에 미치는 영향. 한국사회과학연구, 29(1), 235-253.

손영화(2015). 대학생들의 건강지향 소비 행동에 대한 조사 연구. 한국사회과학연구, 34(1), 157-192

송재선(1983). 우리말 속담 큰 사전. 서울: 서문당.

송재선(1998). 돈속담사전. 서울: 東文選

심영(2006). 속담에 나타난 소비가치를 중심으로 한국 전통소비문화 연구:
　　바람직한 한국 소비문화 정립의 기초. 소비자학연구, 17(2), 85-113.

안경화(2001). 속담을 통한 한국 문화의 교육 방안. 한국어 교육, 12-1.

유지연(1994). 한국 속담의 심리학적 분류. 국민대학교 교육대학원 석사학
　　위 청구논문.

이경성, 한덕웅(2000). 부부관계에서 배우자 행동의 귀인차원. 한국심리학
　　회지, 사회 및 성격, 14(1), 113-137.

이근후(1990). 사회적응을 위한 인간관계. 서울: 하나의학사.

이기문(1962). 속담사전. 서울: 일조각.

이두원, 김은희(2004). 한국근대 소비문화 변천사 연구: 근대신문광고
　　(1886~1949)에 나타난 소비가치 체계 분석을 중심으로. 광고학연구,
　　15(3), 207-234.

이수원(1999). 심리학-인간의 이해. 서울: 정민사.

이유재(1995). 고객만족의 정의 및 측정에 관한 연구. 경영논집, 29(1),
　　145-168.

이학식, 안광호(1993). 소비자행동. 경기: 법문사.

이학식, 안광호(1994). 소비자행동론-마케팅 전략적 접근. 경기: 법문사.

이희승(1962). 국어학계설.

임종원, 김재일, 홍성태, 이유재(1998). 소비자행동론: 이해와 마케팅에의
　　전략적 활용. 서울: 법문사.

전겸구(2000). 정서와 건강간의 관계: 문화적 접근. 한국심리학회: 사회문
　　제, 6(3), 175-199.

정종진(2007). 생로병사의 지혜, 속담으로 뚫는다. 서울: 범우사.

정준(1997). 소비사회의 실상과 바람직한 소비문화의 모색. 서울: 한국소비
　　자보호원.

조긍호(2000). 문화유형과 동기의 차이: 한국인의 동기 이해를 위한 시론.
　　한국심리학회지: 사회 및 성격, 14(2), 83-122.

조긍호, 김소연(1998). 겸양 편향자의 선호 현상. 한국심리학회지: 사회 및
　　성격, 12(1), 169-189.

조윤식(1997). 구매만족과 불평행동의도 사이의 조절변수에 관한 연구. 마
　　케팅관리연구, 3(1), 33-57.

최규수(1998). 시간과 관련된 속담의 한ㆍ일 대조 연구. 한국민족문화,
　　(11), 207-240.

최상진(1993). 문화심리학적 관점에서 본 한국인의 자기. 한국심리학회지:
　　사회, 7(2), 24-33.

최상진(1997). 속담을 통해 본 한국인의 사회표상. 한국민속문화연구총서,
　　4, 157-180.

최상진(2000). 한국인 심리학. 서울: 중앙대학교 출판부.

최창렬(2002). 어원의 오솔길. 경기: 한국학술정보

한규석(1991). 사회심리학 이론의 문화특수성: 한국인의 사회심리학 연구
　　를 위한 고찰. 한국심리학회지: 사회, 6(1), 132-155.

한글학회(1992). 우리말 큰 사전. 한글학회.

한덕웅(1991). 생산직과 서비스직에서의 직무동기의 예언. 한국심리학회
　　학술대회 자료집, 1991(1), 229-238.

한덕웅(1994). 퇴계심리학: 성격 및 사회심리학적 접근. 서울: 성균관대학교
　　출판부.

한덕웅(2000a). 대인관계에서 사단칠정 정서의 경험. 한국심리학회지: 사회,
　　14(2), 145-166.

한덕웅(2000b). 신체 질병에 관한 한국인의 사회적 표상. 한국심리학회지:
　　건강, 5(1), 24-42.

한덕웅(2001). 한국의 전통의학 사상에서 정서와 신체질병의 관계를 설명
　　하는 사실들. 한국심리학회지: 건강, 6(1), 1-22.

한덕웅(2003). 한국유학심리학. 서울: 시그마프레스.

홍근호(1989). 속담을 통해서 본 한국인의 사회표상과 연결. 중앙대학교

대학원 석사학위논문

홍대식 편(1998). 현대심리학 개론. 서울: 청암미디어.

황종건(1975). 교육사회학. 서울: 형설출판사.

Argyle, M. (1983). *The psychology of interpersonal behaviour*. Harmond-
sworth: Penguin.

Baumeister, R. F. (2005). *The cultural animal: Human nature, meaning,
and social life*. Oxford University Press.

Berry, D. S., Pennebaker, J. W., Mueller, J.S., & Hiller, W. S. (1997).
Linguistic bases of social perception. *Personality and Social Psychology
Bulletin, 23*(5), 526-537.

Blatt, S. J. (1974). Levels of object representation in anaclitic and introjective
depression. *The psychoanalytic study of the child, 29*(1), 107-157.

Brenner, C. (1973). *An elementary textbook of psychoanalysis* (2nd ed.).
New York: Anchor Press.

Campbell, J. D., Assanand, S., & DiPaula, A. (2000). Structural features
of the self-concept and adjustment. In A. Tesser, R. B. Felson, &
J. M. Suls (Eds.), *Psychological perspectives on self and identity*.
Washington, DC: American Psychological Association.

Carver, C. S. (2007). Stress, coping, and health. In H. S. Friedman & R.
C. Silver (Eds.), *Foundations of health psychology*. New York: Oxford
University Press.

Deci, E. L., & Ryan, R. M. (1987). The support of autonomy and the
control of behavior. *Journal of Personality and Social Psychology, 53*,
1024-1037.

Dembroski, T. M., MacDougall, J. M., Eliot, R. S., & Buell, J. C.
(1983). Stress, emotions, behavior, and cardiovascular disease. In L.

Temoshok, C. V. Dyke, & L. S. Zegans (Eds.), *Emotions in health and illness*. New York: Grune & Stratton.

Eakins, B. W., & Eakins, R. G. (1978). *Sex differences in human communication*. Boston: Houghton Mifflin.

Ekman, P., Friesen, W. V., & Ellsworth, P. (1972). Emotion in the Human Face: Guide-lines for Research and an Integration of Findings: Guidelines for Research and an Integration of Findings. Pergamon.

Engel, G. L. (1997). From biomedical to biopsychosocial: Being scientific in the human domain. *Psychosomatics, 38*(6), 521-528.

Fiske, S. T.(1993). Social cognition and perception. In M. R. Rosenzweig & L. W. Poter (Eds.), *Annual Review of Psychology, 44*, 2-23.

Forrest, J. A., & Feldman, R. S. (2000). Detecting deception and judge's involvement: Lower task involvement leads to better lie detection. *Personality and Social Psychology Bulletin, 26*(1), 118-125.

Frank, M. G., & Ekman, P. (1997). The ability to detect deceit generalizes different types of high-stake lies. *Journal of Personality and Social Psychology, 72*, 1429-1739.

Hackman, J. R., & Morris, C. G. (1975). Group tasks, group interaction process, and group performance effectiveness: A review and proposed integration. In L. Berkowitz (Ed.), *Advances in experimental social psychology* (Vol. 8, pp.47-99). New York: Academic Press.

Hawtrey, R. G. (1925). Public expenditure and the demand for labour. *Economica*, (13), 38-48.

Heider, F. (1958). *The psychology of interpersonal relations*. New York: John Wiley.

Henley, N. M. (1977). *Body politics: Power, sex and nonverbal communication*. Englewood Cliffs, NJ: Prentice-Hall.

Hewstone, M., & Antaki, C. (1988). Attribution theory and social explanations. *Introduction to social psychology: A European perspective*, 111–141.

Hewstone, M., & Jaspars, J. (1987). Covariation and causal attribution: A Logical Model of the intuitive analysis of variance. *Journal of Personality and Social Psychology, 53*(4), 663.

Hirsch, E. D., Kett, J. F., & Trefil, J. (1988). *The dictionary of cultural literacy*. Boston: Houghton Mifflin.

Hirschman, E. C., & Holbrook, M. B.(1982). Hedonic Consumption: Emerging Concepts, Methods and Propositions. *Journal of Marketing, 46*, 92–101.

Hoch, S. J. (2002). Product experience is seductive. *Journal of Consumer Research, 29*(3), 448–454.

Hofstede, G. (1983). The cultural relativity of organizational practices and theories. *Journal of international business studies, 14*(2), 75–89.

Hofstede, G., & Hofstede, G. J., ichael Minkov, M. (1996). *Cultures and Organization*. 차재호, 나은영 역(1996). 세계의 문화와 조직. 서울: 학지사.

Hogg, M. A., & Terry, D. I. (2000). Social identity and self-categorization processes in organizational contexts. *Academy of management review, 25*(1), 121–140.

Horn. J. C., & Meer, J. (1987). The vintage years. *Psychological Today, 21*, 88–90.

Jones, E. E., & Davis, K. (1965). From acts to dispositions: The attribution proess in person perception. In L. Berkowitz (Ed.), *Advances in experimental social psychology* (Vol.2). New York: Academic Press.

Kelley, H. H. (1967). Attribution theory in social psychology. In D.

Levine (Ed.), *Nebraska Symposium on Motivation*. Lincoln: University of Nebraska Press.

Kelley, H. H. (1973). The process of causal attribution. *American psychologist, 28,* 107–128.

Klinger, E. (1977). *Meaning and void: Inner experience and the incentives in people's lives.* Minneapolis, MN: University of Minnesota Press.

Kluckhohn, C. (1951). Values and value-orientations in the theory of action: An exploration in definition and classification.

Lane Keller, K. (2001). Mastering the marketing communications mix: Micro and macro perspectives on integrated marketing communication programs.

Langer, E. J. (1978). Rethinking the role of thought in social interaction. *New directions in attribution research,* 2, 35–58.

Latan, B., Williams, K., & Harkins, S. G. (1979). Many hand make light the work: The causes and consequences of social loafing. *Journal of Personality and Social Psychology,* 37, 822–832.

Lazarus, R. S., & Folkman, S. (1984). *Stress, appraisal, and coping.* New York: Springer.

Leyens, J. P., & Codol, J. P. (1988). *Social cognition. Introduction to Social Psychology.* Oxford: Basil Blasckwell.

Lindsley, D. B. (1957, January). Psychophysiology and motivation. In Nebraska symposium on motivation, Vol. 5, 44–105

Lowenthal, M. F., & Haven, C. (1968). interaction and adaptation: Intimacy as a critical variable. *American Sociological Review, 33,* 30–30.

Malone, T. W., & Lepper, M. R. (1986). Making learning fun: A taxonomy of intrinsic motivation for learning. In R. E. Snow & M. J. Farr (Eds.), *Aptitude, learning, and instruction: III. Cognitive and affective process analysis*. Hillsdale, NJ: Erlbaum.

Markus, H., & Wurf, E. (1987). The dynamic self-concept: A social psy-chological perspective. *Annual Review of Psychology, 38*, 299-337.

Maslow, A. H. (1970). *Motivation and Personality* (2nd ed.). New York: Harper and Row.

McCracken, G. (1988). Who is the celebrity endorser? Cultural foundations of the endorsement process. *Journal of consumer research, 16*(3), 310-321.

McEwen, B.S. (2000). Stress, definitions and concepts of. In G. Fink (Ed.), *Encyclopedia of stress* (Vol. 3). San Diego: Academic Press.

McGrath, J. E. (1970). *Social and psychological factors in stress*. New York: Holt, Rinehart & Winston.

Mieder, W. (1993). "The Only Good Indian Is a Dead Indian": History and Meaning of a Proverbial Stereotype. *Journal of American Folklore*, 38-60.

Mischel, E., & Morf, C. C. (2003). The self as a psycho-social dynamic processing system: A meta-perspective on a century of the self in psychology. In M. R. Leary & J. P. Tangney (Eds.), *Handbook of self and identity*. New York: Guilford.

Morris, C. G. (1988). *Psychology; An Introduction* (6th ed.).

Murray, H. A. (1938). *Explorations in Personality*. New York: Oxford University Press.

Myers, D. G. (2001). *Psychology*. Worth Publishers.

Nisbett, R. E., & Ross, L. (1980). *Human inference: Strategies and short-comings of social judgment*. Englewood Cliffs, NJ: Prentice-Hall.

Plutchik, R. (1980). A language for the emotions. *Psychology Today, 13*(9), 68-78.

Russell, J. A. (1979). Affective space is bipolar. *Journal of Personality and Social Psychology, 37*, 345-356.

Schank, R. C., & Abelson, R. P. (1977). *Scripts, plans, goals and understanding.* Hillsdale, NJ: Erlbaum.

Schwartz, G. E., & Weiss, S. M. (1978). Behavioral medicine revisited: An amended definition. *Journal of Behavioral Medicine, 1*(3), 249-251.

Schwartz, S. H., & Bilsky, W. (1987). Toward a universal psychological structure of human values. *Journal of personality and social psychology, 53*(3), 550.

Selye, H. (1956). *The stress of life.* New York: McGraw-Hill.

Smith, A. (1790). 2006. Origin and reservoir characteristics of Upper Ordovician Trenton-Black River hydrothermal dolomite reservoirs in New York: AAPG *Bulletin*, 90, 1691-1718.

Steiner, I. D. (1972). *Group process and productivity.* New York: Acadmic Press.

Steiner, I. D., & Rajaratnam, N. A. (1961). A model for the comparison of individual and group performance scores. *Behavioral Science, 11*, 273-283.

Taylor, S. E. (1981). A categorization approach to stereotyping. In D. L. Hamilton (Ed.), *Cognitive processes in stereotyping and intergroup behavior.* Hillsdale, NJ: Erlbaum.

Trope, Y., & Gaunt, R. (2003). Attribution and person perception. In M. A. Hogg & J. Cooper (Eds.), *The Sage handbook of social psychology.* Thousand Oaks, CA: Sage Publications.

Tversky, A. (1972). Elimination by aspects: A theory of choice. *Psychological Review, 79*, 281-299.

Vaillant, G. E., & Vaillant, C. O. (1981). Natural history of male psychological health: X. Work as a predictor of positive mental health. *The American journal of psychiatry.*

Vallerand, R. J., Fortier, M. S., & Guay, F. (1997). Self-determination and persistence in a real-life setting: Toward a motivational model of high school dropout. *Journal of Personality and Social Psychology, 72,* 1161-1176.

Weiner, B. (1982). The emotional consequences of causal attributions. In M. S. Clark & S. T. Fiske (Eds.), *Affect and cognition: The 17th annual Carnegie Symposium on Cognition.* Hillsdale, NJ: Erlbaum.

저자 소개

손영화(Son Young Hwa, 계명대학교 심리학과 교수)

성균관대학교 산업심리학과를 졸업하고 동 대학원에서 사회심리학으로 석사, 산업심리학으로 박사 학위를 취득하였다. 한국 닐슨 소비자조사부, 제일보젤 마케팅팀, (주)유공(현 SK) 바이오텍사업팀, (주)한컴(광고대행사) 마케팅실, (주)엠브레인 기획조사팀, (주)SK 마케팅지원본부 고객분석팀, 한국관광공사 마케팅 전문위원을 역임하고, 현재 계명대학교 심리학과 교수로 재직 중이다. 학회활동은 현재 한국소비자광고심리학회 학회장, 소비자학회 선임이사, 광고PR실학회 편집위원으로 활동하고 있으며, 소비자 광고심리학회 홍보위원장, 한국심리학회 재무이사, 광고학회 학술위원을 역임하였다. 저서로는 『고객만족 측정 방법의 재정립』『소비자, 미디어, 광고의 변화』『광고심리학』『생활과 심리학』『고객심리학』『인간관계 심리학』 등이 있으며, 심리학 분야에서 다수의 논문을 발표하였다.

일상의 심리교양 강좌

속담, 심리학과 만나다

2017년   7월 31일 1판 1쇄 인쇄
2017년   8월   7일 1판 1쇄 발행

지은이 • 손영화
펴낸이 • 김진환
펴낸곳 • ㈜**학지사**
        04031 서울특별시 마포구 양화로 15길 20 마인드월드빌딩
대표전화 • 02-330-5114   팩스 • 02-324-2345
등록번호 • 제313-2006-000265호

홈페이지 • http://www.hakjisa.co.kr
페이스북 • https://www.facebook.com/hakjisa

ISBN 978-89-997-1316-3 03180

정가 16,000원

이 도서의 국립중앙도서관 출판시도서목록(CIP)은 서지정보유통지
원시스템 홈페이지(http://seoji.nl.go.kr)와 국가자료공동목록시스템
(http://www.nl.go.kr/kolisnet)에서 이용하실 수 있습니다.
(CIP 제어번호: CIP2017018531)

•·················· 교육문화출판미디어그룹 **학지사** ··················•

심리검사연구소 **인싸이트** www.inpsyt.co.kr
원격교육연수원 **카운피아** www.counpia.com
학술논문서비스 **뉴논문** www.newnonmun.com